GRAÓ
www.grao.com

CORREO ORDINARIO
Editorial Graó
C/ Hurtado, 29. 08022
Barcelona- España

FAX
(34) 933 524 337

TELÉFONO
(34) 934 080 464

@
[DIR]ECCIÓN ELECTRÓNICA
info@grao.com

Atención telefónica ininterrumpida de 8 a 20h (de lunes a jueves, y viernes hasta las 15h).

Especialistas en educación

Aspectos generales de las ciencias de la educación:

- ❑ Acción comunitaria
- ❑ Atención a la diversidad / Educación especial
- ❑ Didáctica / Diseño y desarrollo curricular
- ❑ Familia / Comunidad educativa
- ❑ Formación y desarrollo profesional del profesorado
- ❑ Desarrollo personal del profesorado
- ❑ Fundamentos de la educación
- ❑ Juegos
- ❑ Organización y gestión educativa
- ❑ Orientación y tutoría
- ❑ Tecnologías de la información y de la comunicación
- ❑ Temas transversales / Educación para la ciudadanía
- ❑ Todos los aspectos generales

Formación del profesorado:

- ❑ Cursos

Didácticas específicas:

- ❑ Ciencias experimentales
- ❑ Ciencias sociales
- ❑ Educación ambiental
- ❑ Educación musical
- ❑ Educación visual y plástica
- ❑ Expresión corporal
- ❑ Lengua y literatura
- ❑ Lengua extranjera
- ❑ Matemáticas
- ❑ Todas las didácticas

Etapa:

- ❑ Educación infantil
- ❑ Educación primaria
- ❑ Educación secundaria
- ❑ Educación adultos
- ❑ Educación especial
- ❑ Todas las etapas
- ❑ Otros ....

Por favor, rellena este boletín marcando con una cruz los temas, las áreas y etapas de interés sobre los que quieras ser informado/a. También puedes consultar nuestra página web: www.grao.com

Datos personales:

Nombre y apellidos: ....

Dirección: ....

C.P.: .... Población: ....

Provincia: ....

Dirección electrónica: .... Tel.: ....

Fax: ....

....

....

Podrás encontrar nuestros libros y revistas en tu librería habitual.

Pegar en el otro extremo.

Battista Quinto Borghi

Los talleres en educación infantil

Espacios de crecimiento

Biblioteca de Infantil 12 GRAÓ

Título original: *Crescere con i laboratori nella scuola dell'infanzia*

Colección Biblioteca de Infantil
Directores de la colección: Vicenç Arnaiz y Cristina Elorza
Serie Didáctica / Diseño y desarrollo curricular

C/ Hurtado, 29. 08022 Barcelona
www.grao.com

1.ª edición: noviembre 2005
2.ª reimpresión: diciembre 2008
ISBN: 978-84-7827-412-3
D.L.: B-48.418-2008

Diseño: Maria Tortajada Carenys
Impresión: Imprimeix
Impreso en España

A Isaura.

Índice

Agradecimientos

Este trabajo es el fruto de varios encuentros de debate y reflexión con diferentes maestros de educación infantil. Durante cierto tiempo he recopilado materiales y experiencias de distintas realidades.

Parte de los materiales incluidos en el capítulo dedicado al taller del cuerpo se han elaborado en colaboración con la escuela infantil municipal Villanova San Pancrazio de Módena y algunos de los materiales relativos al taller lógico y del juego son el resultado de la colaboración con la escuela infantil municipal Anderlini, también de Módena. Quisiera dar las gracias a los maestros de ambas escuelas.

Deseo manifestar un sincero agradecimiento a mi amiga y colega Rachele Mariotti, quien durante varios años ha coordinado y dirigido, con sabiduría y rigor, las escuelas infantiles del municipio de Cremona. Cuando, hace ya unos años, promovió la experimentación con talleres, quiso involucrarme en su organización y varias de las propuestas aquí presentadas son el fruto de ese trabajo. Sin la insistencia de Rachele, este libro no estaría completo.

Por último, quisiera también agradecer al queridísimo maestro y amigo Miguel Ángel Zabalza Beraza, catedrático de Organización Escolar de la Universidad de Santiago de Compostela, su deseo de ver traducido este trabajo al español, porque cree que puede servir de ayuda a los maestros de educación infantil.

Presentación

Miguel A. Zabalza
Santiago de Compostela

[La utopía] está en el horizonte –dice Fernando Birri–.
Me acerco dos pasos, ella se aleja dos pasos.
Camino dos pasos y el horizonte se corre diez pasos más allá.
Por mucho que yo camine, nunca la alcanzaré.
¿Para qué sirve la utopía?
Para eso sirve: para caminar.
(Eduardo Galeano: «Ventana sobre la utopía». *Las palabras andantes*)

A veces alguien pregunta qué pasaría con un niño pequeño cuyos padres se negaran a que fuera a la escuela infantil. No siempre tenemos respuestas adecuadas a esta pregunta. O, al menos, no tenemos respuestas que convenzan a los más escépticos o a quienes sitúan en la «seguridad» la prioridad básica del desarrollo infantil. Ellos piensan que es más seguro tener a nuestros hijos en casa que someterlos a las presiones de la escolarización (otros niños, maestras, tareas). Pero esta pregunta aún se complicaría más si la ampliáramos: ¿qué pasaría con los niños pequeños si la comunidad en que viven o la ciudad en que moran desatendieran su educación? Pregunta, ésta, que no se aleja de lo que está aconteciendo en la actualidad y cuyo impacto en el desarrollo desconocemos.

Por eso, este libro de Quinto Borghi es una especie de apuesta por la apertura a nuevos escenarios y complicidades en favor de nuestros niños pequeños. Trabajar con niños pequeños es una misión solidaria de toda la comunidad. Como adecía aquel dicho masai: «para educar a un niño, se necesita a toda la tribu». De ahí que lo interesante de los talleres resida no sólo en su dimensión pedagógica y técnica, sino también en su dimensión política y cultural. Es cierto que trabajar con talleres es distinto a hacerlo en el marco cerrado de un aula o una escuela. Pero resulta igualmente cierto que no es posible operativizar los talleres sin el concurso de los responsables políticos y de las instancias ciudadanas.

Quizás los planteamientos que aquí se hacen suenen a algunos a utopía pedagógica. Estamos demasiado acostumbrados a ver la «educación» como algo que acontece en las escuelas y sólo en ellas. Qué pasaría si todas las mañanas y todas las tardes nos tropezáramos con grupos de niños pequeños que van con sus educadores a las diversas sedes en las que se desarrollan algunos de los talleres externosunoscamino del teatro, otros hacia una biblioteca, otros a espacios específicos de la ciudad donde se llevan a cabo actividades de tipo científico o artístico o artesanal. Es decir, una ciudad con diversos recursos formativos diseminados por distintos espacios. Así es Turín. Y eso es lo que cuenta Borghi.

Unas veces los talleress están fuera de la escuela. Otras veces se ubican dentro de ella como espacios o aulas especializadas. Quizás esta opción está más próxima a nuestra tradición educativa. Pero, aunque más modesta, también posee su aquél de germen revolucionario. Porque rompe la estructura rígida de una escuela organizada por cursos y grupos de alumnos homogéneos. Y al constituir espacios especializados, se incrementa el grado de motivación y desafío que las propuestas pedagógicas suponen para los niños.

Dice Franco Frabboni[1] que la escuela de los talleress nos aproxima a la escuela de calidad. Y lo hace porque toca los tres puntos G de la escuela infantil: el *corazón*, la *mente* y la *diversidad* (aunque él se refiere más específicamente al handicap). El corazón porque los talleres introducen un estilo de trabajo rico en valores civiles, éticos y morales en la medida en que crean un espacio socio-comunitario de aprendizaje: los niños aprenden con las manos, con el cuerpo, con el conjunto de intercambios que requiere un proyecto colectivo. Con la mente porque los talleres son capaces de integrar los componentes monocognitivos provenientes de las disciplinas y lenguajes disciplinares con aquellos interdisciplinares y metacognitivos surgidos en el proceso de investigación e interpretación que se genera al intentar ver las cosas desde distintos puntos de vista y con diversos lenguajes. Finalmente, los talleres constituyen espacios acogedores para los alumnos con necesidades educativas especiales en la medida que permiten experiencias ricas de contactos diferenciados con los otros compañeros y con los propios objetos sobre los que se experimenta.

Lo que a mí me atrae más de los talleres es que cumplen a la perfección uno de los compromisos básicos que, en general, deben asumir la escuela infantil y los servicios para la infancia: actuar como un ecosistema en el que se propicien nuevas modalidades de *encuentro* por parte de los niños y niñas. Si algo define a la escuela infantil de calidad es su capacidad para constituirse en una gran plataforma que propicie el enriquecimiento, la dimensión *encuentro* de los niños. El encuentro de cada uno consigo mismo: verse a sí mismos desde diferentes perspectivas. El encuentro con otras personas: otros profesores, artesanos, artistas, adultos de la comunidad, niños con características y cualidades diversas. El encuentro con cosas y objetos de muy diversa naturaleza y usos. Objetos sobre los que podrá actuar primero de forma más exploratoria y posteriormente de forma más especializada. El encuentro con noticias y conocimientos (cosas que pasan, aunque no sea a ellos ni donde ellos están) lo que posibilitará trascender lo inmediato o lo propio y enriquecer sus perspectivas de análisis. El encuentro con otras formas de comportamiento (otras normas, otras rutinas, otras demandas y otras formas de afrontarlas) que traerán anexas nuevas vivencias del tiempo, nuevos esquemas de organización de las propias acciones e intereses, la posibilidad de asumir previsiones y compromisos a medio plazo, etc.

No es que la escuela convencional no pueda conseguir estos propósitos, pero su coreografía didáctica, salvo excepciones, es más pobre, más homogénea, con menos matices y posibilidades.

Todo esto vamos a poder encontrar en este libro estupendo de Quinto Borghi. Como seguramente se hará constar en la contraportada, él es un pedagogo con una enorme experiencia en el campo de la educación infantil. Pedagogo y compañero de trabajo de Sergio Neri en Módena, coordinador pedagógico de las escuelas infantiles de Brescia (la patria de las Agazzi) y en la actualidad responsable pedagógico de las infantiles de Turín, ciudad de enorme tradición pedagógica. Añadamos a ello que dirige la revista electrónica *infantiae.org*[2], probablemente la más interesante factoría de recursos para la educación infantil que existe actualmente en Europa. Y como suele pasar con los grandes personajes, además de todo ello, toca maravillosamente el órgano. Con ese pedigrí, no resulta extraño que haya conseguido articular una propuesta pedagógica rica y compleja basada en los talleres. Posiblemente, tal como él lo plantea no esté aún a nuestro alcance, pero, como se dice en el encabezamiento de este pequeño prólogo, para eso están las utopías, para motivarnos a andar y hacerlo en una dirección correcta.

Notas

1. FRABBONI, F. (2004): *Il laboratorio*. Bari. Laterza. (Trad. cast.: *La escuela del laboratorio*. Madrid. Popular, 2005.)
2. Puede accederse libremente, suscribirse gratuitamente y bajar sus contenidos en <www.infantiae.org>.

Introducción

Los talleres en la educación infantil no son una novedad. Hubo un tiempo en el que el taller se proponía como respuesta a muchos males, parecía ser la solución a todos los problemas.

Se ha asistido a una proliferación de experiencias y se han realizado muchos *experimentos*, unas veces movidos por el deseo de innovación, otras caracterizados por la necesidad de dar una respuesta a los problemas (organizativos, estructurales, etc.) que se presentaban. Tampoco han faltado las improvisaciones; en ocasiones se han llevado a cabo elecciones basadas en elementos no siempre bien meditados, sobre todo cuando el taller se proponía para garantizar en especial una capa de novedad a la forma normal de *hacer escuela*. A veces parecía la solución ideal para alguna situación en particular, como en el caso de la presencia de niños discapacitados.

En una palabra, el taller ha supuesto una oportunidad para renovar la escuela. El entusiasmo que, en ciertas ocasiones, ha acompañado a la realización de talleres didácticos la puesta a punto y la ejecución de distintos proyectos ha dejado a veces en un segundo plano los riesgos que conlleva inevitablemente una solución centrada exclusivamente (o casi exclusivamente) en los talleres.

En general, el taller ha representado para la escuela la consigna cuando quería ser la enseña de la renovación. La determinación y organización de espacios-taller representaba la solución didáctica más fructífera y productiva, tanto en lo que concierne a los procesos de aprendizaje como a los de socialización.

¿Por qué talleres en educación infantil?

Los talleres entendidos como espacios de crecimiento garantizan a las niñas y niños la posibilidad de hacer cosas y, al mismo tiempo, incitan a la reflexión sobre qué están haciendo. El taller es un lugar especializado y en él se desarrollan actividades meditadas. En el taller es posible curiosear, probar y volver a probar, concentrarse, explorar, buscar soluciones, actuar con calma, sin la obsesión de obtener un resultado a toda costa. Puede ser también una diversión y un juego. Es hacer por el placer de hacer. El taller ayuda a los niños a crecer dejándoles tiempo para crecer.

La propuesta que presentamos tiene, por este motivo, un objetivo esencialmente didáctico. Principalmente, pretende ayudar a los maestros de educación infantil a afrontar algunos de los problemas habituales del día a día en la escuela. Es una obra que desea servir de instrumento de trabajo para los maestros. Su finalidad es promover reflexiones y sugerencias que tengan una repercusión inmediata en la acción cotidiana del maestro.

Esto no significa que vayamos a proponer solamente un recetario al que el maestro pueda recurrir en cada caso, cuando no encuentre soluciones. Por supuesto, pretende tener un uso práctico que permita al maestro alcanzar metas concretas a través de las ideas, los apuntes, las reflexiones, pero también las propuestas operativas que se van indicando a lo largo de la obra.

Sin embargo, no se trata de procedimientos neutros ni de un mero instrumento que pueda utilizarse de forma correcta o incorrecta. En las diferentes propuestas de actividades hemos querido incluir una idea determinada del niño y de la educación infantil.

En la actualidad se habla con frecuencia de la necesidad de *calma*. Este término hace referencia a la necesidad de respetar los tiempos de los niños. Deja constancia de que el desarrollo no es lineal, sino arrítmico y asíncrono, construido mediante progresos y regresiones. Existe la necesidad de no aspirar en exceso a una escuela de resultados, sino privilegiar los procesos. Se evidencia también la posibilidad de dirigirse más hacia los métodos que hacia los contenidos: no es tan importante que los niños adquieran determinados conocimientos y nociones, como que tengan confianza en su curiosidad y aprendan a buscar por sí mismos, dicho de otro modo, que encuentren su camino.

Se puede estar de acuerdo en todo esto, sin embargo, debe prestarse atención a no caer en fáciles fascinaciones.

La escuela, incluida la infantil, es esencial e inevitablemente un lugar de acción. Un lugar en el que los niños y las niñas hacen continuamente cosas. No debemos confundir la lentitud con la pasividad y con la pérdida de tiempo. A la edad de la escuela infantil, el niño siente la necesidad de actividades variadas, de probar y probarse. Está siempre en movimiento, está ocupado haciendo algo todo el tiempo. Y el deber de la escuela infantil es transformar la experiencia de los niños, haciendo que pase de un impulso desordenado y disperso a un ritmo ordenado y constructivo que favorezca el crecimiento. La escuela infantil ayuda al niño a organizarse y a organizar la realidad que le rodea.

El niño y la niña deben tener su propio tiempo (todo su tiempo) para poder interactuar con el mundo que les rodea, que es muy complicado y está lleno de conflictos y contradicciones: en definitiva, deben tener tiempo para actuar, así como para observar lo que hacen los demás; para tomar decisiones, pero también para dar marcha atrás cuando no se sientan seguros o las circunstancias lo requieran.

En una palabra, las niños y los niños en esta franja de edad están ocupados, sobre todo, en construirse una *base segura*. Y los maestros tienen la tarea de ayudarlos en este proceso.

Los talleres están dirigidos al desarrollo y la potenciación de tres aspectos de la dimensión del niño: la autonomía, la identidad y las competencias.

Por autonomía se entiende la construcción de las capacidades de las niñas y los niños para obrar y *estar bien*, tanto al actuar como al estar solos o vivir relaciones positivas con los demás. La identidad debe entenderse como la maduración de una imagen positiva propia, y de confianza en sí mismo y en las capacidades propias y de los otros. Las competencias se refieren a la construcción de la capacidad de interiorización y de puesta en marcha de los sistemas simbólico-culturales.

Autonomía, identidad y competencias representan tres aspectos interrelacionados y permiten superar definitivamente la antigua contradicción que consideraba en frentes contrapuestos a los partidarios de la subjetividad y la individualidad del aprendizaje y el desarrollo, y a aquellos que defendían la función irrenunciable y determinante del ambiente en los procesos de desarrollo. Tenemos que reconocer que los niños y las niñas maduran por sí mismos sus propias potencialidades de crecimiento: los cambios cualitativos suceden dentro del sujeto y esto pasa cuando se encuentra preparado, de modo que la concurrencia de factores culturales externos no puede más que apoyar y favorecer dicho proceso. También debemos reconocer lo contrario: el ambiente cultural y sus medios representan un factor determinante e imprescindible del desarrollo, aunque necesitan la cooperación activa por parte del sujeto.

El aprendizaje y el desarrollo se compenetran de forma imprescindible. Por un lado, el niño y la niña obtienen del ambiente, y de cuanto les rodea, los elementos para aprender; por otro, el propio aprendizaje es requerido y apoyado por las experiencias en el ambiente. ¿Y es que acaso el taller en la escuela infantil no es un ambiente especializado para el desarrollo?

Las competencias que los niños y niñas adquieren deben entenderse como el conjunto de habilidades necesarias para dominar los instrumentos y las tecnologías de su cultura.

Los talleres como técnicas didácticas tienen mucho que ver, por tanto, con la escuela infantil. Éste libro pretende aportar elementos teóricos y prácticos que ayudan a las maestras y los maestros de educación infantil en su trabajo en la escuela. El material está organizado en dos partes:

- La primera se interroga sobre el fundamento pedagógico, metodológico y didáctico de los talleres.
- La segunda tiene una finalidad operativa y propone talleres vinculados con diferentes experiencias.

Parte I

La teoría de los talleres

1

El taller didáctico: entre la experiencia y el proyecto

Las múltiples identidades del taller didáctico

El significado de la palabra taller

Cuando se piensa en la realización de talleres didácticos en la educación infantil se debe establecer en primer lugar qué se entiende por dicho término. Se refiere a significados muy diferentes entre sí relacionados con las intenciones, los programas, los materiales disponibles, las cuestiones logísticas, las dinámicas organizativas y las relaciones internas.

Vamos a comenzar nuestro viaje alrededor de las múltiples identidades del taller didáctico a partir de algunas palabras clave contradictorias que lo describen y explican sus diversas facetas.

Primera antinomia: ¿taller o talleres?

En primer lugar, el taller puede entenderse como un *espacio específicamente equipado y un área especializada*. Se trata de un contexto (una habitación o incluso un rincón) exclusivo en el que se desarrollan actividades *ad hoc*.

En este caso el taller se caracteriza como algo alternativo y complementario a los espacios de la clase. Mientras ésta tiene un carácter polivalente (se realizan actividades diferentes y se cumplen funciones relativas también a la esfera de lo cotidiano), el taller posee un carácter específico, si bien no forzosamente monovalente: se llevan a cabo al mismo tiempo actividades y tareas especializadas con un único objetivo.

¿Qué es mejor, un taller o muchos talleres?

Se puede hacer de muchas formas; no hay una solución mejor que otra. En algunos casos la elección puede recaer sobre un único taller y el objetivo puede ser dotar a la escuela infantil de una identidad específica (una escuela especializada en el arte y en el *niño artista*, o en los conocimientos y el *niño científico*, etc.).

En otros casos, la elección puede recaer en la polivalencia de los talleres, privilegiando el principio de las inteligencias múltiples y de una escuela preocupada por la valorización de las diferencias y la multiplicidad de estilos cognitivos. Evidentemente, esta segunda vía es preferible.

- *Ventajas*. La realización del taller requiere una escuela en la que se disponga de muchos espacios; como tal, se trata de una escuela bien equipada, en la que son posibles elecciones pedagógicas fuertes. También se puede presentar el caso de que disponga de espacios sin utilizar.
- *Posibles riesgos*. No es cierto que todo dependa exclusivamente de los espacios disponibles y disponer de ellos no es sinónimo necesariamente de calidad en el servicio. La calidad puede suplir a la cantidad cuando no está bien pensada y proyectada. Además, cuando no hay otra posibilidad, se pueden acondicionar rincones en la propia aula o en espacios marginales que pueden caracterizar la intencionalidad educativa que se manifiesta en un determinado contexto.

Segunda antinomia: ¿materiales monovalentes o polivalentes?

En cuanto a la *cantidad*: la disponibilidad y la abundancia de materiales representan una importante oportunidad para involucrar a todos los niños y niñas; por el contrario, la falta de materiales hace más laboriosa, si no más difícil, la misma acción didáctica diaria.

En cuanto a la *calidad*: se trata –con respecto a otros ámbitos– de materiales específicos, dirigidos al desarrollo de determinadas tareas: el horno para la arcilla para el taller de expresión, la lupa o el papel tornasol para el taller de ciencias. De este modo, se permite realizar una amplia gama de actividades y utilizar, cada vez, los objetos apropiados.

La intención de realizar un taller en la educación infantil está ligada a menudo con la idea de materiales especializados. En este caso, el taller podría entenderse como un *almacén*, especialmente equipado y dotado de materiales bien elegidos y colocados en orden.

La presencia en el taller de herramientas adecuadas y pertinentes para las actividades específicas y convenientemente programadas es fundamental para su buen funcionamiento. Sin embargo, si nos contentáramos con los materiales específicos y fuertemente connotados en el plano disciplinar, se correría el riesgo de una especialización excesiva (¿para qué sirve en la escuela infantil, por ejemplo, el prisma de refracción de la luz o el disco de Newton si no para satisfacer una curiosidad, probablemente poco real, por algo que se olvidará justo después?).

La presencia en el taller de materiales no especializados (nos referimos a materiales comunes como piedras, conchas, cuerdas, botones, contenedores variados, etc.) es también muy útil para desarrollar adecuadamente muchas actividades importantes. Sin embargo, la ausencia de herramientas específicas no permitiría connotar lo bastante la especificidad del taller. Así pues, no basta con dotar al taller artístico de papel y lápices de colores; para el taller científico no es suficiente con el cubo y la pala; en el taller del cuerpo y el movimiento no basta con algunos palitos y pelotas.

- *Ventajas*. En las escuelas infantiles que cuentan con talleres se detecta una mayor eficacia de la acción educativa.
  La variedad y especificidad de los materiales disponibles mejoran la propia actividad didáctica a través de una oferta más amplia y, al mismo tiempo, más puntual de experiencias y propuestas de trabajo.
- *Posibles riesgos*. Es poco conveniente confiar exclusivamente en la disponibilidad de los materiales y su especificidad.
  Se puede caer en la trampa de una excesiva especialización, de una exagerada disciplinarización, de un activismo estéril, de una inútil preocupación por la simple consecución de resultados con relación a la oferta de un recorrido complejo y muy dotado, que presta atención sobre todo a los procesos.

Tercera antinomia: ¿profesionalidad global o profesionalidad específica?

La presencia simultánea en la misma clase, al menos en algunos horarios del día, de dos maestros puede favorecer la división de tareas y el empleo, por parte de alguno de ellos, de competencias especializadas. Dicho de otro modo, un maestro puede ocuparse de forma más puntual, por ejemplo, del desarrollo lingüístico, mientras el otro favorece la adquisición de conceptos científicos. Se trata, en definitiva, de una división de tareas en el mismo tiempo –que se convierte, respectivamente, en complementaria– y de una mayor especialización de cada maestro en un determinado ámbito didáctico.

- *Ventajas*. Son evidentes y tienen que ver con la posibilidad de cada maestro de adquirir mayores competencias en aspectos específicos.
- *Posibles riesgos*. Están representados, como ya se ha dicho, por la tentación de una excesiva especialización que puede llevar a tomar una parte por el todo, es decir, a concentrarse en uno o dos campos de experiencia perdiendo de vista el resto; o bien a detenerse solamente en determinados aspectos cognitivos a expensas de otros.

Cuarta antinomia: ¿dar preferencia al niño o al contexto?

Trabajar en el taller no es igual que realizar las actividades normales de la clase. Uno y otro ámbito podrían poseer dos estilos metodológicamente diferentes.

Utilizando una expresión futbolística, se podría decir que el trabajo en la clase se caracteriza por el *marcaje individual*, mientras el taller se presta más a un *marcaje por zonas*. En cierto sentido, la relación didáctica en la clase es, por así decirlo, frontal: el maestro se dirige individualmente a cada niño o niña y al mismo tiempo tiene bajo control a toda la clase. Por el contrario, en el taller, sin renunciar al papel de guía del maestro, surgen importantes estímulos del contexto de los objetos y de los demás niños. Por un lado, la presencia de objetos e instrumentos específicos disponibles, por otro, la presencia del resto de los niños y niñas crea un contexto de aprendizaje en el que el maestro se encuentra más al margen.

Dicho esto, se puede pensar en una especie de alternancia entre enseñanza directa (en la clase) e indirecta (en el taller). En uno y otro caso el maestro tiene el papel central de estimulación y control: se trata de dos modalidades diferentes, que no se someten la una a la otra.

- *Ventajas.* La principal ventaja es la polivalencia de los estilos de aprendizaje que se pueden activar. Se asiste, de hecho, a una especie de recíproca compensación entre los aprendizajes derivados de la acción de enseñanza y otras modalidades de aprendizaje que hacen más hincapié en el contexto.
- *Posibles riesgos.* Si bien las dos características dominantes descritas deben considerarse positivas y válidas, el riesgo es practicar una separación artificial. El doble marcaje (sujeto y contexto) debe llevarse a cabo, tanto en el trabajo normal de la clase (¿qué sucedería, si no, en aquellos casos en que el taller no existe o no es posible?) como en el del taller.

Quinta antinomia: ¿procesos de abstracción o procesos de inmersión?

Hay varias formas de acercarse a la experiencia del trabajo con talleres. Se pueden identificar dos extremos opuestos entre sí.

No han faltado experiencias en la práctica habitual que han entendido el taller como un lugar de aprendizaje separado e independiente de todo el resto. Se puede pensar, por poner un ejemplo, en el taller, tal y como lo han concebido los que tienen una orientación comportamental: un espacio artificial y desconectado de la realidad con el objetivo declarado de mantener todas las variables bajo control.

Una excesiva atención a los procedimientos o a formas demasiado estandarizadas puede llevar a propuestas didácticas que en realidad sean solamente una copia y, como tal, repetitivas y formales.

En ocasiones el taller en la escuela infantil también puede asumir un aspecto excesivamente ritual: el acceso se convierte en un rito y no una práctica vinculada a un proyecto meditado; se trata de un deber, y no de un deseo o un placer; el trabajo consiste más en una carga que en una experiencia; las acciones que se realizan dentro de él están rigurosamente previstas, sin dejar espacio a la exploración libre y la experimentación.

No faltan casos en la práctica habitual en los que los niños y las niñas se dejan en el taller sin un guía: el trabajo en él se entiende como una especie de incursión casual entre materiales y objetos.

- *Ventajas.* Se consiguen cuando el taller es a la vez lugar de abstracción y de inmersión. Por una parte, es importante que esté basado en supuestos previos claros: se debe definir con precisión cuál es el objetivo del trabajo. Al mismo tiempo, debe evitarse cualquier formalismo y rigidez inútil: los caminos de la investigación y el descubrimiento son a menudo individuales y necesitan de una inmersión profunda basada en una fuerte motivación, caracterizada por un modo de proceder hecho de pruebas y errores, alternando momentos de incertidumbre con momentos de confianza.

- *Posibles riesgos*. Proceder sólo por abstracción o sólo por inmersión. Se trata de posturas extremas que, por supuesto, deben evitarse: la primera funda sus criterios en un formalismo frío y en procedimientos rígidamente preestablecidos; la segunda favorece un enfoque fundado en la improvisación y la causalidad.

Sexta antinomia: ¿grupo grande o pequeño?

Otra idea del taller que debemos tener en cuenta es el número de niños y niñas integrantes. Mientras el trabajo en la clase exige un trabajo común, en el que se invita a todo el mundo a participar al mismo tiempo, la actividad del taller suele preferir el trabajo en grupos pequeños.

Un aspecto que no se valora nunca lo suficiente es la capacidad de los niños de influirse mutuamente, en un contexto de grupo pequeño en el que se favorecen las relaciones cara a cara. Una niña o un niño no desembocarían nunca en determinadas consideraciones si no estuvieran influidos por otro. Por ejemplo, probablemente no conseguirían solucionar un problema intuitivamente, si no se encontraran en una posición de contraste con otro compañero.

En el trabajo de grupo, sobre todo en el caso del taller, asume una importancia especial la observación recíproca y las interacciones verbales. Cada niño parte (por aprobación o por contraste) de lo que dice o hace otro: en cierto modo, se apropia del discurso del otro y parte del límite que éste ha establecido. La situación es *interpsicológica*: el niño representa exteriormente y en sociedad lo que, posteriormente, elaborará interiormente y en su esfera privada personal. Se trata, en otras palabras, de *pensamiento hablado*, como etapa previa, que conducirá a la posterior construcción del *pensamiento pensado*, de elaboración interna.

El intercambio con los demás en la práctica social del discurso pasa a ser un *instrumento psicológico* para aprender a pensar. Esto conduce a un problema de método[1]. Nos lleva a pensar que el aprendizaje es un proceso social que requiere la presencia de los otros en una situación donde sea posible el intercambio (como sucede en las relaciones *cara a cara* del grupo pequeño) y no un hecho meramente individual, como muchos más tradicionales piensan. Si esto es verdad, hay que meditar profundamente sobre la acción didáctica, tal y como se desarrolla habitualmente en la escuela infantil. El aprendizaje aparece como un fenómeno *coral* y no solitario, una experiencia *solidaria* y no individual, se manifiesta como un proceso de participación muy influenciado por el contexto. Consecuentemente, el trabajo en pequeños grupos de niños no representa una oportunidad entre muchas, sino un modo preciso de promover con eficacia la acción didáctica.

- *Ventajas*. Como se ha dicho, consisten en la posibilidad de promover, a través de los intercambios, una especie de inteligencia social.
- *Posibles riesgos*. Es fundamental el modo en que se constituyan los grupos. El principal error, en el que se incurre con frecuencia, consiste en la construcción de grupos pequeños formados al azar, sin tener en cuenta que las diferencias crean complementariedad y subsidiariedad recíproca: los más competentes juntos e ir descendiendo hasta los menos competentes. La cooperación resulta a través de la integración de habilidades complementarias que se influyan mutuamente.

La identidad de los talleres didácticos en la educación infantil: cuatro dilemas

El dilema como cuestión problemática sobre la escuela

Me gustaría utilizar el concepto de *dilema* para referirme al conjunto de actuaciones bipolares o multipolares que se presentan al realizar un taller o en el trabajo dentro de él[2]. Es un dilema, por ejemplo, el problema de cómo adecuar las exigencias de la programación educativa y didáctica con la organización de los talleres, o bien la necesidad de considerar al niño protagonista y artífice de la propia experiencia en el taller con la necesidad de una guía segura y rigurosa por parte del maestro.

Desde el momento en que el taller es interactivo, con la conducta del maestro proyectada sobre el niño y con la influencia que cada niño ejerce sobre los demás, resulta inoportuno establecer directivas sobre cómo debe ser la metodología del taller. El taller es una empresa individual, clínica, e implica lo imprevisible, lo improbable, lo imperceptible.

El sentido problemático del taller como componente fundamental de la gestión de la enseñanza está dirigido a interconectar el trabajo de los maestros y de los niños con su idea de proyecto y uso de los materiales y los instrumentos para su consecución. Si el taller puede entenderse como lugar/contexto de solución de problemas (lingüísticos, científicos, expresivos, etc.), los problemas se separan del caos mediante el análisis: éste es el elemento central que justifica y explica el trabajo en talleres. Es decir, podemos entender el taller como gestión (primero improvisada y casual, y luego cada vez más racional y congruente) de espacios problemáticos.

El taller es un contexto práctico (y, por tanto, inestable, incierto, complejo) en el que nos encontramos resolviendo problemas prácticos (relativos a lo inmediato o vinculados a determinadas prácticas de enseñanza) en los que la reflexión –Ciari hablaría de «actitudes para el razonamiento y la crítica»[3]– de los niños y adultos se presenta como condición necesaria.

Primacía de la tecnología contra primacía del niño

De un lado está el niño, con su identidad específica, sus características, su propia historia personal; de otro, la técnica, el conjunto de procedimientos, a través del uso de instrumentos, para obtener un determinado resultado.

Algunos plantean una duda: ¿la técnica anula a la persona? ¿La persona desaparece en la acción técnica?

La idea de *técnica* se aplica, tanto al *universo de los medios* (los materiales, los instrumentos) como a la racionalidad que preside su uso en términos de funcionalidad y eficacia[4].

La técnica nace con el hombre y es propia del hombre; además, parece constituir un remedio para su insuficiencia biológica. A diferencia del resto de los organismos, que han encontrado en el mundo interior estable de sus instintos los instrumentos para poder vivir y actuar, el hombre ha seleccionado paulatinamente medios para poder suplir esta carencia. Poco a poco, con el crecimiento, los materiales que se hallan a disposición del hombre y los instrumentos que su cultura ha producido para él, se van convirtiendo en su ambiente vital, constituyen su contexto de desarrollo.

Los materiales y los objetos/instrumentos representan, por un lado, el modo y la condición para realizar las experiencias, por otro, precisamente a partir de las experiencias con las cosas y los objetos el niño se aproxima y hace suyos los medios (y los lenguajes) de la cultura de pertenencia.

A partir de los materiales, los objetos y los instrumentos, los niños realizan acciones que dirigen progresivamente a un fin; a través de ellas seleccionan y activan procedimientos; sirviéndose de ellas construyen las primeras hipótesis de trabajo sencillas.

Por un lado, el niño se adecua a las posibilidades y las potencialidades que los instrumentos utilizados le permiten (y, en este sentido, se prevén resultados distintos dependiendo de las distintas tecnologías: por esta razón, disponer de materiales e instrumentos no es algo intrascendente, ya que la abundancia de instrumentos constituye un índice de la alta calidad de la escuela): el taller y los instrumentos y tecnologías que contenga son *funcionales* y, por consiguiente, no obstaculizan ni impiden la individualidad de cada sujeto.

Por otro lado, todos tienen la posibilidad de estampar, al usar los propios objetos e instrumentos, la impronta particular de su modo y estilo, de sus ideas, de sus preferencias, lo que connota el resultado del trabajo en los materiales y el uso de determinadas tecnologías de características individuales y específicas que representan la señal evidente de la individualidad y la creatividad personal.

El encuentro entre objeto/instrumento y razón tiene en la acción destinada a un objetivo la finalidad del taller. En este sentido, es el lugar privilegiado de la *previsión*, entendida como capacidad de *ver por anticipado*, es decir, de prever con la mente una posible solución que en la realidad concreta y en los hechos aún no existe.

El taller didáctico en la educación infantil se configura como una especie de mundo artificial que parece ajeno al mundo de la realidad. No por ello deja de lado la realidad, es más la prefigura y representa. Del mismo modo que sucede en el juego, el niño en el taller se aleja de la realidad para introducirse en otra realidad en la que los espacios, los objetos, las herramientas, los instrumentos están preparados para sugerir ideas sobre cómo y con qué objetivo utilizarse.

En cierto modo, es lo mismo que le sucede al artista o el poeta. ¿El escultor busca incesantemente el mármol adecuado o bien las características específicas y materiales del mármol que le sugieran –sin alterar el objetivo originario– un modo determinado de esculpir un detalle? ¿El poeta busca incesantemente la palabra o bien una palabra concreta que lo obsesiona es estímulo suficiente para construir alrededor de ella un verso? ¿El músico busca en el vacío de su mente una determinada melodía o una cierta línea melódica que tiene en la cabeza constituye la base para una composición musical?

Estas preguntas están destinadas, evidentemente, a quedar sin respuesta.

Por un lado, las ideas necesitan materiales e instrumentos para tomar cuerpo, es decir, para concretarse; por otro, son los propios materiales, ciertos efectos ofrecidos por determinados instrumentos, los que producen las ideas sobre qué y cómo realizar un cierto proyecto o construir un determinado objeto. En el taller, *las ideas necesitan de la tecnología para verificarse o actuar, y la tecnología de nada sirve y se reduce a sí misma sin las ideas que se sirven de ella y la dirigen*. En consecuencia, la técnica depende de la subjetividad del individuo que proyecta y actúa, para que tenga un fin y no se limite a sí misma.

Atención a la acción frente atención al sujeto

El temor es que el taller represente una actividad centrada en sí misma. El riesgo es perder de vista la dirección del trabajo.

Esto puede suceder en una escuela donde no haya una programación. No se trata de un plan de trabajo frío y distante, elaborado en el despacho, sino de un plan que parta de la necesidad irrenunciable de conocer al niño, de estar cerca de él, de hacerlo partícipe.

El taller es un lugar en el que se concentran al máximo los momentos de actividad creativa y de reproducción de los niños y niñas. Es un lugar en el que se aprende, siempre y ante todo, haciendo. El taller prefigura un niño trabajador, que participa en la acción, protagonista del proyecto que lleva adelante solo o junto a los demás, concentrado en lo que está haciendo. El taller presupone una intención que posteriormente se traduce en acción. Es, además, un lugar en el que el niño utiliza los instrumentos y prueba las técnicas.

Sin embargo, es necesario evitar el riesgo de la actividad limitada a sí misma y retener que una buena escuela infantil es aquélla en la que se hacen muchas cosas. Concentrarse en la acción puede hacer perder de vista la dirección en la que se está andando.

Una educación infantil centrada en talleres debe interrogarse, por un lado, sobre el proyecto (qué quiere hacer sirviéndose de él). Por otro, la escuela también *debe preguntarse a qué niño se dirige y qué niño quiere construir con los talleres.*

Sólo a partir de la idea de niño, entendido en su totalidad, su individualidad y su unicidad, es posible definir, en cada momento, la dirección de trabajo que debe tomar cada taller. En otras palabras, *el taller es un medio, no un fin*.

Contenidos frente a método

El temor es que el taller represente un contexto en el que se proponen sobre todo contenidos, independientemente de los procesos o, por el contrario, se preocupe principalmente por los procedimientos abstractos, perdiendo de vista el objeto concreto.

El hecho de rechazar una concepción acumulativa del aprendizaje no significa renunciar al papel fundamental de la estimulación a la hora de aprender, de la activación de situaciones contextuales que sumerjan al niño y la niña en contextos *cargados* de posibilidades de experiencia. Los niños y las niñas están muy influidos por el ambiente (cultural) en el que se hayan inmersos. De ahí la necesidad, también en la educación infantil, de desarrollar un papel esencial y primariamente cultural.

Si entendemos las *competencias* del niño como el conjunto de habilidades necesarias para dominar los instrumentos y las tecnologías de la cultura[5], el aprendizaje debería entenderse como la adquisición de medios específicos. De ahí que el contenido importe: las habilidades y los conocimientos específicos son importantes en el plano del desarrollo en general. Dicho de otro modo, las experiencias que se proponen a los niños no son irrelevantes: los niños aprenden sobre todo cuando hacen las cosas, cuando se meten en ellas, cuando consiguen concentrarse para la solución de un problema. Los niños no resuelven nunca los problemas en general, sino siempre a partir de ese problema específico y determinado que les ocupa en ese determinado momento.

El método y el contenido caminan de la mano: no puede existir uno sin el otro. No es menos cierto, sin embargo, que, para adquirir el método, es necesario concentrarse en el contenido: el *cómo* se define y connota por el *qué*. *El taller debe*, forzosamente, *ser portador de contenidos* (de experiencia) *para conseguir que el niño y la niña se apropien de modelos entendidos como auténticos medios culturales*.

Competencia frente a integración

¿Qué domina en el taller, la competencia o la socialización? Este dilema se basa en el temor de que la atención a la competencia haga perder de vista o deje en un segundo plano la integración y la realización con los demás.

Competente es la persona capaz de realizar un proyecto. Y posee mayor competencia quien sabe también elaborar un proyecto para realizarlo. Proyectar significa ser capaz de realizar correspondencias entre las intenciones (que son mentales) y los resultados de una acción (que suceden al poner en práctica los hechos), descubriendo los posibles errores.

La competencia es, en otras palabras, una interacción (funcional, eficaz, apropiada, pertinente) del sujeto con el ambiente exterior. Cuando falta la competencia, el circuito sujeto-ambiente parece interrumpirse y la interacción se hace más difícil, si no imposible.

En muchos casos (pensemos, por ejemplo, en un niño discapacitado, en uno procedente de otra cultura o que tenga problemas en un determinado momento o sobre una prestación precisa) la clave para la solución está en el otro, en el compañero de al lado, en el grupo. Puede suceder que un niño se encuentre actuando en la nada, en una situación, para él, fuera de lo normal, y que deba aventurarse a buscar soluciones no previstas y nuevas.

La competencia en el taller didáctico no es sólo una habilidad instrumental. Se trata más bien de *una habilidad potencial para captar significados, dimensiones y posibilidades de lo que nos rodea no visibles y perceptibles de inmediato*. Es la habilidad de ver lo que no existe todavía, pero que estará dentro de poco.

En este sentido, el taller puede entenderse como un contexto especial muy estructurado en lo tocante a los ámbitos conocidos, pero también enormemente fugaz en lo relativo a situaciones y soluciones no previstas inmediatamente. Ciertos *contextos especiales*, como el taller, son capaces, en una situación tranquila, de provocar puntos de vista novedosos, intentos de solución en el terreno, modelos organizativos y comportamentales no previstos anteriormente, pero más convenientes para la nueva situación. En definitiva, el taller se plantea como una situación de estímulo para encontrar soluciones nuevas sobre la base de nuevas interacciones, tanto en relación a los materiales y los instrumentos, como al intercambio informativo con los demás.

Competencia e integración son términos próximos que se explican respectivamente. La competencia puede entenderse como el dominio de algunas habilidades funcionales en una cultura y la capacidad de seguir las reglas y los estilos de la propia comunidad de pertenencia, interviniendo de forma adecuada y funcional[6].

Los caracteres cualitativos del taller didáctico

La palabra *taller*

El término *taller* posee múltiples significados. Se trata de una palabra de la que se ha abusado, en cierto modo: se le han concedido atribuciones y expectativas muy distintas entre sí, en algunos casos, incluso contradictorias. ¿Qué es, entonces, un taller? ¿Cuáles son sus puntos clave?

Los objetos

Comúnmente, se entiende por taller un lugar donde se colocan herramientas, instrumentos y materiales, y en el que una persona o un grupo limitado de personas trabajan para la *realización de productos, proyectos y objetos concretos*.

Era un taller el estudio de arte de la Edad Media y el Renacimiento; es un taller el espacio donde trabaja el artesano; el lugar en el que el biólogo realiza sus análisis químicos; la habitación en la que el anticuario restaura un mueble antiguo, etc. El taller es el lugar en el que se realiza un producto material (un producto manufacturado, un objeto para vender, un producto que conservar, un instrumento para medir, etc.) o se pone a punto una idea para realizarla posteriormente (el proyecto de decoración de una habitación, de un itinerario medioambiental, etc.). Lo más significativo es que en el taller (como decíamos antes, tanto en el estudio de arte como en la tienda del artesano) se produce algo útil para los demás o para uno mismo. El *producto* puede ser un utensilio para vender, un cuadro para colgar en la pared de la casa: en todos los casos tendrá que servir para algo. Un taller que produce objetos que no sirven para uno mismo o para los demás es inútil y no tiene razón de ser; la ausencia de un posible intercambio demostraría su inutilidad y establecería su declive, su fracaso.

Las habilidades

Por otra parte, el taller lleva implícita la idea de una *habilidad*: se supone que quien lo utiliza o gestiona posee alguna habilidad especial sobre una competencia concreta. Por lo general, confiamos en los datos que nos suministra un laboratorio de análisis bioquímicos, consideramos competente al técnico que realiza la revisión de los neumáticos de nuestro coche, buscamos cuidadosamente al artesano capaz de proporcionarnos un objeto de gran calidad (por poner un ejemplo, un instrumento musical, que no se presta a una producción *en cadena* o a gran escala), que no sería posible producir industrialmente.

Un producto de calidad

Así pues, el taller se caracteriza, no sólo por realizar un producto útil para uno mismo o para alguien, sino también porque debe ser un *producto de calidad*. En consecuencia, es imprescindible una competencia específica en quien lo gestiona o trabaja en él.

Cómo se logra

El taller cuenta, además, con otra característica no menos importante. Es un lugar en el que, mientras se produce un objeto o un producto manufacturado, se aprende también *cómo producirlo*. En definitiva, es un lugar en el que se demuestran capacidades y competencias y, al mismo tiempo, un lugar donde aprender dichas capacidades y competencias.

El objetivo del taller (tanto del estudio de arte, como del artesano, lutero, encuadernador, estucador, etc.) es suministrar un producto de calidad , así como enseñar a otros técnicas y métodos para mantener esa calidad. El taller es, en este sentido, una escuela en la que están presentes los *maestros* (lo que tienen conocimientos y poseen las capacidades técnicas) y los *alumnos* (los que quieren aprender y convertirse en maestros).

Realización de prototipos

El taller es también un lugar que no reproduce de igual modo los propios productos manufacturados (no produce en serie como lo hace la fábrica, de lo contrario estaría seguramente *fuera del mercado*). Realiza actividades-tareas que no se llevan a cabo según un modelo repetitivo y estandarizado; produce *prototipos* adoptando, por ejemplo, soluciones personalizadas y acordes a las necesidades de cada uno, o está constantemente a la búsqueda de una solución innovadora, de un modo más rápido o más eficaz de realizar un producto. Se puede pensar, de hecho, en el artesano de la madera que realiza una línea de muebles *ad personam*, es decir, según las exigencias específicas o individuales del cliente, en el lutero que trata de realizar una y otra vez el violín de sonido perfecto, en el técnico mecánico que trata de encontrar la mejor aleación de metales, la más eficaz y, al mismo tiempo, menos costosa, para realizar un tipo de máquina especial.

Sea como sea, en este caso el taller se configura como un lugar de investigación y de creación de novedades.

La fuerza de los intercambios

Por último, a veces sucede que el artesano de la madera, el lutero o el técnico mecánico son figuras aisladas y solitarias; muy a menudo el taller investiga e innova a base de intercambios. En otras palabras, la investigación y la innovación tienen lugar a través de intentos, pruebas y errores, pero también a través de comparaciones, discusiones, trasvases de información, intercambio de técnicas, experimentos realizados primero en solitario que luego se comparten, búsqueda común de soluciones más favorables, etc.

El taller es por eso...

En resumidas cuentas, podemos afirmar que un taller presupone:

- Un lugar, cuyo objetivo es la realización y producción de productos/proyectos/objetos manufacturados concretos.
- Un lugar que contiene materiales y herramientas útiles para realizar los productos/proyectos/objetos manufacturados que se pretenden realizar.
- Un lugar en el que su gestor posee habilidades precisas y cuenta con competencias determinadas y específicas.
- Un lugar en el que se transmiten técnicas y habilidades, en el que pueden interactuar juntos los que enseñan (que transmiten un conocimiento) y los que aprenden (que reciben-asimilan dicho conocimiento y eventualmente lo reelaboran-desarrollan).
- Un lugar en el que se investiga constantemente y se experimentan soluciones innovadoras, alternativas, originales.

LOS PUNTOS CLAVE DEL TALLER

La estrategia educativa del taller puede interpretarse desde varias lecturas. Si bien, por un lado, corresponde a la traducción en términos operativos y prácticos de las llamadas *pedagogías activas* (el construir/descubrir), por otro lado, se ha demostrado un ámbito de intervención especializado dirigido a la reproducción de competencias prefijadas en un contexto global de tipo ejecutivo-aplicativo.

¿Cuáles son las características pedagógico-culturales dominantes del taller?

Franco Frabboni indica ocho *distintivos educativos* (ocho *puntos clave*) de los talleres[7].

1 El taller es un espacio didáctico equipado monodisciplinar [...] o *polidisciplinar* [...], está asignado estructuralmente a actividades de reelaboración/reinvención de los *conocimientos* oficiales: es, por tanto, de carácter específicamente *metacognitivo* (en el taller se *aprende a aprender*).

2 El taller hace las veces de bisagra, de *lugar* de unión entre las múltiples instituciones formativas que están involucradas *intencionalmente* en la educación [...]: la familia, los organismos locales, las asociaciones [...].

3 El taller es un excelente *analizador* (es una pantalla gráfica, un chequeo) del conglomerado de *necesidades* expresadas por los alumnos, sobre todo hoy que dichas necesidades certifican una fuerte tensión al cambio inestabilidad-convertibilidad.

4 El taller despierta y da carta de naturaleza motivacional a las necesidades enormemente *privativas* de la actualidad: comunicación, socialización, exploración, construcción, fantasía, aventura, movimiento, autonomía.

5 El taller tiene el mérito, no sólo de responder a los intereses/necesidades concretos e inmediatos del usuario, sino también de sugerir/crear *necesidades-preguntas formativas nuevas*: en otras palabras, es un espacio de *producción de cultura* (por ser un ámbito didáctico de información-investigación-creatividad).

6 El taller es una de las estructuras didácticas más productivas para hacer cultura, por cuanto es el espacio pedagógico más apropiado para activar y desarrollar la *investigación-acción*.

7 El taller es una estructura didáctica acreditada para practicar un *método científico* en un campo formativo, ya que es el espacio pedagógico más fiable para proceder con la estrategia del proyecto didáctico y de la unidad didáctica.

8 El taller es el espacio de *formación/actualización* del maestro o el educador. En el taller se encuentran presentes los tres ámbitos de *cualificación* profesional del docente: *el saber, el saber-hacer, el saber interactuar*.

Notas

1. PONTECORVO, G.; AJELLO, A.M.; ZUCCHERMAGLIO, C. (1993): *I constesti sociali dell'apprendimento*. Florencia. La Nueva Italia.
2. Retomo el concepto de dilema de Miguel Ángel Zabalza Beraza. Véase ZABALZA, M.A. (1991): *Los diarios de clase. Documento para estudiar cualitativamente los dilemas prácticos de los maestros*. Barcelona. PPU.
3. CIARI, B. (1971): *Le nuove techiche didattiche*. Roma. Editori Riuniti, p. 16. (Trad. cast.: *Nuevas técnicas didácticas*. Barcelona. Reforma de la Escuela, 1981.)
4. GALIMBERTI, U. (1999): *Psiche e techne. L'uomo nell'età della técnica*. Milán. Feltrinelli, p. 34.
5. OLSON, D.R. (1986): «Culture, technology and intellect», en BOSCOLO, P.: *Psicologia dell'apprendimento scolastico. Aspetti cognitive*. Turín, Utet, p.84.
6. LANZARA, G.F. (1993): *Capacità negativa*. Bolonia. Il Mulino, p. 31 y sig.
7. FRABBONI, F. (1990): «Gli otto punti/qualità del laboratorio scolastico», en FRABBONI, F.; GENOVESI, G. (1990): *La scuola e i suoi problemi*. La Nuova Italia. Florencia, pp. 117-118.

2

Las raíces del taller

El árbol del taller

Los supuestos previos

El taller no tiene un significado unívoco, es más, con el tiempo ha asumido valores muy diferentes entre sí.

La imagen de la estructura del árbol es útil para ilustrar nuestro punto de vista. Todas las ramas, por más que se extiendan, están bien unidas al tronco. Del mismo modo, los variados modos de entender la organización de los talleres y la cantidad de experiencias desarrolladas en ellos no tienen por qué apartarnos del hecho de que el taller hace referencia a algunos supuestos previos unitarios, de manera similar a la relación existente entre las ramas y el tronco. Para completar el símil, hay que añadir también que, del mismo modo que el tronco y las ramas fundan sus posibilidades de existencia en las raíces, así la idea del taller actual basa sus fundamentos en las ideas y los principios que se apoyan en un pasado lejano.

Es necesario identificar el contexto cultural en el que determinar las coordinadas y los ámbitos de acción educativa a través de los talleres. La definición de un *terreno de hipótesis*, pedagógicamente fundado y verificable, sirve para no dejar lugar (e, implícitamente, legitimar) a soluciones improvisadas y precarias, a proyectos y elecciones que tienen bien poco que hacer con una actitud rigurosa de investigación, de lo contrario se corre el riesgo de fijar las propias coordinadas sobre la base de sugerencias, de fórmulas improvisadas, de circunstancias ocasionales escasamente meditadas.

Estamos convencidos de que se debe caminar sobre la vía de la *argumentación deductiva*. Es necesario, por tanto, fundar la acción directa sobre el terreno y las experiencias que caracterizan un proyecto de *trabajo con talleres* sobre la base de un sistema de supuestos (el tronco del árbol) que sea capaz de justificar y legitimar las diferentes formas de experimentación (las distintas ramas y hojas del mismo árbol) que suceden en el terreno.

Las raíces

A la búsqueda de las huellas del pasado

El término *taller* ha entrado en el lenguaje de la pedagogía relativamente tarde. Y, sin embargo, si bien con términos distintos y con propósitos específicamente contextualizados, es posible reconocer aquí y allá algunas huellas significativas que constituirán la base inicial para un desarrollo posterior.

Para emprender este viaje, nos parece útil reagrupar los componentes constitutivos de la innovación pedagógica en tres categorías principales[1]:

- La herencia de los grandes creadores del pensamiento pedagógico.
- Los cambios sociales y políticos.
- Los avances del pensamiento científico, en general, y educativo-pedagógico, en particular.

Vamos a presentar sintéticamente algunas reflexiones.

Los creadores del pensamiento pedagógico

La investigación libre

En relación con los grandes creadores, observamos unos primeros testimonios interesantes en el pensamiento de John Dewey cuando afirma que el aprendizaje no puede ser una pasiva recepción, sino que debe colocarse en el plano de la investigación, de la acción y la exploración. El estudioso estadounidense hace hincapié en la motivación y el interés: se trata de reunir las fuerzas interiores del niño. Se debe partir del niño: el punto central consiste en concederle la oportunidad de crear experiencias de solución de problemas a través de procedimientos de investigación libre.

John Dewey (1859-1952) representa sin duda la figura más destacable entre las que han proporcionado una contribución de relevancia capital en la construcción del pensamiento pedagógico contemporáneo [...]. Las bases pragmáticas de su planteamiento, unidas [...] a unos firmes ideales igualitarios y a una vocación humanística de innegable convicción le han convertido en un intérprete fiable de las aspiraciones pedagógicas incluidas en la cultura occidental progresista.

El principio fundamental que atribuir a su producción [...] está constituido por la idea de experiencia como continuidad educativa, en la que se colocan sinérgicamente todos los significados inherentes al sujeto humano en términos, tanto individuales como sociales [...]. La cultura y la educación son las funciones fundamentales con las que se construye, se consolida y se transmite la calidad de la experiencia del hombre [...]. La educación se considera la reconstrucción o reorganización de la experiencia que contribuye a hacerla significativa y aumenta la capacidad de dirigir el curso de la siguiente experiencia[2].

El taller, un lugar donde buscar las propias razones

Es de importancia capital constatar que no existen verdades absolutas. La validez de una idea encuentra su propia fuerza en la verificación de que se obtiene, a su vez, de la investigación experimental. El taller puede considerarse un lugar privilegiado en el que quien aprende busca sus razones y las razones de los hechos del mundo a través de una organización estructurada de la experiencia. Por eso, los lugares de la construcción de la experiencia (entre los cuales parece que puede incluirse también el taller) representan el contexto en el que se actúa sobre la inteligencia y, al mismo tiempo, se ejercita la cordialidad (que es una forma de vivir ética, en el sentido de saberse realizar de forma socialmente aceptable y constructiva) y la libertad (las experiencias y las soluciones de problemas no pueden proceder de procedimientos dogmáticamente preestablecidos).

Problem solving

Sin embargo, debemos conceder la verdadera paternidad del taller a un alumno de Dewey, W. H. Kilpatrick. Fue discípulo de Dewey y desarrolló el principio, ya expresado por el maestro, que consistía en el *método de los proyectos* (*project method*). Originariamente, el método de los proyectos no preveía una aplicación estrictamente escolar, sino que se aplicaba a las ocupaciones manuales[3], es decir, se refería a situaciones esencialmente operativas y prácticas.

Kilpatrick liberó el método de los proyectos de una concepción puramente práctica y desveló su naturaleza problemática: el método debía dirigirse a la *solución de problemas* y esto requería el *interés* y la *iniciativa* de los alumnos (contra una concepción puramente mecánica de los trabajos manuales), la *formulación de un plan de acción* (contra una simple secuencia de actos en ausencia de un proyecto que organice y justifique dichos actos) y la *elección de los instrumentos* idóneos.

El pedagogo estadounidense atribuye un significado pedagógico innovador a las capacidades de los niños. Los actos del *hacer*, cuando están dentro de un método, pasan a ser un proyecto, es decir, un acto intencional. La acción práctica esconde detrás de sí la implicación profunda del niño. De ahí derivan algunas consecuencias que adquieren un significado profundo en la educación.

Kilpatrick establece cuatro tipos de proyectos.

1 El primero consiste en dar cuerpo a una idea o a un plan de forma externa: domina aquí el producir, el construir (el *proyecto del productor*).
2 El segundo plantea una experiencia estética: con él usamos y consumimos las producciones de poetas, músicos, pintores, etc. (el *proyecto del consumidor*).
3 El tercero se da cuando el propósito está dirigido a resolver un problema, a aclarar alguna dificultad intelectual. Es [...] el *método de los problemas* [...] el carácter problemático está constituido por cada proyecto que quiera tener realmente valor educativo.
4 El cuarto es el llamado *proyecto de formación* [...] al que Kilpatrick prefiere dar el nombre de *aprendizaje específico*. Tiene que ver con la adquisición de habilidades o conocimientos especiales, sin los cuales no es posible proceder en un plan de trabajo en el que los alumnos estén profundamente interesados[4].

El método para los proyectos

Si bien hay que favorecer y promover activamente la habilidad manual en la escuela, es importante tener siempre presente que también esos ejercicios instrumentales deben proceder de una motivación concreta de los alumnos, la acción no debe prescindir de su aceptación profunda: en ello estriba el sentido todavía válido de los talleres.

A través del *project method*, los niños no se limitan a aprender (cosa que sucede, en cambio, en una concepción puramente normativa de la enseñanza y el aprendizaje), sino que se encuentran ante el empleo de su propio conocimiento. El punto clave de la metodología de Kilpatrick es el convencimiento de que el aprendizaje requiere una *situación vital*: la didáctica no debe consistir en hallar remedios para enseñar aspectos específicos de cada disciplina, sino en partir de los intereses y objetivos de los niños y niñas. El proceso educativo que procede de la habilidad manual y la acción no está dirigido, en consecuencia, a facilitar una instrucción técnica, ni se limita a una función meramente formativa. Se propone, en cambio, como *educación igualitaria*, porque parte del respeto de la personalidad de los alumnos.

Las experiencias de vida como inmenso taller

Si, por un lado, Dewey y Kilpatrick pueden considerarse plenamente los verdaderos padres del taller por haber concedido una gran importancia a la experiencia y la participación profunda del niño, por otro lado, algunas experiencias iniciadas a finales del siglo XIX y que han caracterizado la primera mitad del XX han ejercido una influencia evidente. Pese a las grandísimas diferencias de unas y otras, todas tienen en común una cierta concepción radical y totalitaria del proyecto educativo. Toda la experiencia educativa se considera un único e inmenso taller.

Se trata de experiencias que involucran totalmente al niño o al adolescente, que lo sumergen, también en el plano emocional, en esa experiencia. Las diferentes propuestas prevén la construcción de un contexto educativo especializado y cerrado en el que los niños o los adolescentes puedan incluirse como condición imprescindible para la organización de una experiencia educativa eficaz.

Podemos agrupar en este sentido la propuesta de Summerhill de Alexander S. Neill, el proyecto educativo comunitario de Anton S. Makarenko o incluso la concepción del hombre liberado de Paulo Freire. A pesar de la enorme diversidad de experiencias, todas tienen sin duda en común la convicción de que es necesario conjugar la teoría y la práctica, y que dicha fusión sucede a partir de la acción. La educación es esencialmente una acción, es decir, una práctica: de ahí se deduce, por un lado, que sólo un proceso educativo que se apoye en el hacer es eficaz y, por otro, que la acción es inútil si no está dirigida por ideas (o teorías) previas que la controlen para ofrecer las motivaciones de fondo que la justifiquen y las líneas del desarrollo que le permitan proyectarse hacia el futuro. En cualquier caso, la acción concreta y la participación directa del niño o del alumno representan la verdadera razón de crecimiento.

Precisamente en este sentido se pueden descubrir los orígenes de la futura idea de taller. Se trata de una experiencia que:

- Está centrada en lo concreto y la acción.
- Contempla un contexto muy organizado y específico.
- Está caracterizada por una razón fuerte (el hombre natural de Neill, el hombre colectivo de Makarenko o la liberación del hombre de Freire).
- Implica profundamente y desde dentro a cada sujeto.
- Parte hacia la conquista del aprendizaje a través de la autonomía, la conciencia crítica, la cordialidad.

El museo didáctico

Si nos adentramos específicamente en el mundo de la infancia, encontramos una premisa significativa en los *cachivaches* y en el museo didáctico. Se trata de uno de los valores fuertes a los que se ha dirigido la reflexión de Agazzi[5]. Rosa Agazzi, a partir del contenido de los bolsillos de los niños, reconoce en ellos en igual medida la necesidad y la capacidad de exploración y descubrimiento, el gusto por controlar constantemente lo que sucede en el mundo que les rodea. De ahí que sea necesario que la educación tenga en cuenta el ambiente vital, compuesto por materiales y objetos, así como por personas, en el que la niña y el niño crecen. Por consiguiente, la escuela infantil debe estar en constante contacto con el mundo exterior y referirse a él permanentemente.

El niño protagonista

Para Maria Montessori, la escuela como ambiente debe adaptarse a la vida y las necesidades del niño. La tarea principal, desde la escuela infantil, es hacer del niño el protagonista de su educación a partir del método y el material. La estudiosa italiana desea potenciar al *niño trabajador* que busca una capacidad autónoma de aprendizaje[6]. Adquiere una relevancia especial la *inteligencia de las manos* y la pedagogía del hacer: de este modo, el niño se prueba a sí mismo, se pone a prueba, ensaya sus propias potencialidades.

Los cambios sociales y políticos

La didáctica para talleres no constituye una práctica realmente difundida y generalizada en la escuela tradicional. El taller ha representado más bien el emblema y la avanzadilla de un cierto modo innovador de hacer escuela. En este sentido, el taller (su teoría y su práctica) puede considerarse sin duda un hijo menor, pero no por ello menos emblemático, del largo camino que la pedagogía ha recorrido en los últimos años entre *ideología, ciencia y utopía*[7].

La tensión innovadora del taller

En la concepción, en los años de la protesta, de que la reproducción de la fuerza-trabajo necesitaba un espacio exterior (la escuela) en el que los contenidos de aprendizaje coincidieran con la cultura de las clases hegemónicas[8], el taller podía plantearse como un antídoto contra las presiones de quien ostentaba el poder. Se proponía, por tanto, como contrapoder, como ocasión e impulso de una especie de revolución proletaria caracterizada por la apropiación directa por parte del niño –así como del adolescente y el estudiante– de los medios de transmisión y producción de la cultura. En este orden de ideas se movía el educador francés Celestin Freinet y aquí tenían su origen algunos movimientos educativos, entre los que recordaremos principalmente el Movimiento de Cooperación Educativa italiano.

La palabra clave de todo este rico y complejo movimiento es la *innovación*. Las tensiones innovadoras (procedentes, tanto de abajo, es decir, del trabajo diario de los educadores, como –aunque no frecuentemente– de arriba, por obra del legislador) parecen ser una constante en el sistema escolar italiano de los años sesenta. La superación del libro de texto, el estudio del ambiente, el uso de algunos recursos de la zona como instrumento de formación, querían representar mucho más que una solución didáctica. Pretendían poner de manifiesto la punta del iceberg: la necesidad de una renovación completa de la enseñanza, de sus objetivos, de sus contenidos y su organización. La innovación estaba caracterizada en esos años por la capacidad (y la posibilidad) de poner en tela de juicio todo y, desde esa perspectiva, llevaba implícitas elecciones nada fáciles ni solucionables a corto plazo. La heterogeneidad y la complejidad de los elementos innovadores no deben considerarse en absoluto una operación sencilla.

Por un lado, el problema era tomar una parte por el todo: se creía que el cambio radical de un aspecto (por ejemplo, la implantación en una escuela de estudios de arte o de talleres) era eficaz en el plano de la renovación global y completa. Por otro lado, el problema era articular la innovación (que se presenta global y compleja) en planos particulares (y *simplificados*) y, como tales, controlables. Los talleres escolares, vistos por lo general dentro de una programación educativa (en la que están presentes a la vez aspectos cognitivos, relacionales, afectivos y sociales) podían representar claramente un baluarte que apostase por la innovación de la educación primaria, incluida la educación infantil. Se configuraban como un servicio menos ocasional y más atento a los *recursos* de los niños. Y podían favorecer en conjunto el crecimiento de una cultura de la infancia más fuerte, así como suministrar una imagen más sólida del propio servicio educativo. Los talleres cobran una dimensión, por así decirlo, política; se proponen como un instrumento, no sólo válido para el aprendizaje, sino también capaz de modificar totalmente la realidad en la que se operaba.

La idea experimental

Los años ochenta comienzan y parten bajo el signo de la *experimentación*. De la dimensión política se pasa a la científica. De la atención ideológica a la metodológica. La escuela dirige su mirada atenta a sí misma, buscando una calidad propia más puntual. A diferencia de la innovación, la experimentación, aunque, por una parte, limita el propio campo de intervención, por otra, basa su itinerario en el rigor metodológico y la elevada calidad de los procedimientos que utiliza. Sólo nos encontramos realmente en presencia de una investigación educativa experimental cuando es posible medir sus resultados.

> *De hecho, los experimentos, debido a la posibilidad de comprobación, deben cumplirse en situaciones enormemente simplificadas, [aunque] las situaciones reales son siempre estructuralmente complejas, puesto que también actúan en ellas, de forma difícil de controlar, otras variables que pueden interferir en sus resultados*[9].

La ventaja de las situaciones simplificadas es, entonces, poder controlar los resultados alcanzados y, por tanto, demostrar científicamente su validez. Obviamente, esto no significa dejar de tener en cuenta la complejidad de la realidad, sino simplemente distinguir lo que se ha demostrado de lo que no. Los talleres, vistos en general dentro de una programación didáctica (es decir, dirigidos al desarrollo de habilidades cognitivas y organizados a partir de procedimientos rigurosos en cuanto al control de los procesos) representan un momento *álgido* de la educación primaria, en general, y de la infantil, en particular.

El desarrollo del pensamiento científico y pedagógico

A la búsqueda de un fundamento científico

También en el plano del pensamiento científico y la investigación psicopedagógica ha encontrado el taller una justificación teórica y metodológica.

El conductismo, corriente psicológica muy respetada en torno a los años sesenta-setenta y superada posteriormente, supuso una gran contribución. Es indudable que, al margen de las críticas, esa corriente psicológica ha servido de orientación para una determinada concepción de *base científica* de la instalación de los talleres.

Según esta concepción, puesto que es fundamental para el aprendizaje una situación de estímulos apropiados, el ambiente que rodea a las actividades de aprendizaje organizadas adquiere una importancia muy especial. De hecho, el estímulo no es otra cosa que una circunstancia ambiental y, en este sentido, la organización de acuerdo a ciertos objetivos y la preparación de ambientes en el terreno se considera fundamental.

Con vistas a un aprendizaje adecuado, el taller, según esta corriente psicológica, debe obedecer a algunos principios:

- El taller debe contar con abundantes estímulos convenientes para el aprendizaje específico que se pretenda potenciar (por ejemplo, el taller lingüístico dispondrá de muchos libros, de material relacionado con la lectura y la escritura o de instrumentos técnicos que favorezcan ese aprendizaje).
- El ambiente deberá carecer, en la medida de lo posible, de estímulos confusos o inútiles, por tanto habrá que retirar todo lo que pueda distraer o desviar la atención del niño. La escuela se propone en este caso como una especie de taller en el que están presentes solamente las variables dependientes (o sea, materiales, espacios y objetos *acordes* con lo que el adulto está enseñando y el alumno está aprendiendo en un momento determinado), dejando de lado cualquier elemento extraño que pueda distraer o llevar a engaño: de este modo se permitirá que el alumno aprenda mejor y que

el maestro observe los resultados conseguidos con su acción educativa.

- Los materiales utilizados deben ser lo más claros y unívocos posible: en otras palabras, los materiales didácticos deben construirse de tal modo que no permitan ambigüedades sobre los objetivos didácticos que se quieren alcanzar. Por ejemplo, una cartulina determinada sirve para reconocer la imagen de un objeto, una letra concreta del alfabeto, etc.

Una crítica al conductismo

Posteriormente, la postura cognitivista (entre muchos recordamos a U. Neisser y J. Bruner) se opuso y sustituyó a la orientación conductista.

Se impuso sobre todo en el campo de la psicología experimental y no fue un movimiento de ruptura inmediata y total: es más, se sirvió de la propia investigación conductista que poco a poco criticó y superó.

La crítica se refería sobre todo a la concepción que estos últimos tenían de la mente, que se entendía básicamente como un receptor pasivo de las informaciones procedentes de los estímulos ambientales.

Las explicaciones del comportamiento en los términos de *estímulo-respuesta* se consideran inadecuadas por distintos motivos:

- En primer lugar, el conductismo concibe la mente como un simple receptor pasivo: todo depende del ambiente y de las influencias (estímulos) que se ejercen sobre cada individuo. Consecuentemente, la ausencia de estímulos no produce ningún cambio: el sujeto permanece pasivo en estado de calma. Por el contrario, los cognitivistas consideran que la mente es un activo procesador de datos e informaciones extraídas del ambiente, que elabora efectuando continuas verificaciones de la correspondencia entre el propio objeto comportamental y las situaciones objetivas existentes. De esto se desprende, que la mente no actúa sólo cuando lo requieren las situaciones de estímulo del contexto circundante, sino que actúa también con independencia de las influencias del ambiente.
- En segundo lugar, el conductismo fundó sus hipótesis metodológicas en una cierta idea del taller. Los psicólogos conductista habían prestado mucha atención a la identificación de las variables objeto de análisis y experimentación: la investigación, según esta corriente, tenía un carácter científico cuando el elemento que se estudiaba se aislaba, por así decirlo, de todas las posibles influencias ambientales ajenas al objeto de estudio. Se creaba así

una situación de taller, es decir, aislada de todos los influjos no deseados. Sin embargo, esto representaba la máxima artificiosidad: los comportamientos de las personas no son ciertamente los mismos cuando realizan una determinada tarea en una situación cotidiana y espontánea que cuando se les invita, por el contrario, a realizar la misma tarea en un ámbito específicamente predispuesto y estructurado y, además, bajo la mirada atenta de los observadores. Los psicólogos cognitivos sintieron la necesidad de separar claramente los comportamientos en situación *de vida* de los de situación *en ejercicio*.

Contra la rigidez científica

Es famosa una historia que pretende ridiculizar los excesos de la *rigidez científica* comportamentalista[10]. La protagonista es una joven rata que se utilizaba en un taller comportamentalista para algunos experimentos sobre la memoria. Se cuenta que la rata fue introducida en un laberinto en cuya salida se había colocado un trozo de queso. La rata empezó a vagar sin rumbo dentro del laberinto hasta que, tras un cierto tiempo, alcanzó casualmente el queso.

El investigador pudo observar, después de meter unas cuantas veces la rata en el laberinto, que ésta comenzaba a reducir progresivamente los comportamientos inútiles, es decir, que desestimaba poco a poco los ángulos ciegos y los recorridos que no llevaban a ningún sitio. Aprendió así gradualmente a evitar los errores descartando los intentos que no eran premiados para conservar sólo los que conducían directamente al queso. La rata había procedido, en definitiva, por pruebas y errores, eliminando progresivamente los intentos que no llevaban a un resultado y conservando en la memoria los que resultaban eficaces. Después de un adecuado número de experiencias, la rata había aprendido a ir directamente hacia el queso, recorriendo a la carrera todo el laberinto sin cometer ningún error. Había memorizado el camino.

La historia cuenta que, después de esta experiencia de trabajo-aprendizaje en la jaula, la rata fue devuelta a la madriguera con sus padres y sus otros hermanos. Y entonces sucedió la tragedia. Mientras los demás hermanos encontraban la comida, variando su camino según las situaciones y las circunstancias y confiando en el instinto, la intuición o, incluso, la suerte, nuestra rata continuaba impertérrita, repitiendo obsesivamente el camino que había aprendido de memoria y que por un cierto tiempo le había garantizado una comida segura.

El resultado fue que, mientras las otras ratas sabían afrontar los imprevistos de la vida y alcanzaban felizmente la edad adulta, la nuestra repitió obsesivamente el esquema de recorrido del laberinto, que por un cierto periodo le había garantizado la seguridad de una comida. Su obstinación y las circunstancias adversas, junto a la pérdida de la capacidad para seguir su propio instinto de rata, la llevaron, en poco tiempo, a morir de hambre.

De la atención a los comportamientos a la atención de los comportamientos de la mente

La historia ilustra con ironía la crítica de esos años al conductismo. Esta investigación se limitó a describir lo que sucedía en el taller en situaciones rígidamente predeterminadas y carecía casi por completo de claridad y realismo acerca del modo en que los seres humanos interactuaban con el mundo circundante en la situaciones cotidianas. Asimismo, no tenía en cuenta el hecho de que al menos los hombres (si no las ratas) no siempre se movían por el deseo y la necesidad de proporcionar una respuesta a un estímulo, sino que actuaban sobre la base de motivaciones (es decir, de razones profundas no ligadas a las situaciones y las exigencias del momento) y de objetivos (no forzosamente dirigidos a la solución de un problema inmediato, sino a buscar una respuesta que se podía proyectar también en un futuro lejano).

A la primera concepción del taller se sumó otra tradición de investigación que había permanecido aparentemente en la sombra y que tenía como objetivo preferente la observación y el análisis de lo que sucedía en los contextos normales de la vida. Estas posturas emergieron poco a poco y dieron un nuevo impulso a la investigación. El resultado fue que se concentró la atención en tratar de comprender la mente del hombre y su funcionamiento.

La trayectoria histórico-cultural

Entre las diferentes proposiciones nos parecen especialmente significativas las enseñanzas de L. Vigotsky y J. Bruner.

El reciente movimiento neovygotskyano[11] que supone una reinterpretación del pensamiento de Vigotsky a la luz de nuevos criterios de lectura de la reflexión del psicólogo ruso, señala que el desarrollo intelectual depende esencialmente de dos elementos: los instrumentos que posee una cultura determinada y las relaciones interpersonales.

En la práctica, para el desarrollo es necesario que un determinado ambiente vital contenga (en abundancia) los elementos de su propia cultura y una situación de relación en la que el menos competente tenga la posibilidad de interactuar con quien lo es más. En otros términos, la mente se desarrolla a partir de la experiencia de uso de los medios culturales proporcionados por la actividad compartida con otros (más competentes o dotados de competencias distintas de las propias).

J. Bruner[12], quien conduce su investigación a partir de la teoría vigotskyana, insiste en que son los propios sistemas simbólico-culturales los que sirven de instrumento (*herramientas*) para organizar la mente. Los crecimientos cognitivo, social y cultural se desarrollan juntos con independencia uno del otro, pero sin excluirse mutuamente.

El taller como contexto cultural

Creemos que se pueden extraer del pensamiento de estos dos estudiosos algunas características fundamentales para definir la identidad del taller, así como para entenderlo en la actualidad. Trataremos en síntesis algunos elementos significativos.

- El taller se configura sobre todo como un *contexto cultural* con un amplio uso de los instrumentos que favorecen la percepción y la organización del pensamiento; asume especial importancia, por una parte, el *lenguaje* como vehículo de interpretación de la experiencia y, por otra, el *pensamiento* como herramienta para utilizar los instrumentos de la cultura con el fin de resolver problemas. Bruner usa el término inglés *scaffolding* que se relaciona con la idea de *andamio* y de *caja de herramientas*.
- El taller se configura también como un *contexto de participación*, caracterizado por la organización de situaciones en las que la solución de los problemas se lleva a cabo a través de la formulación de muchas hipótesis que someter a la selección común, al intercambio comunicativo, a la comparación, al conflicto entre varias conjeturas, etc.
- El taller se configura, además, como un lugar en el que está prevista la situación de *tutoring*, es decir, de apoyo de la niña o el niño por parte del adulto. Entendemos que aquí se reclama el papel insustituible del adulto en calidad de educador. El maestro tiene la tarea en el taller de organizar el trabajo que pretende asignar, así como el itinerario que quiere seguir. Es decir, se propone como *caja de herramientas* a disposición del niño para canalizar sus esfuerzos y ponerlos a su alcance.

La zona de desarrollo próximo

El taller, en calidad de espacio equipado y de contexto en el que se favorecen las relaciones directas, es probablemente el lugar formativo en el que más se crea esa situación que Vigotsky llamó *zona de desarrollo próximo*. Según el psicólogo ruso, toda función psíquica aparece dos veces en el desarrollo cultural del niño, primero en el plano social y luego en el psicológico[13]. Todo lo mental (es decir, lo que se interioriza) es al principio exterior y social, y en este sentido las relaciones sociales son fundamentales para el desarrollo. Todo lo exterior puede, bajo este prisma, operar activamente en la zona de desarrollo próximo, porque las funciones psíquicas aparecen primero en el plano social y luego en el psicológico. Los otros –los adultos y coetáneos– representan un nexo de unión fundamental para favorecer, a través de la interacción y la regulación, el desarrollo de cada individuo[14].

De hecho, en esa *zona* se puede construir un vínculo especial entre los participantes y el desarrollo psíquico interior. El problema es, en definitiva, definir la situación de desarrollo con el fin de alcanzar una negociación entre el contexto social y la disposición intrapsíquica del sujeto. No se trata de una operación automática, por supuesto, sino que conlleva una intervención educativa que procede por pruebas y errores, y que se mueve dentro de un proceso constante –como ya se ha dicho– de negociación intersubjetiva recíproca.

Notas

1. SCURATI, C. (1991): *Profili nell'educazione. Ideali e modelli pedagogici nel pensiero contemporáneo*. Milán. Vita e Pensiero, p. 9.
2. SCURATI, C.: *Profili nell'educazione*, cit. p. 18.
3. Véase, por ejemplo, el capítulo de Dewey, dedicado al lugar de la instrucción manual en la escuela primaria, en J. DEWEY (1953): *L'educazione oggi*. Florencia. La Nuova Italia, pp. 62-71. (Trad. cast.: *La educación de hoy*. Buenos Aires. Losada, 1951.)
4. De BARTOLOMEIS, F. (1968): *Introduzione alla didattica della scuola attiva*. La Nuova Italia. Florencia, pp. 104-105.
5. AGAZZI, R. (1976): *Come intendo il museo didattico*. Brescia. La Scuola.
6. CATARSI, E. (1994): *L'asilo e la scuola dell'infanzia*. Florencia. La Nuova Italia, pp. 116 y sig.
7. Nos referimos al significativo capítulo «Trent'anni di pedagogía tra ideologia, scienza e utopia», en FRABBONI, F.; PINTO MINERVA, F. (1995): *Manuale di pedagogía generale*. Roma. Laterza, pp. 7-55.
8. FRABBONI, F.; PINTO MINERVA, F.: *Manuale di pedagogía generale*, cit., p. 14.
9. GATULLO, M. (1988): *Sperimentare e decidere*, en BECCHI, E.; VERTECCHI, B. (coord.): *Manuale critico della ricerca e della sperimentazione educativa*. Milán. Angeli, p. 59.
10. El ejemplo es de Ulric Neisser. Véase en: NEISSER, U. (1976): *Conoscenza e realtà*. Bolonia. Il Mulino. (Trad. cast.: *Procesos cognitivos y realidad. Principios e implicaciones de la psicología cognitiva*. Madrid. Marova, 1981.)
11. VIGOTSKY, L.S. (1992): *Pensiero e linguaggio: ricerche psicologic*. [Introducción, traducción y comentarios a cargo de Luciano Mecacci]. Bari. Laterza. (Trad. cast: *Pensamiento y lenguaje* [Nueva edición a cargo de Álex Kozulin]. Barcelona. Paidós, 1995.); VIGOTSKY, L.S. (1973): *Lo sviluppo psicológico del bambino*. Roma. Editori Riuniti.
12. BRUNER, J. (1975): *Il significato dell'educazione*. Roma. Armando. (Trad. cast.: *La importancia de la educación*. Barcelona. Paidós, 1987.); BRUNER, J. (1986): *La mente a più dimensioni*. Bari. Laterza. (Trad. cast.: *Realidad mental y mundos posibles. Los actos de la imaginación que dan sentido a la experiencia*. Barcelona. Gedisa, 1996.)
13. PONTECORVO, C.; AJELLO, A.M.; ZUCCHERMAGLIO, C. (1991): *Discutendo s'impara*. Florencia. La Nuova Italia, pp. 31-33.
14. Véase BORGHI. B.Q. (1995): «Gli Orientamenti e la scuola materna dopo quattro anni» [Entrevista a C. Pontecorvo]. *Tresei–L'educatore*, pp. 12-16.

3

Las características metodológicas del taller

Razones pedagógicas y didácticas del taller

Aproximación directa o inmediata al contexto

El ambiente vital supone para la niña y el niño el banco de pruebas más significativo para su propia experiencia de crecimiento. Se propone de manera doble.

Se ofrece de forma inmediata y directa cuando los espacios, los objetos y los acontecimientos pertenecientes a la experiencia perceptiva pueden leerse y entenderse tal y como son sin la necesidad de una mediación por parte del adulto.

Sin embargo, el ambiente se propone también de forma mediata e indirecta. En este caso, las conexiones entre los espacios y los objetos no son siempre evidentes, los acontecimientos están relacionados entre sí por causas que no siempre quedan claras o que pasan inadvertidas, las razones que originan ciertos hechos y situaciones permanecen a veces ocultas: el niño no puede arreglárselas solo, y se requiere la presencia y el apoyo del maestro o de instrumentos que ayuden a la comprensión.

Experimentar e investigar

En la educación infantil, el taller permite *experimentar directamente* con las cosas, mirar con los propios ojos, tocar con las propias manos, satisfacer la curiosidad, buscar razones, recibir y aceptar explicaciones. El niño se apoya en lo que sucede ante sus ojos, se mueve a la luz de lo que le involucra directamente, sus reacciones son inmediatas y, por así decirlo, en directo.

A través de la experiencia del taller, el niño puede hallar la ocasión, mientras realiza su propia actividad directa, de apropiarse de instrumentos para *investigar*: a medida que desarrolla su actividad, se contentará cada vez menos con la solución más inmediata y sencilla, y, por tanto, se interesará más y más intensamente por la solución de los problemas, el deseo de encontrar razones ocultas, la necesidad de elaborar métodos personales o compartidos con los demás.

Los talleres y los aprendizajes

La actividad del taller pretende interrumpir una transmisión de informaciones y conocimientos centrados predominantemente en la *consigna directiva*. Favorece, en cambio, la experiencia inmediata directa, individualizada o de grupo. En particular permite:

- Acceder a los conocimientos y las experiencias entendidas como *instrumento activo*, es decir, adquirir conocimientos utilizables de inmediato y orientados a fines prácticos. Su objetivo es suministrar habilidades materiales relacionadas con la experiencia diaria.
- Activar los aprendizajes *secundarios*, es decir, aprovechar el momento, mientras se está aprendiendo, para *aprender a aprender* (aprendizaje de métodos).
- Favorecer las capacidades inventivas y la creatividad.

Los tres *niveles* metodológicos del taller

Diferentes niveles de complejidad

La preparación y el uso del taller, con independencia de los contenidos de experiencia que posea, puede organizarse en diferentes niveles de complejidad y facilitar prestaciones cualitativamente diversas. Puede consistir en un espacio mínimo y mínimamente equipado. En otros casos puede organizarse en amplios espacios y estar dotado de gran cantidad de materiales e instrumentos.

Sin embargo, no todo se limita a la dimensión cualitativa.

Puede estar dirigido principalmente a un uso autónomo e inmediato o bien necesitar permanentemente la presencia de un animador-experto (como en el caso de algunas experiencias en escuelas infantiles experimentales).

Sin embargo, el taller y su dirección deben confiarse por lo general a la disponibilidad y competencia del maestro.

Los diferentes modelos de taller pueden clasificarse esquemáticamente en tres posibles *niveles*.

Por un lado, es posible pensar en tres modelos independientes y autónomos: cada taller requiere prestaciones, materiales, enfoques de aproximación y estilos de dirección diferentes.

Por otro, en cambio, se identifican tres tipos diferentes de preparación y gestión, correspondientes a otros tantos niveles de complejidad: en este caso el segundo nivel engloba al primero y el tercero incluye a los dos primeros. Recuerda a tres círculos concéntricos, uno dentro de otro, en un procedimiento de fuera adentro:

- El primer nivel es el más exterior y hace coincidir el taller con su dimensión física (los espacios, el mobiliario, los materiales disponibles).
- El segundo nivel es más interior y tiene que ver con el proyecto y los itinerarios que se activan para su realización (las modalidades organizativas, las elecciones metodológicas dominantes, las modalidades de guía adoptadas por el maestro, etc.).
- El tercer nivel es el más interior y se refiere a los lenguajes usados, el tipo y el grado de participación de las niñas y los niños, las motivaciones que subyacen en las elecciones realizadas, la relación con el contexto, etc.

Primer nivel: el taller como caja de herramientas

El taller como lugar de materiales, objetos e instrumentos

El problema es cuáles son las condiciones, por un lado, materiales y físicas, por otro, organizativas y culturales, para la realización del taller.

En este sentido, el taller didáctico es un lugar de *materiales, instrumentos y técnicas*.

- Los *materiales* constituyen la base necesaria para construir cualquier producto. Desde esta perspectiva, el taller se configura como *centro polivalente de recursos*: los materiales se entienden en este caso como una especie de entidad fija sobre la que aplicar un conocimiento técnico para la realización de un determinado producto.
- Los *instrumentos* son los *objetos que sirven para producir otros objetos*. Nos referimos, por un lado, al instrumento como objeto de uso práctico y, como tal, dirigido a la realización inmediata de un producto (el pincel, el cubo, el diapasón, el martillo, etc.). Por otro lado, pensamos en el instrumento como objeto de uso cultural, cuyo objetivo es *plasmar* las ideas y mejorar el conocimiento (el instrumento musical y su gramática, el gesto y su sintaxis, el signo icónico y su léxico, etc.).
- Las *técnicas*. Podemos decir que la dimensión técnica del taller está caracterizada por los procedimientos y las modalidades de intervención en la materia para transformarla según un objetivo. Consiste, por tanto, en una *secuencia de acciones* organizadas de forma funcional para la realización de un producto. La noción de técnica enlaza con una vasta gama de comportamientos.

  Identificamos sintéticamente dos tipos principales de técnicas: las de tipo inmediatamente operativo y práctico requieren un número relativamente restringido de instrumentos (que a su vez son relativamente sencillos) y un número limitado de acciones; las de tipo abstracto suponen procedimientos complejos y el uso, aunque no inmediato, de instrumentos. Las técnicas no pueden reducirse, sin embargo, a un repertorio de acciones sobre materiales. Estas acciones se colocan dentro de una cultura, es decir, se desarrollan dentro de unos límites establecidos por el contexto social. Cuando la técnica logra librarse de estos límites invisibles, pasa a ser innovación y cambio.

El taller del primer nivel, o sea, el taller como *caja de herramientas*, se configura de varias formas. Este nivel plantea el taller como *almacén*, como *banco de trabajo* y como *archivo*. Con relación al taller exterior, proponemos un ejemplo de ficha para la biblioteca de la zona.

El taller como almacén

En el almacén se depositan los objetos y las herramientas que en ese momento no se utilizan, pero que deben estar disponibles para su uso inmediato. Es también el lugar en el que se acumulan los repuestos. Los materiales se retiran de vez en cuando según las necesidades.

El taller, según esta acepción, se propone como depósito de objetos, materiales y herramientas. En otras palabras, es un lugar en el que es fácil encontrar o recuperar, según las necesidades del momento, lo que hace falta. En este sentido, el almacén será más útil y eficaz cuanto más amplio sea el número de objetos e instrumentos que contenga y cuanto más adecuados sean esos objetos e instrumentos para el fin preestablecido.

La validez y utilidad del almacén quedan reflejadas también por el orden de colocación de los objetos y su facilidad para utilizarlos y disponer de ellos. Contiene materiales en bruto que poder manipular, reelaborar y modificar, así como los instrumentos de trabajo para efectuar las operaciones de manipulación, reelaboración y modificación.

El taller como banco de trabajo

Como banco de trabajo, el taller está siempre listo para su uso inmediato: en este sentido, se configura como una prestación de trabajo concreta (física y material), que se refiere a acciones concretas, como la manipulación de los materiales, el montaje y desmontaje, etc. Piénsese por ejemplo en el banco del carpintero o en el puesto de un informático. En ellos se procede por pruebas y errores, se aplican soluciones conocidas y se experimentan nuevas. Quien opera en un taller pretende realizar un proyecto a partir de los materiales disponibles y, de este modo, pulir también sus propias habilidades y competencias constructivas.

El banco de trabajo enlaza con la idea del artesano: cuando se crea un objeto se produce un doble efecto, por un lado, las manos y los instrumentos modelan los materiales según una determinada idea, una intención, un proyecto, por otro, las propias características del material utilizado sugieren ideas sobre *qué* y *cómo* hacer el propio proyecto. Esto vale, por un lado, para la elaboración de un producto o la realización de un proceso, por otro, para apropiarse de las técnicas para un uso adecuado de los instrumentos.

En otras palabras, el banco de trabajo sirve al mismo tiempo para adquirir una determinada habilidad para la realización de un proyecto específico (o para alcanzar un determinado objetivo) y para la constitución de un *habitus*, de un *corpus* de habilidades que hagan competente al individuo.

El taller como archivo

El taller como archivo se propone como un espacio en el que recoger y del que obtener informaciones y conocimientos; en este sentido se configura como un banco de datos y centro de recogida de información. Se trata de un contexto favorable y particularmente útil por la abundancia de ocasiones de estímulo y por la variedad de experiencias realizables.

Ante todo, un archivo es una colección. Es una acumulación más o menos amplia de objetos (nos referimos a objetos materiales, como la colección de conchas, de piedras, de hojas, así como a objetos culturales, como la colección de libros, de tebeos, de imágenes, etc.).

La segunda característica del archivo es la colocación de los materiales o los instrumentos según un cierto orden:

- Por tamaño.
- Por función.
- Por género.
- Por autor o creador.
- ...

El tipo de orden elegido implica la o las posibilidades de uso del archivo. En ocasiones, después de un cierto tiempo, se puede cambiar el criterio siguiendo un nuevo orden de búsqueda o por necesidades nuevas que no se habían previsto antes.

Segundo nivel: el taller como espacio de proyecto

El taller como espacio programado

El segundo nivel del taller se refiere al programa, está caracterizado por las ideas que mueven y utilizan según determinadas direcciones los materiales y los objetos del almacén. El objetivo es garantizar la posibilidad de una interacción eficaz entre los actores del taller y los objetos en él contenidos según una intencionalidad y un fin. Aunque los objetos y los instrumentos se prestan a una cantidad indefinida de posibles operaciones, el programa de trabajo define el tipo específico de prestaciones que se realizarán a través de la interacción niño-instrumento. En otras palabras, el programa hace posible el uso motivado de los objetos y los instrumentos.

¿Cuáles son las condiciones comunicativas e interactivas que hacen no sólo posible, sino también funcional y eficaz el taller?

En lo que respecta a este segundo nivel, sugerimos algunas posibilidades de taller como ámbito de proyecto: el *gimnasio*, el *taller de aprendiz*, el *museo* y la *impronta cultural*.

El gimnasio

Cuando el taller didáctico se propone como gimnasio, se hace en cuanto ejercicio constante de prueba personal.

En el gimnasio se compite, sobre todo, con uno mismo, se pretende probar las propias fuerzas, medir las propias habilidades, tratar de comprender qué se consigue hacer y qué camino hay que elegir para alcanzar el resultado deseado.

La niña y el niño experimentan, por un lado, la validez y la utilidad práctica de sus habilidades (perceptivas, motoras, lógicas, investigadoras, analíticas, etc.) y, por otro, la eficacia de su acción organizada. La actividad está centrada en los procedimientos encaminados a la obtención de un resultado y el objeto de la investigación está representado por las *reglas* (del mismo modo que sucede en el juego: el descubrimiento, organización, aplicación y variación de dichas reglas).

El taller de aprendiz

El taller se propone, en este caso, como un lugar de trabajo programado con unas etapas organizativas propias y precisas y, a veces, establecidas por anticipado. Existe el convencimiento de que se entra en el taller de aprendiz con el fin preciso de prepararse y aprender con vistas a un tiempo futuro, cuando se pueda considerar suficientemente experto. Quien trabaja en el taller de aprendiz, pasado un tiempo relativamente breve, no debería sentirse desorientado, porque posee un papel que se define paulatinamente y unas consignas que dejan cada vez menos espacio a la incertidumbre. Se trata, pues, de un *trabajo guiado* que, por una parte, pretende renunciar a la improvisación y a la falta de puntos de referencia estables, pero que, por otra, no renuncia a favorecer el crecimiento de quien trabaja en él habitualmente y, por consiguiente, no pierde de vista la investigación, el hallazgo de soluciones nuevas, la inventiva, la creatividad.

El museo

El taller como museo se distingue del simple depósito y el almacén porque los objetos que exhibe (las obras de arte, las piezas, etc.) no se amontonan ni se almacenan al azar, sino que se ordenan según una lógica precisa y funcional (cronológica, de unidad de estilo, de homogeneidad, de tipología de los materiales expuestos, etc.) para su uso según diferentes parámetros. El visitante puede observar uno tras otro los objetos expuestos y en este caso se habla de una aproximación sencilla. Pueden adoptarse formas organizativas más complejas.

En el taller como museo, el conjunto prevalece sobre las partes: ofrece simultáneamente múltiples posibilidades de lectura, se presta por igual a diversos tipos de interpretación, se pone a disposición, tanto del visitante inexperto, como del investigador veterano. La tarea de guardián celoso del taller como museo y de animador constante compete al maestro que, al disponer los materiales y preparar los itinerarios de trabajo, pone en evidencia los procesos que están detrás de los fenómenos, exalta las potencialidades, presta atención constante a los itinerarios que hacen posible los resultados fijados por quien trabaje en el taller.

El taller como impronta cultural

El taller se configura también como lugar en el que se favorece la impronta cultural. El término se toma aquí prestado de la etología y, en concreto, del significado que le da Edgard Morin:

> *La impronta cultural se inscribe cerebralmente desde temprana edad a través de [...] inscripciones primigenias que marcarán irreversiblemente la mente individual en su modo de conocer y actuar*[1].

El taller se convierte, en otras palabras, para quien esté dentro de él y cuando se active el mecanismo oportuno, en una ocasión formidable para realizar experiencias de crecimiento complejas, determinantes, a partir de posibilidades de desarrollo imprevistas de forma, podría decirse, *natural*, o sea, sin un excesivo esfuerzo aparente.

Tercer nivel: el taller como estudio de arte

El taller como lugar de formación

El tercer nivel del taller corresponde al *curso* de formación, al manual de instrucciones, a la preparación necesaria para conseguir un uso optimizado de los recursos. Exige apertura, flexibilidad, creatividad, disponibilidad al debate y la integración recíproca de los recursos.

Este tipo de taller coloca directamente en el punto de mira las *estrategias* del proyecto (las hipótesis de investigación, la composición artística...) y las categorías (esto es, las reglas y los instrumentos de partida) que explican la organización de los objetos culturales. Este ámbito, de carácter marcadamente constructivo y creativo, tiene en cuenta criterios encaminados a la transfiguración de la realidad: quien utiliza el taller de este modo se implica mucho en él, al punto de acabar encontrando algo diferente y nuevo.

Este tercer nivel del taller se plantea de varios modos: proponemos el *juego*, el *estudio creativo*, el *taller como caldo de cultivo* y los *talleres didácticos de diseño urbanístico*.

El taller como juego

El taller pasa a ser un juego cuando sus instrumentos y sus lenguajes forman parte de un patrimonio personal adquirido con seguridad, firme, consolidado. Sólo en este caso las competencias derivadas del trabajo de investigación en el taller pueden aumentar, transformarse en auténticas capacidades innovadoras y creativas. Así pues, el taller no es sólo un espacio donde se trabaja con esfuerzo, sino que puede convertirse también en una diversión donde el trabajo es motivo de satisfacción y realización personal.

El taller como estudio creativo

El taller se propone también como lugar de creación e invención: es el reino de la fantasía, de la capacidad de buscar soluciones nuevas a problemas conocidos y de encontrar respuestas satisfactorias a problemas nuevos.

A partir de materiales o de situaciones conocidas, se llega a soluciones a veces imprevistas y nuevas. La solución de problemas no resulta en este caso el único objetivo. Aunque el taller conlleva la realización de algo práctico sobre la base de una intención, un objetivo o incluso una exigencia previa, es extraño que quien se dispone a desarrollar una tarea se limite a la solución del problema sin dotar a su trabajo de cierta impronta personal, una nota de color exclusiva, un estilo original. La función del taller, en otras palabras, puede ser también estética.

El taller como *caldo de cultivo*

Este concepto también pertenece a Morin[2]. El *caldo de cultivo* se utiliza en la ciencia biológica y consiste en un líquido, con abundantes nutrientes, que favorece especialmente la vida y la rápida reproducción de los microorganismos. Se trata de un elemento caracterizado por el intercambio abundante de genes e informaciones del código genético. Del mismo modo que un ambiente *caliente* y *nutriente* representa el mejor ambiente para el desarrollo de microorganismos, el taller de este nivel debería representar un *terreno de cultivo* especialmente favorable para el *intercambio de ideas*. Por encima de todo, se trata de un intercambio particular y único: el intercambio del patrimonio genético significa generación, desarrollo, aparición de nuevos individuos; del mismo modo, el taller representa ese hábitat educativo completamente particular en el que se produce más que en ningún otro lugar el intercambio y la multiplicación (la reproducción/generación) de ideas.

Los tres tipos de taller

Diferentes modalidades organizativas

Desde el punto de vista de la organización y el uso, se reconocen tres tipos de taller: el *taller organizado dentro de los espacios de la escuela infantil*, el *taller externo o de zona* y el *taller en maleta*. Ante la imposibilidad de tratarlos en profundidad, nos limitaremos a proporcionar un ejemplo de enfoque científico-ambiental.

Un ejemplo de taller interno

Qué es

El taller interno consiste en un espacio dentro de la escuela infantil (por ejemplo, una habitación) equipado adecuadamente para desarrollar simultáneamente dos funciones: almacén-contenedor de objetos, instrumentos y materiales, y lugar bien equipado para el desarrollo de investigaciones y experimentos.

El depósito de materiales

Proponemos, como ejemplo, una hipótesis de laboratorio científico. Como *depósito de materiales*, el taller científico-ambiental acoge en su interior:

- Objetos de diferente tipo y para diversas funciones: objetos de uso común en la vida diaria (contenedores para polvos y líquidos, cajas, tarros, tijeras, cola, trozos de cuerda, bastoncillos, etc.); colecciones (botones, conchas, monedas, tapas, perlitas, gomas elásticas de distintas medidas, piedras pequeñas y grandes, hierbas y hojas secas, etc.).
- Materiales básicos (mesas, sillas, armarios, paneles en las paredes para herramientas, estanterías cerradas y abiertas, contenedores de varios tamaños, recogedores, papel de embalar, cartulinas, cartones, cubetas, botellas, azúcar, harina, etc.); materiales para la información/observación (bolígrafos y lápices, cuadernos y folios para coger apuntes, colecciones de fotografías y dibujos, fichas listas para rellenar –por ejemplo, para la realización de un herbolario o de un muestrario de hojas secas–, mesa luminosa, proyector de diapositivas, pantalla); o para el archivo/documentación (fundas, cajas para guardar materiales, archivadores con la documentación de las experiencias realizadas, y grabaciones de vídeo y audio).
- Instrumentos de observación (lupa, papel tornasol, cuerda, polea, tenazas, grabadora, cámara fotográfica, cámara de video) y de medición (papel milimetrado, contenedores graduados, barras con muescas, pesos, máquinas para medir piedras, globos, balanza, báscula romana, termómetro, imán, etc.).

El taller para el estudio y la experimentación

Continuando con el ejemplo en el ámbito científico, *el taller como lugar de estudio y experimentación* se propone como un espacio equipado para la actividad de investigación. En este sentido debe:

- Tener los materiales y herramientas ordenados, listos para su uso y fácilmente disponibles; para eso, es oportuno prever la distribución de tareas (entre los maestros) para mantener el taller siempre operativo.
- Permitir el trabajo en grupos pequeños que puedan operar libremente, pero que estén guiados preferiblemente por un adulto.

- Ser un espacio cerrado y protegido, de este modo podrán colocarse los materiales para observar o terminar más tarde sin que se deterioren o estropeen (por ejemplo, un cultivo de plantas pequeñas, un terrario, la recogida de semillas a punto de germinar, el recipiente de las tortugas de agua, la pecera).
- Estar protegido también del ruido o la luz excesivos o de otras causas que podrían comprometer la concentración y la precisión en el trabajo.

Un ejemplo de taller exterior

Qué es

Asignamos al taller exterior (en cuanto a su aspecto científico-ambiental) tres acepciones:

- La primera consiste en un auténtico *taller al aire libre* (por ejemplo, en el caso del taller científico, una parte del jardín de la escuela, una zona destinada a huerto o a cría de pequeños animales, un parque; en el caso, en cambio, del taller corporal pensamos en el gimnasio, la piscina, etc.).
- La segunda está constituida por las *ocasiones que ofrece el entorno* (un estanque, un parque, un prado, un bosque, un canal, una granja, un criadero de animales, un invernadero situado cerca de la escuela).
- La tercera está representada por las *ofertas culturales* (informales o formalizadas) de un determinado lugar.

El taller al aire libre

Consiste, siempre en el ejemplo del taller científico, en un espacio exterior organizado adecuadamente para realizar actividades de observación y experimentación diversas. Las actividades pueden ser diferentes dependiendo de los lugares en los que se encuentre el taller. En el jardín de la escuela puede hacerse, por ejemplo:

- El huerto experimental (macetas con plantas, vegetales plantados en el terreno); un cubeta con agua (para juegos y experimentos con líquidos, para la cría de renacuajos).
- El semillero (cajas pequeñas con sustrato y grava para el cuidado de semillas y plantas con la justa exposición a la luz y al calor veraniego, y con la adecuada protección del frío en invierno con una tela de nailon transparente).

- El invernadero (huerto protegido en invierno).
- El terrario para la cría de insectos o pequeños animales (lombrices, caracoles, hormigas), jaulas, cajitas y recipientes para animalillos (tortugas) y nidos artificiales con comederos para ayudar a los pájaros a nidificar.

Los refugios y los espacios reservados

También los habitantes de la ciudad pueden a veces encontrar espacios marginales donde poder construir su propio campo de observación y su objeto de experimentación sistemática. El prado y el parque, por ejemplo, pueden ofrecer abundantes ocasiones de actividad, como la recogida de hierbas y la realización de un muestrario de hojas, el análisis del terreno, la observación de los animales que lo habitan; un montón de tierra de relleno puede permitir el estudio de las plantas colonizadoras y la colonización progresiva del sustrato; también una planta o un grupo de plantas ofrecen posibilidades didácticas diferentes: ¿cuál es su altura? ¿cómo se comporta con el cambio de las estaciones? ¿de qué se alimenta? ¿quién la habita? ¿qué flores/semillas produce? ¿cómo se cultiva de forma adecuada? También se puede construir un pequeño recinto (basta con algún metro cuadrado de tierra) para circunscribir el microambiente que se quiere observar o en el que se va a intervenir experimentalmente en los márgenes de un prado, cerca de un arbusto, etc.

Los recursos de la ciudad

Un tercer aspecto se refiere a los talleres auténticos y las ofertas culturales de la ciudad. Se puede pensar, por ejemplo, en el museo de ciencias naturales, el jardín botánico, el vivero, los criaderos de animales, etc. Es importante, además, ponerse en contacto con la asociación ambiental local, por ejemplo la sede de Adena o de Ecologistas en Acción. Asimismo, se puede pensar en la biblioteca, el museo de arte, etc.

El taller en maleta

¿Qué hacer cuando no se puede hacer otra cosa?

Es el taller de quienes no pueden tener un taller, de quienes no tienen la posibilidad de montarlo. Tomemos como ejemplo, como ya hemos hecho anteriormente, la educación científica.

El procedimiento es sencillo. Se elige una caja con tapa y adecuada por tamaño, peso y estructura, para ser transportada por un niño, un adolescente, etc. Se entrega una a cada usuario (que queda bajo su responsabilidad) con diferentes materiales, objetos e instrumentos, y que representa el *taller itinerante*, siempre listo para su uso inmediato. El taller en caja es fácil de hacer y exige un coste modesto: éste es un aspecto particularmente importante, porque puede realizarse en todas las situaciones y en todos los contextos, incluso en los más desfavorecidos.

¿Por qué?

Se trata de un tipo de taller especialmente ventajoso por ser relativamente fácil de montar y por la funcionalidad especial que lo caracteriza. Está siempre disponible y, aunque tiene una cantidad fija de materiales e instrumentos, no contiene nunca las mismas cosas, sino que las cambia según las necesidades. En una palabra, no es tan importante el tipo de materiales que contiene, sino el modo de usarlos.

¿Para qué sirve?

Es un taller itinerante y es posible llevarlo encima cómodamente: acompaña constantemente al niño en las diversas fases de su actividad. De hecho, contiene los instrumentos para la investigación de campo y para la documentación inmediata de los resultados obtenidos. En pocas palabras, es al mismo tiempo la caja de herramientas y el archivo de las observaciones y los descubrimientos hechos por los niños y niñas.

¿Qué puede incluir?

Puede llevar de todo. Su contenido puede variar, incluso en cada ocasión, de acuerdo con las necesidades del momento. Con respecto al taller científico-ambiental:

- Objetos e instrumentos para observar: lupa, pinzas, cuentagotas de plástico, cuchara, pala, rastrillo, embudo pequeño.
- Materiales para conservar o archivar: sobres y bolsas de plástico, frasquitos de varias medidas (mejor evitar el cristal) con tapón hermético, botes con tapa de rosca, cajas de cerillas (vacías), esferas de reloj, una cubeta de plástico, un periódico viejo, hojas de papel absorbente, cinta adhesiva, tijeras (con la punta redondeada), un trozo de tela, la prensa para secar hojas.
- Materiales para medir: una cuerda métrica, una barra con muescas, un rollo de papel tornasol, globos, etc.

- Materiales para la documentación: cuaderno de apuntes, lápices, gomas, rotuladores.

Las fases de organización

Al programar se determina, en primer lugar, la dotación fija de cada maleta según las diferentes actividades que van a proponerse. Se establece qué tendrá que comprarse y qué podrá conseguirse en la escuela infantil o en casa.

1 El maestro invita a cada niño a preparar su maleta y proporciona los materiales y objetos necesarios para la actividad didáctica específica que quiere realizar; es importante que muestre las actividades que van a desarrollarse.

2 Cada niña o niño coge su maleta y observa lo que contiene, prueba los instrumentos, controla que todo funcione y que no falte nada. Durante la actividad cada uno dispondrá libremente de su maleta y utilizará los materiales necesarios.

3 Al terminar la experiencia se limpian todos los materiales (los contenedores de líquidos, las cajas, etc.), se sacan de la maleta, se ordenan los objetos y materiales que se hayan podido recoger (por ejemplo, las flores) y se archivan los apuntes. Al final del trabajo, se colocan en el armario correspondiente.

LA BIBLIOTECA DE LA ZONA

La biblioteca puede y debe articular la propia actividad en tres ámbitos de trabajo coordinados e interdependientes, dedicados respectivamente a:

- Garantizar su uso como *depósito orgánico* de cultura codificada en volúmenes y otros materiales impresos, grabados, fotografiados o, en cualquier caso, reproducidos o reproducibles.
- Conceder valor a su papel de *archivo* de productos locales (bibliografías, recensiones, estudios...) acabados o semiacabados, puestos a punto por los trabajadores de la propia biblioteca, los educadores que a ella se dirigen, los usuarios particulares o en grupo.
- Proponer su uso como taller/estudio específico que pone a disposición las *máquinas* para intervenir en el libro ya estampado (el análisis y la comparación informatizada...) y para proyectar y realizar otros.

La intención pedagógica fundamental de una biblioteca reinterpretada como taller, no sólo como palabra, es, en definitiva, la de suministrar una interpretación problemática del uso formativo del libro, imposible seguramente de garantizar con tanto rigor y totalidad en la escuela o en otros centros educativos fuera de la escuela, públicos y privados.

- Por un lado, contribuye a que cada usuario adquiera *alfabetos* fundamentales de la cultura escrita a través del uso de unos instrumentos sofisticados y específicos difícilmente transferibles a otros servicios
- Por otro lado, estimula el *uso crítico* de dichos alfabetos y su reinvención original en un contexto que premia, tanto la producción personal (convergente y divergente) como la voluntad/capacidad de trabajar en grupo en proyectos que incluyen la discusión, la confrontación, el trabajo cultural colectivo.

En este contexto, resulta fundamental la competencia profesional (técnica y pedagógica) del empleado de la biblioteca, para el que, lamentablemente, como para la casi totalidad de los demás empleados de centros formativos, todavía hace falta una definición precisa de su currículo de formación. La definición de su papel cultural y pedagógico va a la par de la elaboración de la identidad definitiva de la biblioteca[3].

La función de los museos y pinacotecas[4]

Exposición y recuperación/ conservación	Documentación, estudio y producción cultural	Transmisión cultural	Didáctica
• Museos como contenedores que respetan las necesidades (luz, temperatura, humedad, colocación) de los objetos y los individuos: estudiosos, visitantes, estudiantes.	• Museos como centros de documentación y producción cultural del patrimonio conservado y las funciones que el museo pretende desarrollar.	• Museos como trámite de promoción, comunicación y divulgación cultural en todos los ámbitos: el público, el tiempo libre, la escuela.	• Museo como *casa* de cultura, taller de investigación interdisciplinar (geográfica, histórica, científica, artística) para la escuela; centro de educación permanente.

La didáctica activa

Hacer del museo un taller de investigación visual y conceptual...	Proponer itinerarios	Proponer un ***tráfico de entrada y de salida*** entre la escuela y el museo de la zona
• Que al desarrollar temas perceptivos potencie las capacidades receptivas individuales. • Que haga experimentar las técnicas artísticas y artesanales encaminadas a hacer más comprensibles los objetos y las obras expuestas.	• Por tema (que eviten la sensación de apremio y saturación producidos por el querer *ver todo*), basados en una programación previa o un contrato pedagógico entre el museo y la escuela. • Apoyados en documentos, material iconográfico, grabaciones de vídeo, etc. (imágenes a las que acceden los chicos y producidas por ellos mismos).	• Lo que significa entrar en el museo para salir movidos por la necesidad de conocer los lugares en donde los objetos estaban integrados en la vida para distintos fines y proponer un trabajo de estudio interdisciplinar.

TALLERES DIDÁCTICOS DE DISEÑO URBANÍSTICO

A través de la adquisición de un conocimiento profundo y detallado de la propia ciudad, se puede estimular en el niño la integración de comportamientos y actitudes responsables de protección y *cuidado* de su propio micro y macrosistema y, al mismo tiempo, animarle a plantearse como sujeto capaz de sugerir soluciones originales y creativas, para resolver problemas y promover el desarrollo a través de propuestas de *contra-espacios* de encuentro y de integración alternativos a los espacios de aislamiento y disgregación.

Para asegurar en el niño la capacidad de ejercer el uso de la palabra, es decir, la capacidad de expresar sus propias necesidades y puntos de vista, para reivindicar su *derecho a la ciudad* y, sobre todo, el derecho a participar en la construcción de un proyecto propio más vivible y equilibrado, creemos que puede ser muy útil la realización de *talleres didácticos de diseño urbanístico específicos*, en los que recoger e inventariar los múltiples problemas de las ciudades (desde el tráfico a las zonas verdes públicas, desde la restauración de edificios significativos y el problema de la casa a los problemas de la escuela y la cultura), elegir alguno de ellos y colocarlos en el centro de una programación precisa, articularlos en *unidades* y en *proyectos* didácticos, problematizarlos, afrontarlos y reflexionar sobre ellos a la luz de las *ideas* propias y las propuestas de solución, debatiendo y discutiendo su viabilidad y validez junto a numerosos interlocutores, técnicos en sentido estricto, urbanistas y arquitectos, administradores y los diferentes responsables de la dirección de los servicios de la ciudad.

Articulados y abundantes currículos de análisis/estudio de la ciudad [...] son la contribución más seria y productiva que la escuela puede ofrecer a la colectividad para poner en marcha, a partir del niño y con el concurso activo de sus observaciones y sus propuestas, una acción de reflexión permanente dirigida a proyectar y realizar una *ciudad nueva y posible* en la que:

- Experimentar nuevos modelos de espacio allí donde la sociedad cuantitativa de la congestión lo destruye y nuevos modelos de tiempo allí donde esa misma sociedad lo malgasta; una ciudad en la que poder interconectar y hacer comunicantes lugares y tiempos actualmente divididos, separados, enfrentados; los lugares y los tiempos de la educación, del trabajo, del ocio y la fiesta; utilizar fragmentos de ciudades perdidas y visiones de ciudades soñadas y entremezclar imaginaciones, deseo y realidad para conciliar la necesidad de echar raíces y de persistencia, y la tensión al cambio y la transformación.

- Eliminar el pensamiento jerárquico y la lógica del dominio origen del conflicto entre naturaleza y sociedad, entre hombre y mujer, entre cuerpo y mente que domina la imagen occidental de sociedad y que legitima la dependencia del campo a la ciudad, la antropocéntrica acción de vejación, de abuso, de violencia diaria en el ambiente físico y humano, la subordinación de los espacios de los niños a los de los adultos, la diferenciación entre los espacios del poder (y los poderosos) y los espacios de la disgregación, de la exclusión[5].

Notas

1. MORIN, E. (1993): *Il metodo. Vol. 4. Le idee: habitat, vita, organizzazione, usi e costumi.* Milán. Feltrinelli, p. 27. (Trad. cast.: *El método. Vol. 4. Las ideas, su hábitat, su vida, sus costumbres, su organización.* Madrid. Cátedra, 1992.)
2. E. Morin, cit., p. 31.
3. DRAGHETTI, A. (1991): «La biblioteca di territorio», en FRABBONI, F.; GUERRA, L. (coord.): *La città educativa.* Bolonia. Cappelli, p. 125.
4. DOZZA, L. (1991): «Musei e pinacoteche come laboratori di ricerca», en FRABBONI, F.; GUERRA, L. (coord.): *La città educativa.* Bolonia. Cappelli, p. 133.
5. PINTO MINERVA, F. (1991): «La città come progetto pedagógico», en FRABBONI, F.; GUERRA, L. (coord.): *La città educativa.* Bolonia. Cappelli,, pp. 64-65.

Parte II
Las prácticas del taller

4

El taller del cuerpo y el movimiento

Qué dicen las Orientaciones*

El ámbito de experiencia del cuerpo y el movimiento

Las Orientaciones de 1991 afirman que el ámbito de experiencia del cuerpo y el movimiento contribuye:

> *[...] al crecimiento y la maduración completa del niño, promoviendo la concienciación del valor del cuerpo, entendido como una de las expresiones de la personalidad y como una condición funcional, relacional, cognitiva, comunicativa y práctica que debe desarrollarse en función de todos los planos de atención formativa. A esto hay que añadir, además, los contenidos relacionados con los signos, cuyos alfabetos son indispensables para la expresión subjetiva y la comunicación interpersonal e intercultural.*

En síntesis, el texto destaca los siguientes aspectos:

- El control global de los esquemas motrices dinámicos y posturales generales (caminar, correr, saltar, lanzar, etc., utilizando también pequeños instrumentos, algo que debería darse preferiblemente de forma voluntaria).

---

* N. del Ed.: El autor se refiere a las Orientaciones para las escuelas infantiles italianas de 1991.

- El control segmentario (derecha e izquierda del propio niño).
- El desarrollo de las capacidades sensorio-perceptivas.
- El reconocimiento de los parámetros espaciales.
- El reconocimiento de los parámetros temporales (la reproducción de simples estructuras rítmicas).
- La *correcta gestión del propio cuerpo* mediante la adquisición de medidas correctas higiénico-sanitarias y en un contexto de educación de la salud.
- El conocimiento del cuerpo en su faceta sexual.
- La construcción de una imagen globalmente positiva de uno mismo.

A esto se pueden añadir tres puntualizaciones con el fin de subrayar algunos aspectos específicos:

1 La *importancia concedida al juego*, que debe constituir el clima y el contexto constantes de la actividad motriz.

2 Una indicación de carácter general que atañe a *aspectos globales y de la vida diaria*: se trata del interés natural por el propio cuerpo, incluido el aspecto sexual.

3 Una referencia explícita a los *individuos con minusvalías* y a la necesidad de actividades motrices programadas específicamente que no provoquen exclusiones.

Algunos modelos de trabajo significativos

Parece que pueden señalarse, en el texto que describe este ámbito de experiencia, dos orientaciones distintas, que en algunos pasos se compenetran recíprocamente:

- Por un lado, la exaltación del cuerpo como *movimiento*: según esta acepción, se concede al cuerpo un valor en función de lo que sabe hacer o puede aprender a hacer.
- Por otro, la afirmación del cuerpo como *presencia* y como *individualidad*: esta segunda acepción se refiere, tanto a la cuestión del respeto al cuerpo (y el respeto debido a la infancia) a través de la propia identificación (a partir de la propia identidad sexual) como la atención positiva a las diferencias, que deben entenderse esencialmente como valor y como recurso.

Las habilidades relacionadas con el taller del cuerpo

Las líneas esenciales

En la definición de la variedad de formas del taller relativo al ámbito de experiencia del cuerpo y el movimiento, es importante, de entrada, identificar las líneas esenciales más significativas.

Por otra parte, es evidente que no se puede reducir este ámbito de experiencia a una serie más o menos estructurada de actividades. Es necesario introducir, en cambio, las propuestas de taller en un cuadro cultural múltiple.

Si prestamos atención a algunas de las prácticas habituales actualmente, resulta evidente la necesidad de distanciarse de una concepción algo mecánica y simplificada del desarrollo de las habilidades corporales en la educación infantil. Creemos que se pueden identificar cuatro posibles riesgos.

Primer riesgo: limitar el cuerpo a la espontaneidad

El primer riesgo es la limitación y está relacionado con la asimilación de la corporeidad al juego. Si bien es innegable el papel del juego en el desarrollo del niño y la niña en la escuela infantil, resulta necesario distanciarse de quien piensa que, en nombre de la libertad y la autonomía, se puede relegar este ámbito a puras formas de espontaneidad: este planteamiento, aunque a primera vista puede parece sugerente por sus estímulos liberatorios, bien mirado acaba por relegar el cuerpo al ámbito de la ocasión y del dejar hacer. Precisamente, las Orientaciones del 91 invitan en este punto a mirar el cuerpo como un lugar de aprendizaje; en este sentido se observa el hilo conductor específico de este ámbito de experiencia según el cual, a través del cuerpo, se hace experiencia, se aprende y se crece.

Segundo riesgo: el cuerpo como prisionero de otros conocimientos

El segundo riesgo, consecuencia del primero, es el de no reconocer a la corporeidad un fundamento autónomo. La corporeidad, según esta práctica, sería *esclava* de los otros ámbitos especializados, no tendría una dignidad epistémica propia. Se trata de una concepción difundida que considera que el cuerpo está realmente en todas partes, abraza transversalmente el resto de los ámbitos.

El resultado de esta concepción es que el papel fundamental de la corporeidad sólo se reconoce a las palabras, mientras la educación corporal se deja realmente al margen, renunciando a definir intervenciones programadas en este ámbito. Según este planteamiento, este ámbito de experiencia se consideraría poco importante y no merecería una observación atenta, con el convencimiento explícito de que basta con dejar las cosas como están, pues los niños saben por sí mismos (y espontáneamente) lo que les hace falta y lo que deben hacer.

Tercer riesgo: la reducción al movimiento

El tercer riesgo es reducir la variedad de experiencias corporales sólo al movimiento. Sin quitarle valor a las capacidades cinéticas, el cuerpo es mucho más y el movimiento es sólo uno de sus aspectos, si bien el fundamental. El cuerpo es también percepción, expresión, lenguaje, comunicación.

Cuarto riesgo: reducir el cuerpo a algunos ámbitos específicos

Por último, el cuarto riesgo es seguir algunas orientaciones (o escuelas) específicas a expensas de una visión global.

Veamos, al respecto, dos limitaciones posibles.

- La primera está caracterizada por la tentación predeportiva: en la práctica, muchas actividades, juegos y ejercicios se proponen como si se tratara de un primer paso para adquirir habilidades deportivas específicas. Este planteamiento no es, por supuesto, conveniente porque, además del carácter sectorial y parcial de una organización similar, no reconoce un carácter específico a la corporeidad en la educación infantil, sino que la interpreta como si se tratara de un ámbito preparatorio para algo que deberá completarse en el futuro.
- La segunda limitación atañe a la tentación rehabilitadora. En las últimas décadas se ha difundido una cultura psicomotriz a partir de los estudios realizados sobre la rehabilitación de quien, por las razones más diversas (un accidente o una lesión, entre otras), debe empezar de nuevo, con una serie progresiva de ejercicios, a adquirir las habilidades motoras para la vida diaria que poseía antes. Posteriormente se pensó que dicha batería progresiva y acumulativa de ejercicios podía adaptarse también a los niños de educación infantil. La educación psicomotriz se entiende, en este caso, como un catálogo de ejercicios y actividades programados cuidadosamente según secuencias oportunas. De este modo, a menudo sucede que los niños deben someterse a propuestas rígidas y esquemáticas.

¿Cuál es la dirección del trabajo?

¿Qué hacer, entonces? Nos parece importante seguir dos direcciones de reflexión y trabajo. Por un lado, la idea del cuerpo (en su relación cuerpo-mente) hace pensar en el desarrollo, por otro, la propia idea del cuerpo nos lleva a la centralidad del juego.

La centralidad del desarrollo

El desarrollo puede entenderse como un camino hacia el equilibrio del sujeto con el entorno. Es un recorrido en el que el niño debe enfrentarse al mundo que lo rodea, debe adaptarse (concedemos a este término un significado activo) a él, debe integrarse en él, debe controlarlo y, al mismo tiempo, respetar sus reglas.

Frente a una concepción simplificada y lineal del desarrollo, partimos de la constatación de que éste está formado de idas y venidas, de progresiones y regresiones, de unos momentos de éxito y otros de conflicto. Esto es, el desarrollo no procede por fases graduales, sino que es arrítmico, asíncrono. En consecuencia, el taller del cuerpo no puede incluirse dentro de una suma, más o menos gradual o, incluso, más o menos ocasional, de ejercicios.

El taller, en general, y el relativo a la corporeidad, en particular, se propone como un ambiente de desarrollo válido cuando respeta los tiempos individuales de crecimiento. Se presenta como un instrumental abundante, una amplia y organizada *caja de herramientas* a disposición de la niña y el niño: reúne los *utensilios* –el término es de J. Bruner– que permiten acceder a los sistemas simbólicos de la propia cultura y se convierte, en ese sentido, en un instrumento para favorecer y potenciar el desarrollo.

Estas consideraciones nos devuelven inevitablemente a la pregunta sobre la organización del taller. En síntesis:

- En referencia a los objetos, el taller de la escuela infantil es pródigo, no porque contenga instrumentos y materiales especiales, sino porque favorece la prueba de uno mismo cuando promueve el intercambio, las capacidades lógicas, la curiosidad, el valor heurístico, la expresión.
- Los materiales que contiene están a disposición de la niña y el niño bajo múltiples formas: tienen en cuenta, pues, la situación en la que una determinada niña o niño se encuentra en un momento concreto. Esto es, los objetos que contiene se prestan a un uso individual o colectivo, estructurado o no, de exploración voluntaria o guiada, entre otras posibilidades. Es decir, favorece el *desorden* como prueba de uno mismo y exploración del mundo.

- El maestro debe estar especialmente atento, en el taller, a la zona de desarrollo próximo. Éste asume el papel de *guía*, así como el de *apoyo* para ayudar a la niña o el niño a pasar, también en lo referente al ámbito corporal, de la dimensión más social y exterior a la más personal e interior. Probablemente, el maestro se mueva al principio en la línea de *mucha guía y poco apoyo*, para pasar después, en la fase de interiorización por parte de la niña o el niño, a la línea opuesta de poca guía y mucho apoyo, es decir, pasar de la ayuda directa a la indirecta.

La centralidad del juego

A través del juego el niño se aleja, por así decirlo, de la realidad exterior para entrar en otra realidad que es puramente subjetiva y está dictada por la situaciones y el contexto del juego. De este modo, este alejamiento se convierte en una nueva realidad, subjetivamente real e incluyente, en la que el niño se mide y se prueba.

Realmente, el juego es el ámbito más favorable en el que las niñas y los niños empiezan a descubrir su capacidad de controlar los comportamientos, de ahí que intenten adaptarlos a situaciones que construyen en el momento; empiezan a descubrir que tienen una voluntad y emprenden la búsqueda de su propia autonomía. La edad de la escuela infantil representa una fase de la vida en la que los niños quieren *experimentar* y, al mismo tiempo, *controlar* las posibilidades con las que medirse y enfrentarse al mundo exterior.

Se trata del control de la fuerza y el tono muscular propios: saber correr, pero también saber pararse; saber alejar objetos de uno mismo, como lanzar y arrojar, pero también retenerlos; saber usar los objetos para su función propia, pero también atribuirles funciones nuevas y alternativas.

Es importante que el taller del cuerpo no se perciba como un lugar de trabajo, sino como un contexto en el que la niña y el niño pueden quedarse por el mero placer de hacerlo, porque tienen un proyecto propio que realizar. El taller pasa a ser un lugar de juego cuando los niños consiguen hacer de él un espacio vivido, cuando consiguen *ponerse a jugar*.

En el plano del desarrollo, podemos destacar algunas funciones entre las que indicamos principalmente:

- La función de exploración: el taller del cuerpo como impulsor del deseo de descubrimiento de uno mismo.

- La función de construcción: el taller del cuerpo como experiencia del hacer las cosas uno mismo.
- La función comunicativa: el taller del cuerpo como estímulo de participaciones no verbales y de intercambios sociales.
- La función creativa e inventiva: el taller del cuerpo como espacio en el que conocer no sólo la realidad y los fenómenos, sino también cómo reformularlos, interpretarlos, transformarlos, reconstruirlos, reinventarlos.

En cuanto a la dimensión emotivo-afectiva, hay que destacar la función eminentemente simbólica del taller del cuerpo: es un lugar de intercambios y conflictos, de satisfacciones y frustraciones, de autonomía y dependencia, de acción concreta y positiva y de prueba y *simulación*.

Las competencias necesarias

Dentro de las categorías que caracterizan los contenidos dominantes del taller de este ámbito y que constituyen su estructura, es innegable que el cuerpo se relaciona con el *desarrollo*, tanto en el sentido del crecimiento del cuerpo como signo exterior de una evolución completa de los aspectos psíquicos, cognitivos, afectivos y sociales como en el de lo que hace y aprende a hacer cada vez mejor el cuerpo, esto es, el movimiento, que en este caso se entiende como el conjunto de acciones del cuerpo.

Asume una importancia especial la calidad de los *movimientos*, su cuidado, su precisión y pertinencia a un proyecto, los cuales, a su vez, se configuran como una especie de inteligencia entre las inteligencias (*inteligencia sensorial, inteligencia perceptiva, inteligencia motora, inteligencia espacial*).

Al renunciar a una concepción fragmentaria y fragmentada del taller del cuerpo, que reduciría las actividades y las propuestas en él realizadas a meros ejercicios sin interés, el contexto privilegiado de este ámbito es, sin duda y como se ha dicho, el *juego*: es de gran importancia que todo lo que pase en él se exprese siempre de forma lúdica.

Otra reflexión importante tiene que ver con una concepción del cuerpo no hipostática, metafísica, ideal. El cuerpo entra en la educación infantil en toda su materialidad, fisicidad, individualidad: el cuerpo se encuentra entre otros cuerpos, cada uno con su propia identidad plural (es hombre o mujer, blanco o negro, con un aspecto particular, con características propias y únicas, más o menos capaz de realizar determinadas tareas, etc.) y todo esto pone de manifiesto lo importante de conjugar el cuerpo con la *diversidad*.

En cuanto al movimiento, las competencias que el taller debe presentar a través de la organización de situaciones de juego son:

- La *coordinación motriz* para:
  - Mantener diferentes capacidades interactivas con el ambiente (objetos y personas).
  - Organizar acciones mediante habilidades coordinativas y disociativas.
- El *esquema corporal* entendido como capacidad de control de:
  - Las posturas.
  - El equilibrio.
  - El tono muscular.
  - Los esquemas de acción.
- La *adaptación al espacio* como capacidad de:
  - Enfrentarse a las distancias.
  - Conocer direcciones.
  - Utilizar conscientemente, como guía de la propia acción motriz, las funciones topológicas (dentro-fuera, encima-debajo, etc.) y proyectivas (delante de-detrás de, etc.).
- La *adaptación al tiempo*, entendido como experiencia de relación, en situaciones motrices, con las duración a través de:
  - La capacidad de sincronizarse con sonidos y ritmos.
  - Organizar las acciones del cuerpo en función del tiempo (velocidad, sucesión, simultaneidad, etc.).

Los espacios y los materiales

Un taller modular

No hay una única forma de organizar un taller de este tipo, sobre todo si se piensa en un espacio específico y equipado para tal fin.

Una especialización excesiva, en lugar de ayudar, puede incluso confundir. El taller del cuerpo debe permitir, al igual que el resto de los talleres, una inmersión, una gran participación, una intervención a la vez agradable e intensa de los niños y las niñas. Para conseguirlo, se debe precisar, además, que no es cierto que baste con disponer de un poco de espacio para jugar. Unos pocos materiales y herramientas marcan bien la diferencia.

Así pues, no hay una única idea (y, por tanto, un único modo) de realizar el taller: la diferencia de espacios y equipamientos posibilitan ocasiones de juego distintas.

Un lugar de inmersión

En cualquier caso, debe tenerse en cuenta que el juego (en especial, los juegos tradicionales, esos que se practicaban en los patios de las casas o en las eras del campo cuando las madres y los padres, las abuelas y abuelos eran pequeños) es el mejor modo de utilizar y potenciar el taller del cuerpo: de entrada, necesita pocos materiales, fáciles de encontrar y, por lo general, económicos.

Lo que debería predominar en el taller de la motricidad es la inmersión frente a la abstracción, el placer de actuar frente al deber, el juego frente a la acción guiada por el adulto. Es un error pensar en este taller como en un espacio *libre* en el que las niñas y los niños se autogestionan y, también lo es, atribuirle una connotación exclusiva de comportamientos guiados y de *ejercicio*. En otras palabras, no debe ser ni una situación donde se deja a cada uno hacer lo que quiere ni un contexto en el que todo esté preparado previamente en el despacho.

El rincón de la clase

A veces no se dispone de una habitación y hay que contentarse con un rincón, una pequeña zona en un pasillo o en la clase. Es evidente que cuando hay pocos medios no se puede hablar de un auténtico taller, si bien un pequeño espacio es siempre mejor que nada.

Un riesgo habitual es rechazar la programación sistemática de actividades motoras y, a veces, la falta de espacios adecuados puede servir de pretexto. De hecho, a falta de otra cosa, disponer uno o varios rincones de la clase para el juego y el movimiento significa, cuanto menos, concebir un aula flexible y abierta a múltiples dinámicas relacionales y operativas, tanto en propuestas simultáneas como en secuencias que se sucedan unas a otras.

El gimnasio

Desde el punto de vista de los espacios y las herramientas, es indudable que el taller ideal de este ámbito es el gimnasio. Sin embargo, no siempre se puede contar con él.

Con frecuencia no se llama gimnasio. Nos encontramos con nombres muy diferentes, dependiendo de los proyectos específicos y los objetivos particulares. Así, tenemos la sala de *psicomotricidad*, de *proyectividad*, del *cuerpo* o del *espacio* motor, entre otros. Cuando hay un gimnasio, es oportuno que posea las herramientas necesarias y evitar, como ya se ha dicho, por un lado, una excesiva especialización y, por otro, una excesiva generalidad.

Las actividades de juego que se pueden desarrollar son muchas: por ejemplo, barreras que superar, las posibilidades de trepar, las estructuras para subir, bajar, deslizarse, colgarse, asumir distintas posturas del cuerpo; además, el salto, la cabriola, la carrera, los distintos juegos posturales, etc.

Qué poner en el gimnasio

Se necesitan colchonetas y colchones, alfombras, formas de gomaespuma, cuerdas suspendidas, escaleras, escalas, puentes, túneles y obstáculos de todo tipo. El mercado de equipamientos escolares ofrece una amplia gama de objetos que adquirir, en caso de disponer de fondos. Debe prestarse atención, no obstante, a caer en fáciles tentaciones. Se puede elegir más seducido por las atractivas imágenes de un catálogo que por las oportunidades reales que ofrece a las niñas y niños: puede llegar a privilegiarse un aspecto o un número limitado de aspectos frente a otros, así como desear y tener que esperar durante mucho tiempo objetos costosos, grandes y voluminosos frente a otros materiales de uso más flexible y variado, económicos y, por eso, más fáciles de adquirir. El problema es definir previamente la variedad de prestaciones que un determinado espacio motor debería contener.

Dicho esto, es necesario prestar atención a:

- Los objetos que potencien el movimiento global y la coordinación general, pero también la habilidad manual y la coordinación segmentaria.
- Las actividades centradas en el movimiento y la acción, pero también las centradas en el control, la inhibición (como el equilibrio estático y dinámico) o la relajación.
- Los objetos y herramientas que involucren a las distintas partes del cuerpo y no solamente a alguna de ellas.
- Los objetos muy estructurados y que requieran prestaciones específicas (por ejemplo, una barra de equilibrio), pero también objetos no estructurados y dirigidos al juego libre y guiado (la cuerda para saltar, la tela de yute para la carrera de sacos).

- Los objetos para el movimiento, concediendo a este término una cantidad muy abierta de significados: el movimiento individual, el movimiento en sintonía con los otros niños, el movimiento en sincronía con un sonido o un ritmo, el movimiento para la exploración del espacio, para su delimitación, para la realización de juegos de orientación (por ejemplo, un laberinto), etc.

El espacio exterior

Cuando la escuela dispone de un patio, no debe excluirse la posibilidad de realizar el taller del cuerpo y el movimiento al aire libre: siempre es importante (incluso en los casos en que ya se cuente con un taller en el interior) favorecer la presencia de herramientas para la motricidad también en el exterior (pasarelas, caminos, columpios, trepadores, etc.).

La relación con los organismos de la zona

En muchos casos se puede llegar a *acuerdos con asociaciones deportivas* (públicas y privadas) dotadas de gimnasios viables también para la educación infantil.

No debe olvidarse que las escuelas infantiles cercanas a escuelas de primaria pueden, por mediación de acuerdos concretos, utilizar el *gimnasio escolar* en los momentos en que no esté ocupado o llegar a acuerdos específicos al comienzo del año para la programación común de su uso.

Por último, en aquellos casos en que no se pueda hacer otra cosa, existe la posibilidad del taller con ruedas: se trata de un carrito que contiene materiales diversos (bastoncitos, aros, cuerdas, alfombrillas, etc.) que puede transportarse de un lugar a otro y conseguir que, durante una hora, el espacio menos adecuado se transforme también en un pequeño taller temporal.

Propuestas de actividades

La dimensión física

La dimensión *física* del hombre se refiere etimológicamente a la materialidad constitutiva del ser humano, a su *physis*, su *naturaleza*, su *corporeidad*. Esta palabra clave puede usarse en dos sentidos: el primero desde el convencimiento de que la actividad en el taller no puede prescindir del hecho de que el aprendizaje (y, por consiguiente, el desarrollo de los procesos cognitivos) pasa también por el cuerpo y su sensorialidad: de modo que el taller debe entenderse como un lugar privilegiado del cuerpo; el segundo pone de manifiesto cómo la cultura del cuerpo se ha introducido en la educación infantil, institucionalmente y con pleno derecho, a través del ámbito de experiencia del cuerpo y el movimiento.

En lo que respecta al primer aspecto, el taller necesita, como se ha dicho, las competencias del cuerpo. La exploración de los materiales y la experiencia directa de las cosas se dirige, por un lado, a los objetos físicos (los productos materiales: un martillo, una goma, una cuerda, un cuadro, una representación teatral, una danza, etc.), por otro, a las estrategias y los instrumentos prácticos para la realización concreta/contingente de un proyecto/producto.

Bajo este prisma, concebimos el taller en primera instancia como una *estructura inmanente* que involucra primero y principalmente al cuerpo, entendido en su *materialidad*. El interés se centra, posteriormente, en el mensaje –o, utilizando términos semiológicos– en los significados. Los mensajes se captan (y, posiblemente, se *desmontan* y se *reconstruyen*) mediante la observación (y el análisis). El material (y el cuerpo que lo manipula, que lo interpreta a través de la sensorialidad) constituye la base necesaria para construir el producto.

El taller, además de contener materiales, posee también instrumentos que permiten intervenir en ellos con el uso de técnicas. Simplificando, podríamos decir que la técnica se caracteriza por las formas en que el cuerpo actúa sobre la materia con o sin ayuda de instrumentos. Se trata de una secuencia de acciones organizadas de forma funcional para la realización de un producto. La noción de técnica enlaza con una vasta gama de acciones y comportamientos que tienen la innegable e imprescindible necesidad del cuerpo y sus habilidades para su realización. En cuanto al segundo aspecto, no cabe duda que las Orientaciones de 1991 han supuesto una renovación, en ciertos aspectos original, una contribución a la cultura del cuerpo. La atención privilegiada al movimiento contribuye a destruir la antigua dicotomía que consideraba a la mente y al cuerpo separados y contrapuestos. El movimiento es, en sí mismo, inteligencia. La inteligencia se convierte en materia y cuerpo: el binomio cuerpo/movimiento asume con pleno derecho el rango de una (sin duda, significativa y no secundaria) entre las diferentes inteligencias.

Atendiendo a estas consideraciones, proponemos tres ejemplos de actividades de taller.

Las actividades

Nos parece conveniente proponer, a modo de ejemplo, tres tipos de actividades que caracterizan el taller del cuerpo.

- El primer ejemplo consiste en una serie de propuestas relativas a actividades que pueden realizarse prácticamente en cualquier sitio.
- El segundo consiste en un conjunto de fichas de juegos populares.
- El tercero consiste en una recopilación de juegos por equipos.

En cada propuesta se tienen en cuenta las habilidades corporales y motrices puestas en marcha, sobre todo y ante todo, en el juego.

Propuesta 1. Ejemplos de actividades motoras

Con frecuencia, la tarea de redactar la programación educativa y didáctica se traduce en la puesta a punto de una lista de objetivos diversos y complementarios entre sí y, algunas veces, dispuestos en un orden más o menos jerárquico de dificultad progresiva. El objetivo, por lo general, es dar a los niños una consigna y observar si los resultados deseados se consiguen realmente. A menudo dichos objetivos no se conciben en términos restrictivos, sino que suponen para el maestro una invitación a actuar de forma que el niño desarrolle actividades precisas y sea consciente de que puede controlar y mejorar su forma de actuar. Sea como sea, la finalidad de estos objetivos es invitar a los niños a descubrir maneras análogas de comportarse en función de las propuestas de actividades. De todos modos, los objetivos no se consideran necesidad de resultados, por así decirlo, rígidos, sino más bien indicadores de actividades que poner en marcha en situaciones y contextos diferentes.

La siguiente propuesta deriva de estas consideraciones. Esto es, nos preguntamos si un resultado concreto, definido bajo forma de objetivo, puede realizarse en una variedad de contextos:

- En un situación de proyecto programado en el momento.
- En una situación de actividad normal de clase.
- En una situación de vida diaria, en las prácticas rutinarias de cada día.
- En una situación de juego.

De este modo, un objetivo o una propuesta de actividad puede convertirse en una ocasión para reflexionar y reelaborar. Por otra parte, si no se encuentran inmediatamente ejemplos operativos, siempre es posible preguntar a los niños que así tendrán la ocasión de reconocer ciertos resultados y necesidades en ámbitos y contextos diferentes. Podrá resultar de particular ayuda para el maestro la elaboración de una o varias fichas según el esquema mostrado a continuación.

RESULTADO	**ACTIVIDADES PROGRAMADAS *AD HOC***	**ACTIVIDADES DE CLASE**	**SITUACIÓN DIARIA**	**SITUACIÓN DE JUEGO**
CONOCIMIENTO GLOBAL DE UNO MISMO	Encontrar el propio lugar, esconderse...	Ordenar los propios objetos en el cajón, realizar todo lo marcado en la tabla de tareas.	Evitar obstáculos, saber reconocer situaciones peligrosas.	Jugar al escondite, a las estatuas.
CONOCIMIENTO DE LA SIMETRÍA DEL CUERPO	Pedalear, subirse, colgarse, pasar la pelota de una mano a la otra...	Pasar un objeto de una mano a la otra, mantenerse sobre un único pie, imitar a una marioneta...	Ponerse los guantes, los calcetines, los zapatos, vestirse y desvestirse...	Juego del portero, de imitar posturas de animales.
DESTREZA GENERAL	Lanzar mirando, atrapar al vuelo, saltar con la pelota entre las rodillas y los tobillos...	Agarrarse, soltarse, organizar, ordenar...	Coger objetos colocados a diferentes alturas...	Jugar a «Donde tú me tocas, yo me toco, donde tú me tocas, yo te toco».
VELOCIDAD	Correr, atrapar al vuelo, lanzar de nuevo...	Rascar, borrar, ordenar, amontonar en un tiempo determinado... Acelerar un movimiento.	Agitar un frasquito, caminar por la nieve, evitar los charcos de agua...	Jugar a carreras, a relevos...

INHIBICIÓN	Disminuir la velocidad de la carrera, escuchar primero la orden antes de...	A la señal, empezar a...	Pararse en el semáforo, esperar el turno...	1,2,3 chocolate inglés, el escondite...
EQUILIBRIO	Estar de pie sobre apoyos estrechos o móviles, saltar sobre un pie.	Rodar, subir a una banqueta, mantenerse sobre un pie.	Transportar una caja llena de...	Jugar con los zancos, jugar con los patines...

Evidentemente, se podría reproducir el esquema propuesto también en otras competencias como:

- Coordinación motora atenta (óculo-manual, óculo-espacial, auditivo-espacial, prensil, presión, precisión, inhibición).
- Concepto de espacio (explorar el espacio, evitar obstáculos, recorrer circuitos, valorar distancias, pasar a la acción códigos espaciales, seguir itinerarios simbólicos, adaptar la amplitud e intensidad del gesto al objetivo perseguido, etc.).
- Concepto de tiempo (duración, acciones simultáneas, sucesivas, velocidad, ritmo, representación de dinámicas temporales).

Propuesta 2.
Los juegos de las mamás y los papás

La siguiente propuesta consiste en realizar un listado en el que se recojan los juegos en la calle y el patio, es decir, los juegos de las mamás y los papás cuando eran jóvenes.

En la práctica, todos los niños piden a sus madres y padres que rellenen un cuestionario donde se les solicita que describan sus juegos preferidos cuando eran pequeños. La ficha deberá contener:

- El nombre del juego.
- La descripción, sencilla y esencial, de las reglas del juego.

- Cuántos niños pueden jugar juntos.
- Qué materiales se necesitan.
- Un posible dibujo esquemático explicativo.

Las tareas de los niños son.

- Dejar que sus padres les expliquen bien el juego; puede ser conveniente intentar jugar en casa con el padre y la madre.
- Llevar la ficha cumplimentada a la escuela.
- Recoger todas las fichas de los diferentes juegos en un único archivador.
- Eliminar las posibles repeticiones de juegos.
- Leer cada ficha e intentar, uno por uno, todos los juegos.
- Comprobar si están bien descritos; de ser necesario, reformular el texto.
- Comprobar si son divertidos y si se pueden proponer a los demás.
- Incluir los juegos elegidos entre la recopilación de juegos.
- Preparar dos copias de los juegos: una se archivará y la otra servirá para la práctica, espontánea o programada, de los diferentes juegos.

Seguidamente, se proponen algunos ejemplos de juegos[1].

AM SALAM

- **Descripción del juego**: Se dibujan en el suelo seis casillas más la puerta. Un niño debe saltar con los ojos cerrados dentro de todas las casillas en orden, darse la vuelta y volver. En cada salto el niño dice *Am* y los demás responden *Salam*. Si el niño se equivoca, los demás responden *Mortadela* y el jugador es eliminado.
- **Dónde se puede realizar**: En el patio o en una sala.
- **Cuántos niños participan**: No hay límite.
- **Materiales necesarios**: Una tiza.

¿QUIERES A TUS VECINOS?

- **Descripción del juego**: *¿Quieres a tus vecinos?* pregunta el niño que está en el centro del corro a otro de los que están sentados. El niño interrogado puede responder:
  Sí: entonces todos los niños del corro deben cambiarse de lugar y el del centro debe intentar conseguir un sitio.
  No: en este caso debe decir los nombres de dos niños que querría tener a su lado. Los niños nombrados y los dos no deseados se levantan para cambiarse los sitios; también en esta ocasión el niño del centro debe correr para ocupar uno de sus sitios.
- **Dónde se puede realizar**: En casa o en el jardín.
- **Cuántos niños participan**: A partir de diez.
- **Materiales necesarios**: Ninguno.

VAMOS AL RESTAURANTE

- **Descripción del juego**: Se camina en parejas, cogidos de las manos cruzadas. En la estrofa final de la canción, se da vueltas con los brazos estirados.
- **Dónde se puede realizar**: En cualquier sitio.
- **Cuántos niños participan**: Dos cada vez.
- **Materiales necesarios**: Ninguno.
- **Canción**: *Vamos al restaurante a comer leche y pan, y pim y pum y pam.*

ÁNGEL Y DIABLO

- **Descripción del juego**: Los niños están colocados en fila india a un par de metros de distancia unos de otros y enfrente de un niño que hace las veces de jefe, que los llama. En el espacio entre ellos, de unos metros de distancia, está el *diablo* que trata de tocarlos cuando pasan. El niño al que consiga tocar es eliminado del juego. Los demás, uno a uno, forman la fila de nuevo, pasando por detrás del niño jefe.
- **Dónde se puede realizar**: En cualquier sitio.
- **Cuántos niños participan**: Tres como mínimo.
- **Materiales necesarios**: Un pañuelo atado.
- **Canción**: Niño jefe dirigido al primero de la fila: *Ángel, bello ángel, vuela hasta mí*. Respuesta al niño jefe: *No puedo volar, porque está el diablo allí. Abre tus alas santas y vuela.*

BURRO

- **Descripción del juego**: Se hace un corro y se juega a voleibol, pero en el momento de pasar la pelota hay que decir el nombre del compañero.
  El que se equivoca al pasar o al recibir, gana una letra hasta llegar a la palabra *Burro* y entonces es eliminado.
- **Dónde se puede realizar**: Al aire libre.
- **Cuántos niños participan**: No menos de dos.
- **Materiales necesarios**: Una pelota.

CANICAS (O CHAPAS)

- **Descripción del juego**: Se dibuja con tiza una pista en el suelo. Se cogen canicas de cristal o chapas de botella y se tiran con los dedos. Deben quedar dentro de la pista, que puede tener cualquier forma. El primero que llega, gana.
- **Dónde se puede realizar**: En el patio.
- **Cuántos niños participan**: Dos o más .
- **Materiales necesarios**: Canicas o chapas de botella, una tiza.

BOCHAS

- **Descripción del juego**: Se hacen bolitas con una mezcla de tierra, agua, piedras (muy machacadas para que tomen color) y se cuecen en el horno durante 40 minutos.
  El juego consiste en mover las bolitas aprovechando el golpe dado con el pulgar y el índice. Saca más puntos el que se acerca más con sus bochas a una bola que se decide que sea el bochín.
- **Dónde se puede realizar**: En espacio interior o exterior.
- **Cuántos niños participan**: Cuatro.
- **Materiales necesarios**: Arcilla, agua, piedras.

Propuesta 3. Juegos por grupos

Una característica relativamente constante de los juegos tradicionales es la presencia de un grupo de jugadores. La presencia de otras personas, no necesariamente de la misma edad, se considera fundamental.

Se trata de un aspecto poco estudiado, pero no por ello menos importante, que consiste en moverse y actuar en presencia de los demás compañeros, lo que significa proporcionar respuestas, indicaciones y estímulos, o bien oposiciones e interferencias (explícitas o implícitas) de los otros. Un comportamiento u otro, una determinada elección en lugar de otra cambia mucho los resultados de un juego que, de lo contrario, sería probablemente demasiado previsible.

El truco está, tal vez, aquí: las reglas sencillas de los juegos tradicionales los convertirían en algo esquemático y frío, y, por tanto, poco interesante si no intervinieran las dinámicas y los intercambios recíprocos que se manifiestan dentro del grupo y que permiten el nacimiento y desarrollo de miles de matices. El juego, cuyos resultados podrían ser previsibles y darse por descontados, presenta la constante novedad caracterizada por los actores que están en juego gracias a su carácter imprevisible y a los resultados obtenidos con sus constantes intercambios.

El comportamiento motor en una situación social cobra una importancia muy especial para el desarrollo del niño. Bien a través de la observación del comportamiento de los demás, bien a través de la imitación, dispone del modo de ponerse en contacto con soluciones (motoras o de esquemas de acción) para él nuevas y que puede experimentar. Puede limitarse a reproducir un esquema de acción o modificarlo parcialmente para adaptarlo a sí mismo o, si no, sumarse a él para adoptar una solución totalmente distinta y nueva de la que había tomado como modelo.

Lo importante para cada niño es que pueda constatar la forma en que los demás afrontan y resuelven los diferentes problemas de la vida diaria, y la comparación con los otros favorece la búsqueda de soluciones más eficaces. Poco a poco es capaz de producir una interacción motora complementaria más eficaz para la acción motora de los demás: la propia acción se adaptará cada vez mejor a las conductas motoras del otro y el proyecto de las propias acciones tendrá cada vez más en cuenta las conductas presumibles del otro. Estos comportamientos motores favorecen el desarrollo de un sistema de reglas implícitas que gobierna la interacción motora: es más, estas habilidades favorecen la capacidad de *descentramiento,* porque es necesario que el niño parta del punto de vista del otro y lo tenga constantemente en cuenta.

Este tipo particular de enfoque, el juego observado desde la perspectiva de la interacción con el otro, ha recibido el nombre, al menos en la tradición francesa, de *sociomotricidad* (término acuñado por Parlebas[2]). Se funda esencialmente en el juego en grupo, en la relación con los compañeros (que pueden ser del mismo equipo –y en este caso las reglas del juego incluyen la cooperación– o bien del equipo contrario –y en este caso las reglas del juego incluyen formas de oposición). Los sistemas de interacción pueden ser muy variados y originales.

Tomemos como ejemplo el juego «Vamos al restaurante» descrito anteriormente. Si indicamos con un circulito los jugadores (el blanco y el negro indican la pertenencia a uno u otro equipo) y trazamos con una flecha bidireccional las interacciones cooperativas y con dos flechas monodireccionales las interacciones opositivas, podemos ver en los distintos juegos la representación esquemática de los intercambios interactivos entre los jugadores.

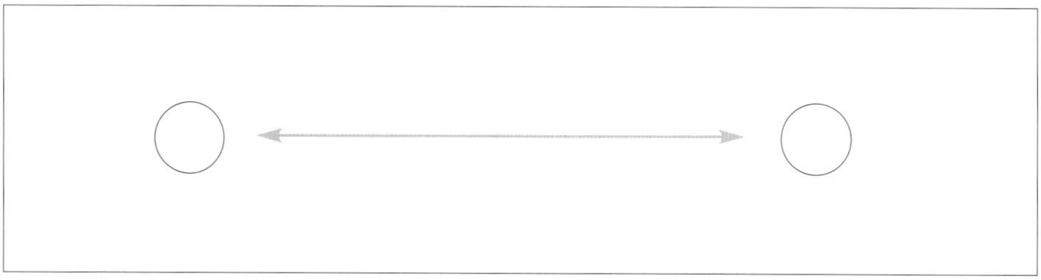

La propuesta de Pierre Parlebas puede resumirse en el siguiente cuadro.

FUNCIÓN	CATEGORÍAS DE INTERACCIÓN	CARÁCTER DOMINANTE	EJEMPLOS DE ACTIVIDADES
PSICOMOTRIZ	Ausencia de interacción motriz.		♦ Carrera, salto, lanzamiento, agarre, coordinación, juego del tejo, etc.
SOCIOMOTRIZ 1.ER NIVEL	Interacción motriz directa[3].	♦ De comunicación motriz (o cooperativa). ♦ De contracomunicación motriz (u opositiva). ♦ Mixta (cooperativa y opositiva a la vez).	♦ Corro, pasar la pelota, relevo bajo las piernas... ♦ Juego del pañuelo, robar la bandera... ♦ Juego del dao en alto...
SOCIOMOTRIZ 2.º NIVEL	Interacción motriz indirecta.	♦ De comunicación motriz (o cooperativa). ♦ De contracomunicación motriz (u opositiva). ♦ Mixta (cooperativa y opositiva a la vez).	♦ Balón prisionero. ♦ Balón quemado. ♦ Las cuatro esquinas.

En los ejemplos de juegos siguientes se aprecian bien los diferentes niveles de complejidad interactiva.

JUEGO DE LA BOTELLA

- **Descripción del juego**: Los niños se sientan en el suelo, formando un círculo.
  En el centro se coloca una botella; se hace girar sobre sí misma y cuando se detiene apuntando a un niño, éste se pone de pie y besa a la niña o al niño que quiere, y se vuelve a empezar.
- **Dónde se puede realizar**: En cualquier lugar.
- **Cuántos niños participan**: Con cuantos se desee.
- **Materiales necesarios**: Una botella vacía.

Y CON EL PAN DE SAN JULIÁN

- **Descripción del juego**: Todos los participantes tienen una zapatilla. Se sientan en círculo y cada uno pasa su zapatilla al compañero de la derecha y se apresura a coger la del compañero a su izquierda. Toda la operación debe realizarse con ritmo, siguiendo el tiempo de la canción que cada vez va más rápida. El que se equivoca es eliminado. La canción dice: *Y con el pan y el vino de san Julián, chacarón, riboun, riboun, y bi y ba y boun.*
- **Dónde se puede realizar**: En la playa, sentados en el suelo.
- **Cuántos niños participan**: Cuantos más, mejor.
- **Materiales necesarios**: Zapatillas o zapatos ligeros.

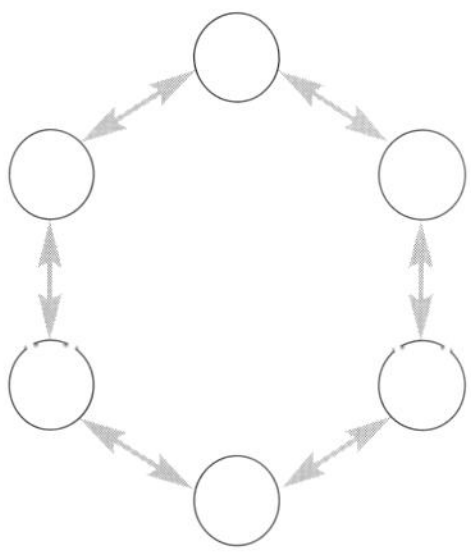

PANADERO, ¿ESTÁ COCIDO EL PAN?

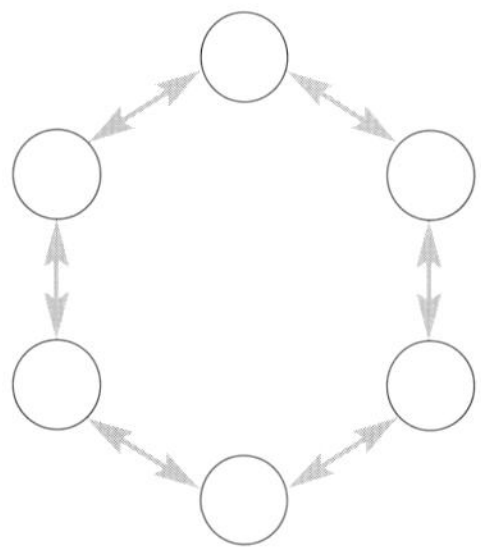

- **Descripción del juego**: Nueve niños hacen un corro y se sujetan de la mano haciendo una cadena. Un niño está en el centro y pregunta si está cocido el pan. El resto responde el texto de la canción. El niño del centro pregunta quién ha sido; los demás responden con la cancioncilla indicada debajo.
- **Dónde se puede realizar**: Al aire libre.
- **Cuántos niños participan**: 10 o más.
- **Materiales necesarios**: Ninguno.
- **Canción**: *Panadero, ¿está cocido el pan? No, está un poco quemado. ¿Quién ha sido? La vieja fea que hay en el prado. Pobrecita, la viejecita.*

JUEGO DE LAS SILLAS

- **Descripción del juego**: Se colocan las sillas en el centro; debe haber una menos que el número de niños.
  Se pone la música, los niños van girando alrededor de las sillas, se para la música y todos deben sentarse.
  El niño que queda de pie es descalificado.
  Se quita una silla y se vuelve a empezar. Gana el único niño que consigue sentarse en la última silla restante.
- **Dónde se puede realizar**: En cualquier sitio
- **Cuántos niños participan**: Los que quieran.
- **Materiales necesarios**: Sillas, una cinta de música grabada y un reproductor.

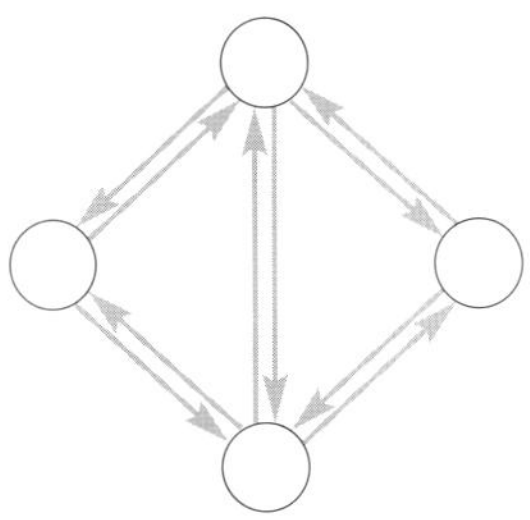

HOMBRECITO NEGRO

- **Descripción del juego**: Después de marcar dos metas, los niños se colocan en una parte y el hombrecito negro enfrente de ellos.
  Cuando él grita *¿Quién teme al hombrecito negro?*, los demás responden *¡Nadie!*
  A continuación empiezan a correr hacia el hombrecito negro para alcanzar la meta opuesta, pero sin que éste los coja. Si el hombrecito negro toca a alguien, éste se convierte en su cómplice y se coloca con él. El juego continúa hasta que todos son capturados.
  El último en escapar se convierte después en el hombrecito negro.
- **Dónde se puede realizar**: En el patio, en el jardín...
- **Cuántos niños participan**: A partir de diez.
- **Materiales necesarios**: Ninguno.

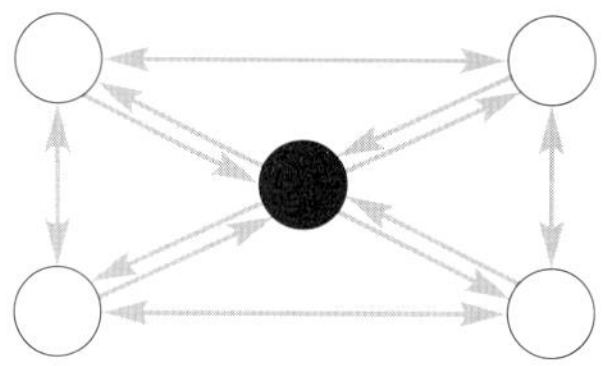

LAS CUATRO ESQUINAS

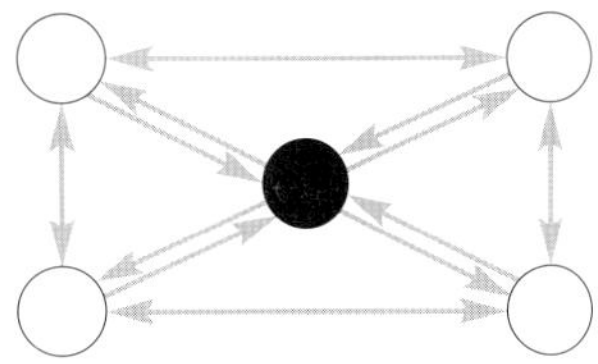

- **Descripción del juego**: Se traza un rectángulo imaginario. Se coloca un niño en cada esquina y un niño en el centro. Los cuatro niños de las esquinas deben conseguir intercambiar sus posiciones sin que el del centro se apodere de una de ellas. Si lo consigue, el niño que se queda sin sitio se coloca en el centro.
- **Dónde se puede realizar**: Al aire libre.
- **Cuántos niños participan**: Cinco.
- **Materiales necesarios**: Ninguno.

UNO, DOS Y TRES, SOTA, CABALLO Y REY

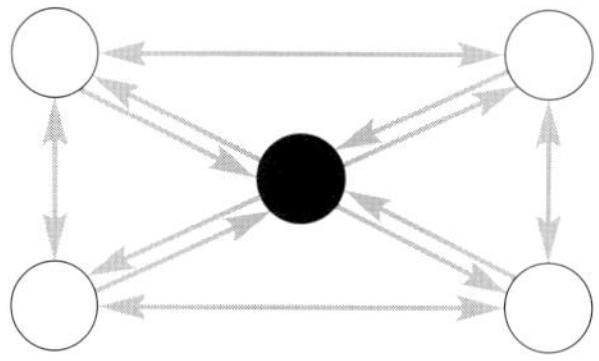

- **Descripción del juego**: Un niño vuelto hacia la pared dice: *Uno, dos y tres, sota, caballo y rey*, y se da la vuelta de repente. Los compañeros salen desde lejos y deben avanzar sin que se les vea nunca en movimiento. Si se ve a alguien moverse, retrocede a la línea de salida. El que llega primero a la pared, se salva.
- **Dónde se puede realizar**: En un espacio abierto que tenga una pared.
- **Cuántos niños participan**: No hay límite.
- **Materiales necesarios**: Ninguno.

Coger la bandera

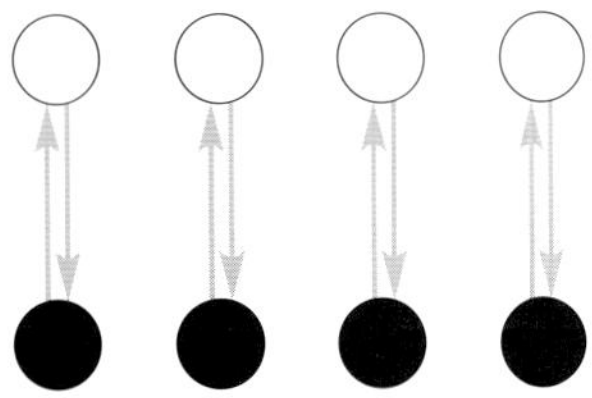

- **Descripción del juego:** Los niños se dividen en dos equipos de jugadores de número par. El niño que sobra será *el mástil de la bandera*.
  Se asigna a cada niño un número del uno en adelante en cada equipo. A continuación, los dos equipos se colocan uno enfrente del otro a unos 8-10 m de distancia con el n.º 1 frente al n.º 1, el n.º 2 frente al n.º 2 y así sucesivamente. En medio de los dos equipos, se coloca el niño que hace de mástil, con el brazo alzado y agarrando un pañuelo. El juego comienza: el niño con la bandera dice un número al azar. Los dos niños correspondientes al número pronunciado deben correr hacia la bandera, cogerla y volver a su puesto sin ser tocados o detenidos por el adversario.
  Gana el equipo que consigue llevar a su lado más banderas.
- **Dónde se puede realizar**: Al aire libre, en el patio, en un prado...
- **Cuántos niños participan**: Muchos.
- **Materiales necesarios**: Un pañuelo para hacer de bandera.

CABELLERA

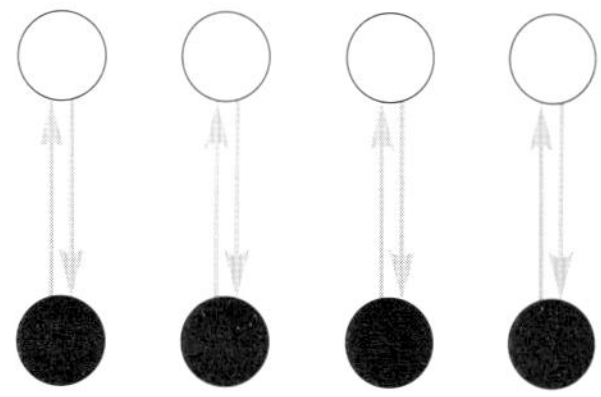

- **Descripción del juego**: Se forman dos equipos con el mismo número de niños. Cada niño debe llevar atada, no demasiado fuerte, una cinta con el color de su equipo. Se colocan unos enfrente de otros y, con una sola mano, intentan quitar «la cabellera» al niño del otro equipo que, entonces, queda eliminado.
  Gana el equipo que más «cabelleras» tiene.
- **Dónde se puede realizar**: En cualquier sitio al aire libre con obstáculos (árboles, arbustos, muretes...).
- **Cuántos niños participan**: Sin límite.
- **Materiales necesarios**: Tiras de tela o pañuelos.

RELEVO BAJO LAS PIERNAS

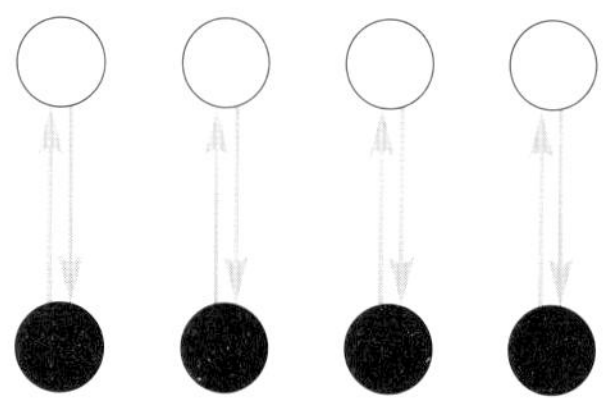

- **Descripción del juego**: Se forman dos o más equipos. Los relevos están en fila india y con las piernas separadas. Al dar la señal, el primero echa a correr y gira rápidamente alrededor del banderín, pasa por debajo de sus compañeros y, al llegar al fondo, aprieta con las manos los hombros del compañero que está delante, que transmite el apretón a los demás compañeros hasta que llega al primero que sale como un rayo.
- **Dónde se puede realizar**: En el jardín, en el patio.
- **Cuántos niños participan**: A partir de diez.
- **Materiales necesarios**: Un banderín.

Propuesta 4. La ludoteca

El derecho a jugar de las niñas y los niños

Juego y juguete en la sociedad actual

El juego representa una condición indispensable de desarrollo para las niñas y los niños. La infancia sin juego está despojada, truncada, traicionada. Se podría decir que el juego para los niños es una forma de entender cómo convertirse en adultos. Representa el modo de ponerse a prueba. Es una manera de crecer.

La abundancia de juguetes que el contexto económico y social de hoy pone a disposición de los niños es una característica típica de nuestra época y nuestra cultura. La escasez de juguetes y de oportunidades de juego de las generaciones anteriores parece siempre algo muy lejano, definitivamente superado, relegado para siempre al pasado.

Ahora los niños tienen la posibilidad de gozar de muchos juguetes, de disfrutar de ellos con cierta abundancia y sin especiales problemas. Lo mismo sucede con los materiales didácticos. Da la impresión de que sólo hoy existan las condiciones para responder positivamente al derecho de los niños a jugar y a tener juguetes. Sin embargo, ¿hasta qué punto podemos estar tranquilos? ¿Realmente creemos que este problema está definitivamente resuelto?

Aquellos que trabajan desde hace tiempo en el sector de la educación y de la calidad de vida de los niños han aprendido a no dejarse llevar por fáciles optimismos. Todos están de acuerdo en que el juego representa una condición indispensable de crecimiento. Con todo, no hay que olvidar que los juguetes son fabricados por adultos y destinados, generalmente, a representar modelos culturales y concepciones educativas típicas de la edad adulta. De este modo, el mundo de los adultos, con su disponibilidad a fomentar el juego, puede controlar sus modalidades de realización y puede, si lo desea, condicionarlo de muchas formas. El riesgo consiste, por tanto, en deformar el significado del juguete y el juego y en relegarlo a recintos seguros.

A esto se añade que la abundancia de juguetes al alcance de los niños, típica de nuestra época, lleva implícito inevitablemente el tormento de la soledad. Nunca como hasta ahora habían estado solos los niños y este fenómeno resulta todavía más grave desde que los juguetes circulan seguros por el gran mercado de los medios de comunicación, transportados por la televisión, fomentados por el comercio a través del éter. Niños solos ante el televisor, por una parte, y juguetes sólo para ver y no tocar, por otra. La televisión se convierte en este caso en el incesante vehículo de los deseos, la imparable máquina que enseña a pretender tener todo y enseguida.

Además hay que añadir otro elemento. La reciente gran difusión de los juegos de ordenador aumenta, probablemente, esta distancia y soledad. Si bien el nuevo impacto ofrecido hoy por la informática (con la inmensa tela de araña electrónica y la disponibilidad de juegos virtuales cada vez más sofisticados) no debe ser demonizado, también es cierto que se trata de un mundo nuevo de limitaciones, cuanto menos incontrolables y de reglas bastante inciertas.

Aspectos positivos y negativos

Si miramos atentamente la situación de la infancia en nuestra sociedad, sin querer negar los aspectos beneficiosos y positivos que la caracterizan, no podemos por más que señalar una serie de aspectos negativos.

El comportamiento de nuestra sociedad con respecto a la infancia es tremendamente ambiguo. La gran inversión llevada a cabo ha determinado el triunfo de una doble condición:

- Por un lado, la difusión de una actitud de los adultos hacia los niños cada vez más protectora lleva, en no pocos casos, a una situación de marginación y pasividad: los niños están cada vez más solos y son menos autónomos. Dependen todo el tiempo de los adultos, son incapaces de elegir autónomamente.
- Por otro lado, el descubrimiento por parte de los operadores económicos de la infancia como nuevo factor de crecimiento del consumo (los niños constituyen un nuevo mercado) lleva a gran parte de la industria a ver la infancia desde una perspectiva casi exclusivamente consumista.

Juego y consumo

El niño es tratado con el mismo respeto y la misma atención que se concede al consumidor y el cliente. Y, a decir verdad, se trata de un cliente en conjunto poco exigente, fácil de convencer, porque casi siempre demuestra un entusiasmo incondicional por cualquier producto. De este modo, el niño acaba por ser un doble prisionero: por un lado, se encuentra atrapado en una situación de dependencia total de los adultos, incluso en lo referente al juego, y, por otro, de encontrar satisfacción en el consumo. El niño-cliente acaba por estar cada vez más objetivado e instrumentalizado; en otras palabras, paga un precio elevado por convertirse en sujeto activo de su propio crecimiento y por la conquista de su autonomía a partir de los condicionamientos del contexto social.

El juego y el juguete como valor educativo

Consideramos que la infancia puede escapar de esta doble trampa existencial y social con *el juego y el juguete como valor educativo* y como condición de desarrollo equilibrado y sano. El juego se propone como una especie de antídoto, se convierte en la válvula de seguridad contra este tipo de riesgo.

Esto se debe a que el juego es un indudable valor pedagógico. Desde su infancia, el hombre experimenta la posibilidad de intervenir activamente en los elementos que lo rodean para comprenderlos, para transformarlos, para poseerlos, para construir con ellos nuevas experiencias y situaciones. En este sentido, el juego infantil es esencialmente:

- Recogida de información sobre las características de los objetos y el *modo de comportarse* de los materiales.
- Conocimiento y descubrimiento de las cosas y los fenómenos que rodean al niño, y de las propias capacidades personales de intervención en dichos elementos y fenómenos.
- Cambio, puesto que a través de nuevas combinaciones y descubrimientos es posible modificar y transformar las situaciones vividas normalmente.
- Creatividad, entendida como capacidad de combinar de otro modo los datos e informaciones con el fin de obtener otros nuevos a través del análisis, la analogía, la acción de acercamiento de hechos conocidos de forma diversa y alternativa.

El juego y la ciudad

Mirar y entender, probar y volver a probar, desmontar y montar: todo esto permite al niño acercarse a la realidad de forma positiva y saber que es posible intervenir y actuar en ella de acuerdo con una intención y un objetivo.

La actitud ambigua de los adultos hacia el juego de los niños, como ya hemos explicado, es evidente. Por un lado, la sociedad parece defender el juego, parece ser su protectora y defensora. Por otro, sin embargo, hace lo posible por marginarlo, relegándolo a espacios y tiempos muy definidos. La fuerza propulsora del juego infantil se controla y somete con una multitud, tanto de *acciones* positivas como de *no intervenciones* operadas por el mundo de los adultos.

Entre otras cosas, nos parece importante destacar los aspectos detallados a continuación:

- La sustancial *falta de espacios para jugar*. La casa muy a menudo no está hecha a la medida del niño: falta espacio para moverse, la habitación acaba siendo en muchos casos un espacio donde el niño se aísla y no está a gusto; faltan, además, patios, parques (los denominados *espacios verdes públicos*), a veces no están adaptados porque tienen pocos equipamientos y a veces porque son demasiado amplios y anónimos para poder acceder y quedarse; el tráfico de la ciudad hace imposible ir sin compañía.
- Se asiste a una *rígida separación entre momentos de trabajo y momentos de juego*. El juego queda relegado a espacios y tiempos específicos, separados de la *vida seria* (como la escuela, el estudio) según un esquema típico de la vida adulta, caracterizada por la alternancia de momentos productivos (cada vez más largos) y momentos de tiempo libre (cada vez menores).
- En un intento por hacerlo más *productivo*, el juego se encauza en vías seguras, caracterizadas por la previsibilidad y la preorganización a través de la producción de *juguetes más estructurados*, mecanizados, especializados. Se trata de juguetes complejos y caros que, como *hacen todo solos*, se prestan difícilmente a ser utilizados con creatividad. Se proponen como un simple *espectáculo* que admirar sin que sea posible manipularlos, modificar su funcionamiento. El juguete se desnaturaliza y pasa a ser, en este sentido, un objeto *valioso* que no puede utilizarse.

Juguetes y mercado

El típico juguete de hoy, es decir, *el juguete industrializado* supone otro riesgo. Si, por un lado, el juguete es indispensable para la actividad del juego del niño, porque representa su horizonte material y concreto, por otro, asistimos a la insistencia del mercado del juguete (pensemos, sobre todo, en gran parte de la publicidad televisiva) que tiende a sobrepasar el horizonte del niño, a excluirlo. Se dirigen incesantemente al niño nuevas propuestas, nuevos personajes, nuevas situaciones. Es algo muy similar a lo que sucede en el mundo de la música ligera. Apenas ha salido una canción que ya es suplantada por otra. No hay tiempo para descubrirla, para apreciarla y, posiblemente, entusiasmarse con ella (o rechazarla), porque se sustituye a la mayor brevedad. Y es fácil caer en la trampa, como hacen los que siguen incesantemente la última propuesta y novedad para *no ser nunca menos*, para poder decir que no se han quedado atrás, que están a la última, que tienen las últimas novedades.

A la industria le gustaría tener consumidores disciplinados a merced de los incesantes caprichos del mercado, doblegados a la lógica de la producción. En el caso del carácter consumista del juego asistimos a la proliferación de *juguetes no jugados*. Se trata de juguetes que no llegan a ser convenientemente explorados, descubiertos y *plenamente poseídos*, porque son desbancados inmediatamente por otros que les siguen y son, por tanto, después del primer entusiasmo, inevitablemente abandonados en un rincón de la casa y olvidados. No hace falta preguntarse si los juguetes (como los discos, los cromos, los juegos de vídeo) son buenos o malos, porque están destinados a desaparecer rápidamente, sin sacarles todo el partido. En definitiva, ha nacido una nueva generación de juguetes, por así decirlo, antiecológicos, porque se caracterizan por el lema *usar y tirar*. Paradójicamente, la industria que se declara amiga de la infancia, se revela en realidad como su enemiga en la medida en que no propone el juego, sino sólo el consumo incesante del juguete. A través del juguete consumista, el niño es despojado de su derecho al juego.

¿Qué hacer?

Así pues, ¿cómo devolver al niño el derecho al juego? Las políticas del juego en la ciudad pueden ser justamente una ocasión y un instrumento formidable para conducir de nuevo al juego y al juguete a su dirección originaria, dentro de una línea educativa.

A las políticas del juego en la ciudad (¡aunque no sólo en ella!) compete la tarea de ofrecer una respuesta positiva –en un ámbito tanto institucional como social– de ayuda a los niños y a todos aquellos que tienen relaciones educativas significativas con ellos: padres, educadores, maestros, ciudadanos.

El niño necesita espacios adecuados de exploración de la realidad y la ciudad puede ofrecer ocasiones adecuadas. Son necesarias en particular:

- Para *liberar al juego de las restricciones de espacio y tiempo*, institucionalizando y oficializando un espacio y un tiempo preciso de juego y de uso del juguete.

- Para *desarrollar en el niño una vivencia social positiva*. El niño, cuando va a los espacios de juego de la ciudad, no juega solo, sino que se encuentra con otros niños.
- Para *reconocer a cada niño el pleno derecho al juego*. Si existe un lugar oficial en el que jugar, quiere decir que el juego representa una experiencia legítima y *reconocida/garantizada* por los adultos. El juego no representa, entonces, una pausa y una interrupción temporal del resto de actividades consideradas más importantes.

La ludoteca como servicio educativo integrado en la ciudad

¿Qué es una ludoteca?

Así como la biblioteca es un espacio donde se adquieren y se clasifican los libros para ponerlos a disposición de los lectores, de igual modo la ludoteca es un espacio lleno de juguetes, donde los niños pueden ir a jugar o pedirlos en préstamo durante un cierto tiempo. Concretamente es:

- Un lugar donde es posible encontrar una amplia cantidad de juguetes, adquiridos no por azar, sino sobre la base de criterios educativos precisos.
- Un lugar donde los niños pueden jugar con los juguetes disponibles.
- Un lugar en el que los juguetes pueden dejarse en préstamo y conservarse durante un cierto periodo de tiempo.
- Un taller de promoción de la cultura del juguete, es decir, un espacio encargado de la construcción/reparación de juguetes, la organización de iniciativas de animación, de fiestas, de ocasiones de encuentro para niños y niñas, etc.

La idea de juego

En el contexto social y cultural actual, la idea del juego no es neutra. Puede entenderse al mismo tiempo –según de dónde se ponga el acento– como positivo o negativo, liberatorio o paralizante, creativo o normalizador, inventivo o reproductivo. Puede promover la liberación de la infancia, así como contribuir a homogeneizarla con el modelo del consumo. Por este motivo, antes de crear una ludoteca, hay que definir los elementos fundamentales y el significado pedagógico de las propuestas.

¿Qué es, pues, una ludoteca? Es una *biblioteca del juguete*, un lugar en el que los niños pueden ir libremente a jugar, a tomar prestado un juguete gratuitamente o pagando un alquiler simbólico. Insistimos: en la ludoteca el niño elige *libre y autónomamente* su propio juguete y tiene la posibilidad de probarlo allí mismo.

Es un poco como con el libro de la biblioteca. El lector recorre el índice antes de llevarse a casa el ejemplar. Tiene el tiempo necesario, si quiere, para tomar una decisión meditada. Esto es más raro, por ejemplo, en una librería: por lo general, el libro está empaquetado y hay que fiarse del título o de la impresión que nos da al leer las tapas. Es una promesa cargada de expectativas positivas y quien lo compra espera no quedar decepcionado. A veces es posible hojearlo con rapidez antes de tomar una decisión. Si bien es cierto que no para analizar a fondo la validez del producto que se va a comprar.

Lo mismo sucede al comprar un juguete: cuando se va a la tienda, se debe comprar antes de poder jugar. Esto es, se compra con la *caja cerrada*, sin conocerlo anteriormente si no por intuición o, en alguna ocasión, por comentarios. O, aún más fácil, por la publicidad.

Por otra parte, se sabe que casi nunca son los niños los que eligen los juguetes, porque a menudo la elección definitiva es cosa de los adultos.

La ludoteca no es nada de todo esto. Se aleja de una concepción consumista. Quiere hacer del niño el protagonista.

La ludoteca en la sociedad de mercado y consumo

La ludoteca representa también las antípodas de las salas de juego comerciales. En éstas, todo es elegido por el adulto (y el mercado), mientras se anima al niño a ceder a los halagos de lo que se le ofrece. La sala de juegos representa un paquete preparado: ¡tomar o dejar! No existe la posibilidad de elección.

Tras la idea de *ludoteca*[5], se aprecia una polivalencia cargada de significados culturales y educativos. Por tanto, es necesario precisar y definir los límites dentro de los que se mueve. De lo contrario, si no está bien entendida, puede rozar los límites de lo ambiguo.

La ludoteca representa un hecho positivo si se incluye, por así decirlo, en una ciudad *reconocida*.

La ludoteca concebida así debe poseer algunas características fundamentales. Concretamente:

- Debe controlarse siempre en ella la calidad de la experiencia educativa propuesta por los usuarios en función de los indicadores cualitativos establecidos.
- Debe haber siempre un acuerdo proyectual con ella por parte de todos los sujetos que la utilizan o que hayan contribuido a promoverla y apoyarla.
- Debe favorecerse y estimularse siempre la participación como colaboración constructiva de particulares, grupos, entidades e instituciones.

El papel educativo del ludotecario

El ludotecario y su trabajo

El oficio de ludotecario es nuevo y, por eso, quien lo ejerce contribuye constantemente a precisarlo y definirlo.

Es un trabajo que requiere esfuerzo, porque hace falta una cierta disponibilidad y una buena dosis de capacidad de adaptación. El ludotecario debe saber adaptarse a situaciones muy variadas. Raramente se encuentra con situaciones estándar: se le pide la capacidad de ser estable y flexible a la vez, de conservar algunos puntos fijos y, al mismo tiempo, relacionarse con contextos cambiantes.

Es interesante porque se trata de un oficio, por así decirlo, de frontera. El ludotecario debe mantener una relación directa con el contexto social. Tiene la posibilidad de verificar inmediatamente y sobre la marcha la validez (o no) y el éxito (o el fracaso) de su proyecto y su acción. Su trabajo es de responsabilidad, porque contribuye a elevar el nivel de calidad de vida de los niños que acuden a la ludoteca. Por consiguiente (y contextualmente), contribuye también a elevar la calidad de vida de la ciudad.

Las competencias del ludotecario

Son muchas las competencias que debe poseer el ludotecario.

Quien propone la realización y la gestión de una ludoteca se expone a dos riesgos, opuestos entre sí.

- El primer riesgo es el de considerar que todo el mundo es capaz de gestionar una ludoteca. Opinan así quienes están convencidos de que el juego infantil es, a fin de cuentas, un problema sencillo y que la ludoteca es un servicio fácil de gestionar. No es cierto. Y tampoco lo es que todo el mundo sepa ocuparse de los niños y el juego. Hay quien basa todo en la *buena disposición* para este tipo de trabajo: la disponibilidad, la generosidad y las ganas de trabajar son un buen comienzo, pero no son en ningún caso suficientes. Las dificultades se presentan sobre la marcha: quien comience mal preparado y sin sólidas bases se arriesga a tener enseguida problemas. Es relativamente fácil abrir una ludoteca: es mucho más difícil seguir gestionándola y mantener un grado de calidad siempre alto.

- El segundo riesgo –opuesto– es dejarse llevar por el pánico, asustarse ante las dificultades de la tarea. Si bien es difícil ser un ludotecario perfecto, también lo es ser completa y totalmente inadecuado. Un defecto común es *quedarse en terreno seguro*, gestionar el servicio un poco burocráticamente, confiando totalmente en las reglas y dejando poco espacio a la imaginación, a la oportunidad de tener en cuenta el contexto. En este caso, la ludoteca está abocada a distanciarse paulatinamente de las razones por las que surgió y a cerrarse.

Algunas indicaciones

Para hacer frente a todo esto, vale la pena, en nuestra opinión, que el ludotecario tenga presente algunas sugerencias útiles:

- Mirar constantemente a su alrededor e intentar entender qué sucede.
- No pensar que los problemas que se presentan no pueden resolverse: incluso en las situaciones más difíciles, hay que usar las propias ideas para buscar la mejor solución.
- No creer que no hay problemas: incluso en las situaciones más tranquilas, se debe sospechar que quizá el propio ojo no está lo suficientemente adiestrado.
- Se hace lo que se puede: sin embargo, es preferible un ludotecario perfeccionista y meticuloso a uno precipitado y superficial. Por supuesto, es mejor una postura intermedia.
- No cansarse nunca de observar a los niños y los adolescentes, y tratar de entender a partir de ellos cuál es el camino para continuar.
- Formular muchas propuestas y aceptar otras tantas: el número cuenta. Es importante, además, analizar las alternativas una a una y elegir las mejores para ponerlas después en práctica.

La función educativa del responsable de la ludoteca

El ludotecario tiene el deber de conservar siempre intacto el *contenido* del servicio. Para eso es necesario que:

- La ludoteca se mantenga siempre operativa y en orden: aquí se hace referencia a las estanterías (la disposición de los juguetes debe atenerse a los criterios de clasificación adoptados).
- Las fichas estén siempre actualizadas: se debe saber siempre el patrimonio disponible, qué está en la ludoteca y qué falta porque está prestado.
- Se preste atención a las indicaciones de los usuarios a través, por ejemplo, de la lectura constante de cuestionarios: en ellos se pueden encontrar buenas indicaciones para la compra de otros juguetes que vengan a integrar eficazmente la dotación existente.
- Se dedique una atención adecuada también al mercado de los juguetes: es importante que el ludotecario esté siempre informado de las ofertas más significativas sin dejarse llevar por las modas; en este sentido, debe conocer, por ejemplo, las normas que diferencian un juguete seguro de otro que no lo es.
- Conozca bien el funcionamiento y las reglas de los juegos de la ludoteca: debe ser capaz de ofrecer a todo el mundo –cuando se solicite– las informaciones convenientes para la realización de un juego o los modos correctos de uso.

No debe olvidarse que el ludotecario es, ante todo y sobre todo, un educador. Por este motivo, las actitudes y comportamientos deben poner de manifiesto a todos que para él el niño (y su bienestar físico y psicológico) ocupa el primer lugar. En particular, el ludotecario deberá ser capaz de:

- Activar una relación dual, es decir, ser capaz de interactuar con cada niño, hacerle preguntas, darle sugerencias e indicaciones, conquistar su confianza (es importante aprender, antes de nada, el nombre de todos los niños que asisten a la ludoteca).
- Tener una buena disposición para conducir e interactuar con un grupo pequeño, alabando la capacidad individual de interacción y reforzando la cooperación recíproca, delegando oportunamente, etc.
- Ser capaz de animar un grupo grande, por ejemplo, con motivo de una fiesta o en situación de juego en grupo o por equipos.

- Mantener una relación atenta con los padres, estando dispuesto a charlar, cuando se presente la ocasión, de la actitud del niño, de su evolución en las capacidades del juego, etc.

Por último, es tarea del ludotecario poseer la capacidad de *animar*. En este caso, nos referimos sobre todo a:

- Animar el ambiente de la ludoteca cuando las circunstancias lo requieran: organizar grupos, estimular usos no estereotipados del juguete, organizar iniciativas y situaciones de juego.
- Proponer iniciativas de juego en la ciudad para clases escolares por separado o grupos diversos de niños y adolescentes.
- Promover iniciativas culturales sobre el juego y el juguete con el fin de promocionar la cultura del juego y el tiempo libre de los niños en la ciudad.
- Organizar el taller del juguete. Esta actividad puede suponer muchas oportunidades y articulaciones: el taller para la reparación de juguetes rotos de la ludoteca; el taller de reconstrucción de las *piezas* de los juguetes que faltan o se han perdido; el taller de la invención-realización de nuevos juguetes; el taller del descubrimiento de juguetes de generaciones pasadas.

¿Qué metemos en la ludoteca?

Los juguetes de la ludoteca

¿Con qué juguetes debe contar la ludoteca? Una vez elegidos, ¿cómo organizar los espacios? ¿Cómo disponer las estanterías? ¿Cómo hacer acogedores y envolventes los espacios? La elección y la organización de los juguetes en la ludoteca representa un momento muy importante.

Proponemos, a modo de ejemplo, dos aspectos significativos de la organización de la ludoteca:

1. Los espacios y los juguetes disponibles (tanto para el juego en la ludoteca como para el préstamo) para los niños de edades comprendidas entre los cuatro y los doce años.
2. Posibles criterios para la organización de los espacios de juego y de la *estantería-ludoteca*.

Algunas reglas

Antes de nada, es importante prestar particular atención:

- A la distribución de los espacios para responder a diferentes necesidades, es decir, bien a la necesidad de actividades relajantes y tranquilas, bien a la necesidad de movimiento.
- A las zonas colectivas (rincones pensados para acoger varios niños a la vez) y a las individuales.
- Al clima organizativo que los espacios de la ludoteca dejan intuir cuando se accede a ella (¿existe una *atmósfera* acogedora? ¿los materiales disponibles o expuestos dan la idea de un estilo de trabajo coordinado y fructífero? ¿la atmósfera es de tranquilidad y disponibilidad para el niño?).
- A la presencia de mobiliario funcional para la edad y las necesidades de los niños, indispensable para hacer acogedor el ambiente y para un buen funcionamiento del servicio.
- A la organización de itinerarios perceptivos guiados (por ejemplo, la exposición de las imágenes de una historia conocida por los niños, de la secuencia de fotografías de una experiencia realizada, etc.), es decir, la realización de contextos cargados de posibilidades de exploración.

Materiales y juguetes

En lo referente a la dotación de materiales y de juguetes, se prestará especial atención, sobre todo en el caso de los niños más pequeños, a los materiales de acogida y al desarrollo de las habilidades perceptivas.

En cuanto a la acogida para los más pequeños, nos referimos a:

- Una gran alfombra para poder sentarse, escuchar un cuento, etc.
- Algunas macroestructuras blandas para poder sentarse, montar en ellas, para poder trasladarlas y volverlas a dejar en su sitio.
- Imágenes para exponer en las paredes a la altura de los niños.
- La realización de rincones o centros de interés.

Respecto a las habilidades perceptivas, la tabla de la página siguiente ilustra esquemáticamente algunas de sus categorías –referidas al ámbito *estructural* y al *constitutivo*, respectivamente– que pueden tomarse en consideración[6] a la hora de adquirir materiales y juguetes.

CARACTERÍSTICAS ESTRUCTURALES		CARACTERÍSTICAS CONSTITUTIVAS	
TAMAÑO	pequeño/grande	TEXTURA	homogénea/heterogénea lisa/rugosa, áspera
FORMA	simple/compuesta regular/irregular	COLOR	tonalidades puras/poco puras tintes puros/mezclados
POSICIÓN	ortogonal/oblicua estable/inestable	CONSISTENCIA	volúmenes duros/friables volúmenes rígidos/plásticos, fluidos
VELOCIDAD	estaticidad/dinamismo lentitud/velocidad movimiento en grandes espacios/pequeños espacios	TEMPERATURA	homogénea/heterogénea de grado intermedio/extremo variable

Criterios para la adquisición

Las características funcionales se presentan en la tabla siguiente. Se han considerado cuatro características fundamentales del juego, cada una con una dimensión específica y dotada de su organización interna:

- Cognitiva.
- Afectiva.
- Social.
- Motriz.

CARACTERÍSTICA PRINCIPAL	CARACTERÍSTICA SECUNDARIA	DESCRIPCIÓN
COGNITIVA Se trata de juguetes orientados predominantemente al desarrollo de habilidades lógicas o lingüísticas.	• Una combinación.	• Juguetes que tienen una única posibilidad de uso o construcción: tableros de encajar, puzzles, juegos de memoria, tableros de series.
	• Varias combinaciones.	• Juguetes con varias posibilidades de uso y construcción: construcciones de madera o plástico, mosaicos, clavijas, números de colores.

CARACTERÍSTICA PRINCIPAL	CARACTERÍSTICA SECUNDARIA	DESCRIPCIÓN
AFECTIVA Juguetes con los que el niño establece una relación afectiva, implicando el nexo familiar, el tener cuidado de...	• Familiar.	• Muñecas y complementos, material del rincón de la casa, de la familia, ...
	• Animal.	• Animales de peluche, de goma, de látex, tanto domésticos como no.
SOCIAL Juguetes en los que predomina la imitación y la proyección en el mundo social que rodea al niño.	• Mundo laboral.	• Juguetes de oficios como el trenecito, la ambulancia, el tractor, la grúa, los instrumentos del tendero,...
	• Mundo ético-cultural.	• Juguetes relacionados con el mundo social, tanto del pasado como del presente, como los soldaditos, la nave espacial, juegos económicos (Monopoli), geográficos, etc.
MOTRIZ Juguetes que tienen como base el movimiento del cuerpo del niño[7].	• El objeto mueve al niño.	• Castillos, jaulas, toboganes, sogas para trepar o para tirar de ellas, combas para saltar...
	• El niño mueve al objeto.	• Pelotas, globos, bolos, juguetes para arrastrar, para empujar...
	• Niño y objeto en movimiento.	• Columpios, balancines, tiovivos, triciclos...

¿Qué ponemos en la ludoteca?

¿Qué ponemos en la ludoteca? ¿Cómo colocamos los juguetes? A continuación se proponen algunos criterios para la disposición de los juguetes en la ludoteca. Nos vamos a centrar en dos direcciones de trabajo: la primera relativa a la organización de la estantería; la segunda propone un posible criterio de clasificación de los juguetes con el fin de registrarlos y destinarlos al juego dentro de la ludoteca o en préstamo[8].

Con respecto a la organización de la estantería, presentamos en la tabla siguiente una posible distribución de los materiales y los juguetes.

CATEGORÍA	EJEMPLOS
JUGAR PARA ENTENDER	♦ Juguetes para actividades lógicas y juegos de sociedad: juegos de preguntas, monopoli, cartas, la oca, ruleta, tómbola, dominó, laberintos, damas...
JUGAR PARA CONSTRUIR	♦ Juguetes para montar/desmontar y manipular: maquetas, puzzles, construcciones (de plástico o madera), juegos para encajar/superponer/atornillar, para coser, para tricotar... ♦ Juguetes de reconstrucción de modelos sociales: juguetes de imitación/reproducción de personajes/roles pertenecientes a la familia, al mundo del trabajo (doctor, costurera, bombero...).
JUGAR PARA EXPLORAR	♦ Juguetes para reproducir fenómenos biológicos, atmosféricos, físicos: caja de física, caja de minerales, pequeño laboratorio de química... ♦ Instrumentos de audio y vídeo: lupa, prismáticos, máquinas de sonidos...
JUGAR PARA EXPRESARSE	♦ Juguetes de tipo afectivo-proyectivo: muñecos y muñecas y sus complementos (carritos, cuna, etc.), animales, ositos, títeres... ♦ Juguetes sensorio-perceptivos: sonajeros, peonzas, carillones, plastilina... ♦ Juguetes e instrumentos para actividades gráfico-pictóricas: ceras, lápices, témperas, pinturas al óleo, acuarelas, el maletín del pintor... ♦ Juguetes musicales: de percusión, de viento, púa, teclados... ♦ Juguetes para representaciones y dramatizaciones: marionetas, teatrillo, disfraces, maquillajes...
JUGAR PARA MOVERSE	♦ Juguetes que permiten actividades de movimiento dentro de un espacio acotado: juguetes para empujar o arrastrar, zancos, combas para saltar...
... Y ADEMÁS... CON EL TIEMPO	♦ Libros para niños y adolescentes. ♦ Libros de juegos para adultos. ♦ Un equipo estéreo y algún disco compacto. ♦ Un proyector de diapositivas. ♦ Un televisor y un vídeo.

La codificación de los juguetes

Para estar siempre al corriente de la disponibilidad de los juguetes y con el fin de adquirir con mesura juguetes nuevos, es necesario codificar los juguetes con mucho cuidado. El esquema ofrecido a continuación es una posible propuesta.

TIPOLOGÍA	SÍMBOLO	EJEMPLOS DE CÓDIGOS
JUGAR PARA ENTENDER	◆ naranja	◆ 01/n.* Monopoli
JUGAR PARA CONSTRUIR	● rojo	● 02/n. Puzzle de animales
JUGAR PARA EXPLORAR	■ azul	■ 03/n. Lupa
JUGAR PARA EXPRESARSE	✸ amarillo	✸ 04/n. Maletín de maquillaje del payaso
JUGAR PARA MOVERSE	✿ rosa	✿ 05/n. Trenecito
		*n. indica la numeración progresiva: 1,2,3...

Ejemplo-propuesta de reglamento de una ludoteca

Artículo 1. La ludoteca __________ es un servicio público que desarrolla su actividad en el área educativo-formativa y se dirige a niños con edades comprendidas entre los 2 y los 10 años.

Artículo 2. La ludoteca ____________ quiere promover el juego como instrumento de conocimiento, comunicación y socialización, y está abierta a todo el mundo: niños, padres, abuelos, maestros, ciudadanos; pretende favorecer un mayor y mejor vínculo entre los niños y los adultos por medio del juego.

Artículo 3. La ludoteca permite a los niños y adultos la máxima libertad de elección de juguetes, sin vínculos de carácter económico. La experiencia de la ludoteca se concreta a través de:

- El acceso directo y el uso de los juguetes de la ludoteca respetando las reglas que determinan su funcionamiento.
- El préstamo de juguetes.
- La participación directa en diversas actividades de animación propuestas, tanto dentro de la ludoteca como en las diversas ocasiones ofrecidas en la ciudad.

Artículo 4. La ludoteca permanecerá abierta los días ______ de las ___ a las ___ horas (en invierno) y de las ___ a las ___ (en verano).

Además, se abrirá bajo reserva en el horario de mañana para garantizar la colaboración con las escuelas, de la guardería a la educación secundaria para:

- La realización de visitas guiadas.

- La participación en actividades de taller programadas.
- La realización de proyectos didácticos específicos.

Artículo 5. La ludoteca ________ no es un servicio asistencial y no tiene como objetivo y finalidad el cuidado de los niños. En especial en la primera área (el espacio blando), los niños de edad comprendida entre los ___ y los ___ años no podrán acceder y quedarse allí si no es en presencia permanente de los adultos.

Artículo 6. Para disfrutar del servicio de la ludoteca, habrá que inscribirse. La inscripción es anual y se formaliza tras el pago de una cuota determinada de año en año por la administración municipal. Todos los inscritos en la ludoteca, en los días y horarios de apertura, pueden:

- Entrar libremente.
- Jugar.
- Tomar prestado un juguete.
- Devolver un juguete cogido en préstamo antes.

Artículo 7. Se puede tomar en préstamo un único juguete a la vez. La duración del préstamo tiene un límite máximo de ___ días. Sólo puede renovarse una vez el préstamo de cada juguete.

En cada préstamo y renovación está previsto el pago de una pequeña cuota que tiene como finalidad responsabilizar al niño en el cuidado del juguete y su plena conservación.

La falta de devolución del juguete conlleva el cobro al usuario de su coste total.

Artículo 8. Las escuelas (guarderías, escuelas infantiles y de primaria) también pueden pedir prestados los juguetes según los modos que rigen el préstamo de los usuarios particulares. El préstamo a las escuelas es gratuito. El responsable de cuidar los juguetes prestados es el maestro, que debe garantizar su cuidado e integridad.

Artículo 9. Los posibles daños causados al juguete serán total o parcialmente sufragados, dependiendo de la cuantía de la reparación (si es realizada por terceros). Esta norma no se aplicará con rigidez, su objetivo no es preocupar a los padres, sino simplemente responsabilizar al niño en el respeto al juguete para que todos puedan utilizarlo.

Artículo 10. El uso y préstamo del juguete debe autorizarse en cada ocasión por el ludotecario, que es el responsable del funcionamiento de la ludoteca.

Artículo 11. Los juguetes que se prueban dentro de la ludoteca deben colocarse de nuevo en sus estanterías después de usarlos.

Artículo 12. No formarán parte de la dotación de la ludoteca juguetes violentos, peligrosos o parcialmente peligrosos.

Artículo 13. La ludoteca se encargará de observar las normas higiénicas necesarias una vez devueltos los juguetes.

Ficha personal

La ficha tiene como finalidad *archivar las solicitudes de préstamo de cada niño.*

De este modo tenemos:

- Los datos de cada niño inscrito en la ludoteca y con derecho de préstamo.
- Los datos sobre un juguete prestado a un niño en concreto.
- El número de niños inscritos al préstamo.

En particular, en la ficha de cada niño se indica:

- Un número de código personal.
- El lugar y fecha de nacimiento.
- La dirección.
- El número de teléfono.
- La escuela y la clase a las que asiste.
- El número de clasificación del juguete.
- La fecha de solicitud del préstamo.
- La fecha de devolución, en el momento de devolución del juguete.
- El número de cuestionario entregado conjuntamente al juguete.
- Posibles notas (por ejemplo, piezas que faltan, otras indicaciones...).

Ejemplo de ficha personal

FICHA PERSONAL	Código
Nombre y apellidos	Lugar y fecha de nacimiento
Dirección	Teléfono
Escuela	Clase

Juego n.º	**Fecha**		**N.º cuestionario**	**Notas**
	Préstamo	Devolución		

Ejemplo de ficha de clasificación del juguete

La ficha tiene por objeto controlar los movimientos de cada uno de los juguetes. De este modo, se sabe cuál es el índice de aceptación, es decir, cuántas veces se ha pedido el juguete. Es una información orientativa a la hora de adquirir otros juguetes. Asimismo, es posible saber si un juguete determinado es elegido:

- Por niños de una determinada edad en lugar de otra.
- Más por los niños que por las niñas o al contrario.
- Más por la escuela que por los niños en casa.

La ficha de archivo de los movimientos de cada uno de los juguetes está organizada de modo que se especifique en cada juguete:

- Un número de código (n.º).
- El número de copias adquiridas de ese juguete (número).
- El nombre del juguete.
- La categoría del juguete.
- El número de piezas que componen el juguete.
- El precio del juguete.
- El nombre y apellidos del niño que lo pide en préstamo.
- El número de la ficha del niño que lo pide en préstamo.
- La fecha de inicio y final del préstamo.
- Todas las veces que sea necesario, alguna anotación: por ejemplo, si se decide interrumpir temporalmente el préstamo o si el juguete necesita ser reparado.

Ejemplo de ficha de clasificación de juguete

JUGUETE	Código

Número de copias	Nombre del juguete

Categoría	N.º piezas	Precio

Nombre y apellidos	**Ficha n.º**	**Fecha**		**Notas**
		Préstamo	Devolución	

Ejemplo de ficha inventario del juguete

La ficha tiene por objetivo construir un inventario, siempre actualizado, de los diferentes juguetes de la ludoteca. Si el ludotecario conserva las fichas de los juguetes en la ludoteca en un fichero y las fichas de los prestados en otro, puede saber siempre la cantidad de juguetes disponibles en un determinado momento. Además, podrá reclamar a los niños que se retrasen en la devolución de un juguete dejado en préstamo.

Ejemplo de ficha de inventario de juguete

JUGUETE		Código	
Número de copias	Nombre del juguete		
Categoría		N.º piezas	Precio
Fecha de devolución		**N.º piezas**	

La ficha contiene distintas entradas. En especial:

- Un número de código del juguete.
- El número de copias de ese juguete adquiridas (número).
- El nombre del juguete.
- La categoría del juguete (véase ficha).
- El número de piezas que componen el juguete.
- La fecha de devolución (columna de la izquierda).
- El número de piezas que lo componen en cada devolución.

Ejemplo de cuestionario para detectar el *grado de satisfacción* de los juguetes de la ludoteca

El objetivo de este cuestionario es averiguar el grado de satisfacción de los usuarios de cada juguete que servirá para:

- Hacer reflexionar al niño sobre el juguete prestado.
- Orientar la compra de futuros juguetes.

Nombre y apellidos del niño:
Nombre y código del juguete:
Fecha:

PREGUNTAS	RESPUESTAS	CÓDIGOS
¿Has jugado con él?	Mucho	❑ 1
	Bastante	❑ 2
	Poco	❑ 3
Si ha sido poco, ¿por qué?	Tenía que hacer los deberes	❑ 4
	No me ha gustado	❑ 5
	No lo he entendido	❑ 6
¿Con quién has jugado?	Solo	❑ 7
	Con amigos/amigas	❑ 8
	Con mis padres	❑ 9
	Con mis hermanos	❑ 10
	Con mis abuelos	❑ 11
¿Dónde has jugado?	En casa	❑ 12
	En casa de amigos-amigas	❑ 13
	Fuera, al aire libre	❑ 14
	En la escuela	❑ 15
¿Te gustaría seguir jugando?	Sí	❑ 16
	No	❑ 17
¿A quién te gustaría regalárselo?	A un hermano/hermana	❑ 18
	A un amigo/amiga	❑ 19
	A un adulto de la familia	❑ 20
	A ______________	❑ 21
¿Has jugado tranquilamente?	Sí	❑ 22
	No	❑ 23
¿Cómo se ha roto?	Era frágil	❑ 24
	No me gustaba	❑ 25
	Ha sido un amigo/amiga	❑ 26
	Para ver cómo estaba hecho	❑ 27

Notas

1. MORIN, E. (1993): *Il metodo. Vol. 4. Le idee: habitat, vita, organizzazione, usi e costumi.* Milán. Feltrinelli, p. 27. (Trad. cast.: *El método. Vol. 4. 4. Las ideas, su hábitat, su vida, sus costumbres, su organización.* Madrid. Cátedra, 1992.
2. E. Morin, cit., p. 31.
3. DRAGHETTI, A. (1991): «La biblioteca di territorio», en FRABBONI, F.; GUERRA, L. (coord.) (1991): *La città educativa.* Bolonia. Cappelli, p. 125.

5

El taller de las conversaciones y las palabras

Qué dicen las Orientaciones

El ámbito de experiencia de las conversaciones y las palabras

A propósito del ámbito de experiencia de las conversaciones y las palabras, las Orientaciones de 1991 afirman que representa:

> *[...] el campo de ejercicio específico de las capacidades comunicativas del lenguaje oral y el primer contacto con la lengua escrita, cuyo planteamiento válido, en el plano cultural y científico, parte del principio de que la lengua se aprende dentro de una variedad de contextos comunicativos y que, dentro de la complejidad de sus aspectos constitutivos, [...] es un sistema gobernado por reglas implícitas, que se aplican por más que no se sepan describir.*

Asimismo, el texto de las Orientaciones pone de manifiesto los siguientes aspectos:

- La promoción de todas las funciones lingüísticas existentes en los diferentes contextos comunicativos.
- La atención a las conversaciones de los demás y el intento de comprenderlas.

- El entender y el hacerse entender a través de una pronunciación correcta y una elección apropiada de los términos.
- En las capacidades de interacción comunicativa con los otros, como el análisis de una situación, describirla a los demás, rememorar hechos personales, contarlos a los demás, resumir relatos o lecturas.
- La familiarización con la lengua oral en sus diversas formas (por ejemplo, el relato, la orden, la intervención procesal o reguladora, etc.).
- La familiarización con la lengua escrita en sus diferentes manifestaciones y lugares (el libro, el periódico, el cartel publicitario, el letrero, los textos televisivos...).

Los instrumentos metodológicos principales son:

- La conversación dirigida por el maestro: es de enorme importancia su función reguladora y de guía.
- La interacción verbal con los compañeros: asume gran importancia el trabajo en grupos pequeños.

Los objetivos fundamentales del ámbito se pueden condensar en la capacidad de las niñas y niños de:

- Adquirir confianza en sus capacidades de comunicación y expresión.
- Presentarse ante los demás en términos de aceptación y comparación.

En el texto que describe este ámbito de experiencia, pueden observarse dos líneas distintas que en algunos puntos se complementan mutuamente.

1 La acción *directa* encaminada a estimular el uso y la producción lingüística en su doble manifestación de *lengua oral* y *lengua escrita*.

2 La acción *indirecta*, que presta particular atención al contexto comunicativo, tanto a través de la organización de espacios y el uso de objetos, como potenciando las modalidades comunicativas y de participación e intercambio entre personas.

Las habilidades relacionadas con el taller del lenguaje

El taller actúa en tres planos de experiencia fundamentales:

1 Las palabras y las frases.
2 Los mensajes y los significados.
3 El pensamiento y la cultura.

Las palabras y las frases

Este primer plano recoge experiencias orientadas a la adquisición de los elementos y los componentes básicos de la lengua. Este ámbito presta atención, sobre todo, a la adquisición de formas prácticas de expresarse en una lengua, sin adquirir necesariamente la conciencia de lo que está detrás (la organización de la frase, el uso de las estructuras lingüísticas básicas), y a la construcción de las condiciones que hacen eficaz el acto lingüístico (la capacidad de considerar el contexto, la capacidad de crear y conservar una situación comunicativa, la elección de comportamientos apropiados para favorecer las condiciones comunicativas).

Los mensajes y los significados

El segundo ámbito usa la lengua como instrumento de aproximación y apropiación simbólica de la realidad (el acceso dinámico a la lengua): la lengua es un instrumento (técnico) para *predicar* sobre todo lo que está alrededor. Las habilidades necesarias son las de describir, formular mensajes, narrar las cosas del entorno. Para hacerlo, es necesario respetar las reglas propias de la lengua, utilizar las formas correctamente, comparar con otros lenguajes (no verbales).

El pensamiento y la cultura

El tercero ámbito se refiere a la capacidad de utilizar la lengua como instrumento, por un lado, para elaborar el pensamiento, por otro, para intervenir y transformar la realidad (el acceso elaborador a la lengua). Este ámbito pretende reconocer la lengua como un producto y un esquema mental capaz de *intervenir* activamente en las experiencias y los conocimientos.

En síntesis

Las palabras y las frases se refiere:

- Al reconocimiento de la variedad de modalidades de comunicación y la polivalencia de sus formas.
- Al uso de la lengua oral para expresar necesidades, comunicar hechos, describir acontecimientos, interpretar imágenes o textos.

Los mensajes y los significados trata sobre todo de:

- La comprensión de los significados de mensajes verbales.
- La aceptación de convenciones.
- La construcción de la escritura espontánea.
- La relación y el uso de los diferentes géneros lingüísticos.

El pensamiento y la cultura destaca principalmente:

- Las relaciones de interacción comunicativa, de participación e intercambio.
- El análisis de mensajes propuestos en la lengua hablada y en la escrita.
- La formulación de hipótesis en situación de co-construcción (lengua hablada) y con relación a un contexto de lengua escrita.
- La adquisición del gusto por la lectura.

El taller *hazlo tu mismo* frente al taller *hagámoslo juntos*

Cada vez más, las niñas y los niños desean ser los dueños de sus comportamientos, descubren que poseen una voluntad y establecen relaciones de comunicación con los demás. Y todo ello se manifiesta a través del deseo de hacer las cosas solos, o de actuar comparándose con los demás o compitiendo con el resto de los compañeros, incluso con los adultos. La edad de la escuela infantil es un momento de la vida en el que, quizá más que en otros, la niña y el niño quieren, como se ha dicho, *experimentar* y al mismo tiempo *controlar* sus capacidades de relación con el mundo exterior.

El taller puede representar un campo de pruebas particularmente fecundo en esta fase del desarrollo en la que los niños construyen su propia autonomía, tratando de respetar las reglas que ellos mismos han establecido, pero también modificando las reglas en función de las situaciones relacionales que se les presentan. El deseo de *hacerlo solo* es un modo de probar las propias capacidades, así como de relacionarse con las reglas del mundo exterior. Y, al mismo tiempo, es también un modo de probar las capacidades de asimilación, análisis y elaboración de la propia mente.

La autonomía no está desvinculada, obviamente, de los estímulos operados constantemente por el ambiente social: por un lado, las niñas y los niños ya realizan con seguridad tareas específicas y se plantean objetivos, poniendo a prueba sus fuerzas, habilidades y capacidades; además, es evidente que al tomar la iniciativa se crean interferencias con las acciones y las elecciones de los demás.

El taller, dotado de objetos específicos y caracterizado por una relación con los demás que da prioridad a las situaciones en pequeños grupos, es decir, cara a cara, potencia:

- La posibilidad de *aprender a hacer las cosas autónomamente*, favoreciendo la necesidad y las ganas de autoconstrucción.
- La posibilidad de aprender a actuar en términos de *participación*, favoreciendo las capacidades de co-construcción y promoviendo la construcción social de los conocimientos.

Los espacios y los materiales

El rincón de la lectura

Es el nivel mínimo. Consiste en un espacio de la clase dedicado a la lectura. Puede presentarse de muchas maneras y bajo múltiples formas:

- Una estantería con libros y, en el suelo, una alfombra: los niños pueden coger los libros disponibles y colocarlos después en su sitio. También es posible utilizar la alfombra para la consulta inmediata de los materiales.
  Además, el rincón de la lectura puede ser utilizado por los maestros para leer en voz alta historias, relatos, cuentos, etc.
- El cesto de la lectura. El cesto contiene materiales de varios tipos, como revistas, periódicos, tebeos. Los niños, libremente o guiados por el maestro, consultan los materiales disponibles.
  El cesto es también un archivo no ordenado al que recurrir cuando las actividades programadas en la clase lo requieran. Por ejemplo, se pueden buscar imágenes de animales, plantas, medios de transporte u otros objetos dependiendo de las necesidades concretas. Del cesto se pueden extraer también materiales para cortar y después pegar en una cartulina según un guión establecido previamente.

La clase como lugar de escritura

El trabajo en la clase, diario y metódico, localizado en espacios fijos (el uso del mobiliario, el lugar de acogida, el lugar de los objetos personales, el de la conversación, el rincón del libro o del juego, la propia mesa, etc.) junto a los diferentes fondos para el aprendizaje (los libros, los juguetes, los materiales didácticos) hace que, con el tiempo, se construya una sensación de grupo. La clase se propone como grupo social en cuyo seno negociar y aplicar reglas, compartir contenidos y experiencias, esparcir los espacios y el ambiente de señales que contribuyan a construir una identidad a ese grupo específico.

Los lugares, los espacios, los objetos se cargan poco a poco de señales, por lo general invisibles a quien es ajeno a ellas, pero que cobran una importancia fundamental (y una especie de guía generalmente implícita) para quien está en la clase.

Se instaura así, poco a poco, un *estilo de clase* que acompañará a la niña y el niño durante todo el ciclo de permanencia en la escuela infantil. Y, como se sabe, un estilo está compuesto, por un lado, de actitudes, modos y posturas, y, por otro, de la permanencia de la palabra.

Las palabras dividen el tiempo de las acciones cotidianas, lo organizan y le dan sentido. Las palabras acompañan constantemente a la niña y el niño, tanto en la fisicidad como en la mutabilidad de las cosas y los hechos, para conservar los significados u otorgar otros nuevos.

Por eso, es importante que la clase sea un contexto lingüístico significativo, *un lugar de múltiples modalidades y formas de la lengua y, en especial, de la lengua escrita*.

El taller lingüístico

Es evidente que, en general, el taller principal de la lengua es la propia clase. Siempre que haya espacio, la realización de un auténtico taller lingüístico puede ofrecer algo más. En este caso se trata de un espacio especializado para actividades y acciones diferentes, enormemente vinculadas a la oralidad y la escritura.

El taller lingüístico es, entonces, un lugar lleno de materiales, pero también con la tecnología necesaria para promover y favorecer el uso y la producción lingüística.

No es posible redactar una lista completa de los materiales y los objetos para el taller lingüístico. Nos limitaremos a proporcionar algunas indicaciones generales que habrá que adaptar y perfeccionar en función de las diferentes situaciones.

Actividades de lectura

En lo referente al material disponible para los niños, hay que prestar atención a la cantidad y la calidad y variedad de la oferta. En cuanto a la oferta de libros auténticos, es necesario proporcionar una gran variedad y es importante elegir libros de diversos géneros. Esta elección tiene por objetivo promover de forma más amplia y a un número mayor de niños el placer de la lectura.

- Libros de cuentos.
- Libros de relatos, de historias.
- Libros que ilustran aspectos de la vida diaria (por ejemplo, la relación entre padres e hijos, niños y niñas, la solución de problemas inmediatos).
- El trabajo de los adultos, los oficios (los medios de transporte, el trabajo agrícola).
- Los libros sobre el medioambiente: el río, el mar, la montaña, el agua, el bosque, los animales.

En lo referente a la organización, conviene que los libros se cataloguen y organicen por géneros. Se pueden identificar con distintivos en cada libro. De este modo, también los niños podrán reordenarlos.

En lo referente a la utilización es posible prever:

- La consulta individual (ocasional/espontánea y programada).
- La consulta colectiva/por grupos de trabajo.
- El préstamo (igual que sucede en la biblioteca).

La tecnología del signo

Los lugares de las palabras: ¿dónde encontramos la escritura? Un aspecto importante es el descubrimiento de que la lengua ocupa muchos espacios y puede encontrarse en muchos sitios. Vamos a facilitar sintéticamente algunos ejemplos: por supuesto, la lista puede alargarse a voluntad o según las necesidades didácticas del momento.

- La lengua en los libros, los periódicos, las revistas.
- La lengua para proporcionar instrucciones sobre cómo hacer algo: los textos sobre alimentos, las recetas de cocina.
- La lengua para hablar en la distancia: la carta, la postal, el correo electrónico.
- La lengua en el ambiente: las pintadas, los carteles, los lemas.

- Las modalidades e instrumentos para producir signos: el lápiz, el bolígrafo, el rotulador; cartas con palabras recortadas (de los periódicos, revistas, etc.); la máquina de escribir; la fotocopiadora; el ordenador.

Instrumentos electrónicos para comunicar

La televisión

La televisión es el instrumento electrónico más conocido por los niños: como tal, puede ser un objeto del taller para usarlo no sólo como pasatiempo, espectáculo o divertimento, sino también como instrumento de trabajo relacionado con la lengua oral y escrita.

La televisión ofrece algunas formas comunicativas y narrativas que conocer y estudiar; en concreto, propone géneros comunicativos diferentes, cada uno con su propia gramática y sintaxis que pueden analizarse (el telediario, la película, el debate, los dibujos animados, las series...).

Cómo se propone y qué hace la escritura en la televisión. Palabras juego, textos fijos, móviles, fluctuantes, de colores, tornasolados; palabras que se acercan y se alejan, palabras que vienen y van atravesando la pantalla, palabras que se convierten en dibujos e imágenes, imágenes que se transforman en texto escrito, etc.

El ordenador

El ordenador como instrumento de juego y de aprendizaje en situación interactiva: sirviéndose de programas específicos, los niños pueden sumergirse en un mundo virtual de personajes y situaciones que interactúan con ellos, pero que también pueden manipular e intervenir.

- *Los tratamientos de textos*: se trata de la modalidad de uso más difundida y habitual. Escribir con el ordenador es muy diferente a hacerlo con papel y bolígrafo. La página del ordenador es luminosa y las palabras se escriben, precisamente, en la luz. Se puede escribir y borrar con mucha facilidad; se puede cortar y pegar; separar y repetir. A diferencia del libro o del cuaderno, la progresión de las páginas es vertical: el texto se desenrolla de forma similar a un pergamino. Además, es posible modificar el formato de la página y cambiar la posición del texto. La fuerza de la escritura en ordenador radica, en suma, en su enorme flexibilidad. Con el ordenador el niño puede manipular, transformar, modificar la escritura de forma más rápida y simple que con ningún otro medio.

- *El hipertexto*. Consiste en una serie de párrafos de texto entre los que se definen vínculos que permiten al lector realizar recorridos diferentes a su antojo. En la práctica, un determinado texto (o también un dibujo, una sigla, un distintivo, una fotografía) dentro de la página virtual contiene *enlaces* que pueden llevar, si el usuario lo desea, a otros textos, fotografías, secuencias sonoras, esquemas, etc.

  El lector del hipertexto, como se suele decir, *navega* dentro del mar de la hipertextualidad, es decir, elige cada vez qué dirección tomar, volver hacia atrás, saltar pasos, etc. Es evidente, a diferencia de lo que sucede en la lectura de un libro, el carácter de flexibilidad e interacción permitido por la página de hipertexto.

Materiales relacionados con diferentes géneros de lengua escrita

Saber leer significa no solamente conocer los signos del alfabeto y las reglas de la gramática y la sintaxis: muchas informaciones derivan también de los contextos de la escritura. Una determinada afirmación asume un significado diverso en función de que esté incluida en una ley de estado (que tiene carácter prescriptivo) o en la página de una revista del corazón. Del mismo modo, los modelos organizativos de la escritura son diferentes según se quiera escribir una novela, una carta de amor o la lista de la compra. Por eso, es importante, además del contenido del mensaje, reconocer o definir el género de escritura que se tiene delante o que se quiere adoptar.

También en este caso nos limitaremos a proponer algunos ejemplos no exhaustivos de los objetivos educativos y del planteamiento específico del trabajo didáctico.

- El cuento.
- El relato.
- La historia (incluso inventada).
- El artículo de periódico, de revista, de semanario.
- La lista de la compra.
- La receta de cocina.
- La carta a un amigo.
- La publicidad comercial.

Propuestas de actividades

Lengua oral y lengua escrita

A continuación detallamos algunas propuestas de trabajo, unas conceden mayor importancia a la *lengua oral* (con especial atención a la lectura) y otras a la *lengua escrita*.

En nuestro contexto cultural la lectura representa un bien primordial e indispensable. Es necesario animar a la lectura al niño desde los primeros años de vida, porque el estilo de vida contemporáneo se caracteriza por la presencia simultánea de muchos lenguajes interdependientes con la consecuente necesidad de traducir y pasar de uno a otro.

El libro es un instrumento transversal (o de mediación) entre las diferentes propuestas/necesidades comunicativas.

En un momento en el que está creciendo el dominio de la imagen y el lenguaje visual de los medios de comunicación, se ofrece al niño, de forma a la vez cautivante y agresiva, e invitándolo a un consumo a menudo acrítico, el libro, que si no queda relegado a posiciones marginales, puede convertirse en un significativo e insustituible instrumento de equilibrio para una aproximación a los diferentes medios.

El taller de la lectura asume, con relación a los fines primordiales que se propone, diversas connotaciones que presuponen la organización de actividades específicas y la puesta a punto de enfoques metodológicos siempre distintos. Consideramos el taller de lectura un *rincón del libro*, una *biblioteca* y un *centro de producción* (o de impresión).

Propuesta 1. Múltiples lugares de escritura

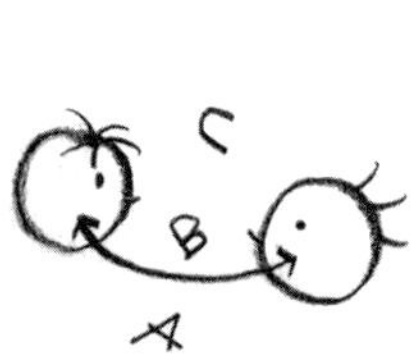

La escritura se presenta de varias formas. Queremos hacer hincapié en la importancia de proponer a los niños varios géneros textuales. Como la escritura se encuentra en muchos lugares, cada *lugar de escritura* conserva su propia especificidad, tiene sus reglas, se refiere a significados específicos. Además, cada uno de ellos tiene que ver con un uso de las palabras que le es propio y que es diferente del resto. Proponemos, como ejemplo, algunos géneros.

El libro

Se trata del objeto de lectura por excelencia. Por eso, debe fomentarse como instrumento de trabajo. Sin embargo, los libros se presentan de diversos modos y hay diferencias incluso significativas entre unos y otros.

Es importante, pues, determinar cuáles son las características constantes de cualquier libro y las diferencias que puede haber entre uno y otro. Todos los libros, por ejemplo, tienen un autor, un título, un índice. Otra característica común es el hecho de que el libro sea un objeto de escritura creado previamente por su autor; es un objeto, por así decirlo, *acabado* y destinado a su uso sin que pueda modificarse.

Entre los distintos géneros en que se presenta la escritura, el libro se propone como la forma no modificable y *para conservar*. El carácter físico de la escritura es evidente en el libro: se debe conservar, se puede releer, incluso mucho tiempo después, sin que nada haya cambiado (tal fisicidad contrasta, por ejemplo, con el texto virtual: pensemos en lo fácil que resulta manipular textos escritos en el ordenador, en la mutabilidad de la escritura televisiva, etc.). Por otra parte, hay libros que, según sus características, no sólo están constituidos de modo diverso unos de otros, sino que incluso el lenguaje utilizado es diferente entre un contexto y otro. Entre los libros que encontramos habitualmente en las escuelas infantiles se pueden destacar:

- Los libros de narraciones, por ejemplo, libros de cuentos, de relatos.
- Los libros de divulgación, por ejemplo, los libros científicos, como los de animales y plantas, los libros de paisajes, de fotografías.
- Los libros-elenco (o de consulta) como los diccionarios, las enciclopedias, los álbumes (el de hojas), los libros de fichas, los recetarios.
- Los libros para ver, donde predominan las imágenes respecto del texto.

El periódico, la revista, el semanario

Son, en cierto modo, lo contrario del libro. La característica de este objeto de escritura es su mutabilidad, su carácter temporal. Además, se considera un género de escritura fundamentalmente caracterizado por la forma *usar y tirar*. De ahí que no sea necesario leerlo del principio al final. Las informaciones y las noticias no están obligatoriamente ligadas unas con otras. Podemos detenernos en las partes que nos interesen, dejando de lado el resto. Además, las formas de construcción de la lengua escrita son varias. Existe, por ejemplo, un uso muy creativo de los caracteres (textos de colores, verticales, oblicuos, curvados, en ondas...). Está muy presente la didascalia (un texto que explica el significado de una imagen); por el contrario, la imagen sirve de soporte y apoyo del texto. Se puede realizar una hemeroteca en clase, un rincón en el que acumular todo el material, por así decirlo, del quiosco.

Podría también separarse en los distintos géneros:

- El diario.
- El semanario, que puede incluir diversos subgéneros (de actualidad, de moda, de deporte, de automóviles...).
- El tebeo (con una enorme variedad de elección).
- El álbum (por ejemplo, de cromos).

La carta

Es el vehículo de la forma privada de escritura. Quien escribe un libro o redacta un periódico no conoce personalmente a su lector. En cambio, la carta se escribe generalmente sólo a alguien que se conoce. La carta se escribe en el momento en función del destinatario. Por otra parte, la carta prevé una respuesta que, a su vez, puede esperar un posterior mensaje de respuesta. Hay modalidades puntuales relativas a la *confección* del mensaje: el destinatario, el emisor, la fecha. La forma del mensaje se modifica, además, según el tipo y número de destinatarios, la existencia o no de una relación de familiaridad previa.

Existen también diferentes formas de *producción* de escritura, cada una con sus propias formas y reglas:

- Una carta (enviada o recibida) a alguien que se conoce: los mensajes son personalizados, se refieren a hechos conocidos por el destinatario y el emisor.
- Una carta de solicitud, por ejemplo, al director de una biblioteca para poder acceder al préstamo de libros, la carta de los Reyes Magos.
- Una postal de saludo, la felicitación de cumpleaños.
- Una tarjeta de invitación a una fiesta de la escuela, a participar en un acontecimiento especial, a participar en un concierto, etc.
- Una circular informativa, por ejemplo, la información de cambios en el menú, la invitación a los maestros a una reunión.
- Un mensaje publicitario.

La publicidad

También el mensaje publicitario se manifiesta en lugares y formas diversas y no siempre es reconocible. Es el lenguaje de la persuasión, de la invitación cautivadora y, a la vez, insistente. ¿Cómo se reconoce un mensaje publicitario? ¿Cómo se construye una publicidad? ¿Cómo se crea un eslogan?

Un mensaje publicitario (tanto en el caso de la lectura, como en el de la producción/escritura) necesita:

- Reconocer y establecer qué se pretende publicitar (galletas, ropa...).
- Identificar o decidir el destinatario principal.
- Cómo se ha hecho persuasivo el mensaje (imágenes y palabras).
- Cómo cuidar la *imagen* del producto o del objeto que se pretende publicitar (la colocación y resalte de las fotografías o de los dibujos, la riqueza del texto, la elegancia completa del mensaje).

Las listas

En la experiencia diaria de los niños y niñas, las listas representan quizá la presencia de escritura (a menudo implícita) más fuerte. Es una de las formas de escritura que, por su carácter informal y doméstico, tienen escaso reconocimiento y no se les concede ningún valor. Incluso en la familia menos habituada a la lengua escrita, alguien abandonará en la mesa un papel con la lista de la compra o las notas con las tareas del día. De igual modo, en la escuela el maestro pasa todos los días con gestos automáticos el registro de los presentes y lo marca oportunamente con cruces. Se trata de un carácter de la escritura que, aunque puede considerarse *menor*, tiene la ventaja de la sencillez y la cotidianidad, deja constancia de que la lengua escrita está muy presente en la vida diaria. Asimismo, informa de que la escritura es un instrumento que tiene una utilidad práctica en la vida diaria, también para las personas con niños y niñas cerca. Entre las diversas posibilidades, podemos recordar:

- La lista de la compra.
- Las listas de precios.
- Los recibos de la compra.
- La agenda de teléfonos.
- Las notas registradas en el calendario.
- Las listas de nombres de niños y niñas en la escuela, las presencias y ausencias.
- Las fechas de cumpleaños...

Los letreros

Se trata de la forma más sintética: con el mínimo de signos se presente facilitar el máximo de información. Se puede pensar en el rótulo del bar, del panadero, del florista, etc. Los letreros son *etiquetas* que indican un determinado oficio, una profesión, un servicio. El entorno social está repleto de este tipo de informaciones.

Entre las formas más comunes se puede señalar:

- En algunos casos las etiquetas indican el nombre auténtico del servicio suministrado: es el caso de la palabra *bar, barbero, estación*.
- En otros casos las etiquetas indican la persona que cumple un cierto servicio, por ejemplo Casa Paco (para indicar el restaurante del señor Paco), peluquería Juan (el nombre propio del peluquero), Las tres hayas (se toma prestado el nombre del lugar).
- En otros casos se utiliza un logotipo: por ejemplo, la típica cruz para indicar la farmacia, la palabra Repsol para indicar una conocida marca de carburante.
- En otros, por último, asume la forma de logotipo: por ejemplo, la palabra Telefónica indica el nombre del gestor telefónico, pero es al mismo tiempo una marca auténtica reconocible por la forma gráfica particular y los colores utilizados.

Propuesta 2. El rincón del libro

Es importante dedicar un espacio específico, dedicado al libro y la lectura, en un lugar especial y, si no se puede evitar, en la clase. Organizar un espacio específico y poner a disposición de los niños un cierto número de libros tiene como finalidad conceder valor al libro y a la lectura y ofrece varias oportunidades:

- Contribuye a familiarizarse con el libro y a hacer de él un objeto habitual.
- Permite tener materiales siempre al alcance, que pueden utilizarse individualmente o en grupo.
- Circunscribe un espacio determinado para la lectura (individual o colectiva), concediendo importancia a la lectura y motivando que se lea.
- Puede favorecer de vez en cuando itinerarios de lectura: por ejemplo, preparando una especie de *servicio de novedades* o proponiendo pequeñas exposiciones de materiales elegidos cuidadosamente.

- Está dirigido a convertirse en un punto de referencia (cultural y didáctico) para los otros conocimientos (científicos, expresivos, etc.).
- Es un centro de recogida de datos y un instrumento de consulta para profundizar en determinados conocimientos, favoreciendo la investigación.
- Es a la vez un lugar del *problem solving* (descubrir nexos, identificar recorridos, buscar soluciones) y de la fantasía (trasladar de un lenguaje a otro, proponer soluciones nuevas cercanas o lejanas al modelo de partida).

Por consiguiente, se debe conceder importancia a la actividad de la lectura, preparando un espacio acogedor, cuidado y atractivo. También es indispensable ofrecer al niño materiales de lectura programados. El rincón de lectura no es un lugar donde se acumulan libros al azar. El rincón de lectura puede limitarse también a un número limitado de libros, cuya lectura se propondrá en diferentes ocasiones.

La organización de la lectura puede ser:

- Individual: el niño interesado coge el libro que le apetece.
- Por grupos pequeños: varios niños se ponen juntos a leer el mismo libro y comparan sus diferentes puntos de vista.

El acceso podrá realizarse:

- En momentos programados, para una lectura común (por ejemplo, el maestro lee por entregas diarias el mismo libro a todos).
- En momentos ocasionales: el niño accede voluntariamente, como elección individual y actividad libre, al rincón de lectura en los momentos en que no está realizado actividades comunes con toda la clase.

Propuesta 3. La biblioteca

La biblioteca es un aula *especializada* que cumple la triple función de centro de información (del que obtener los conocimientos que nos interesan), centro de consulta (para volver a controlar, completar e integrar conocimientos y saberes) y de documentación (desde esta perspectiva, la biblioteca y el libro que contiene se utiliza con lugar de estudio).

La biblioteca (y el patrimonio *común* de datos, experiencias y conocimientos de los que es depositaria) es el lugar por excelencia para favorecer el intercambio y la socialización de los conocimientos y las experiencias. Por eso, puede apostar por una forma diferente de enseñar, es decir, más atenta al papel de transmisor de información, conocimientos y experiencias documentadas o documentables.

La biblioteca se propone:

- Como *centro de información y documentación*: se fomenta la exposición de textos, materiales y fichas preparadas cuidadosamente, útiles para la relectura o el examen profundizado de los temas en marcha.
- Como *hemeroteca*, es decir, tanto de datos sobre los pequeños e inmediatos problemas como de la llamada cultura del diario: sirva de ejemplo la función del quiosco. Si, por un lado, el papel del quiosco es el de distribuir informaciones destinadas a consumirse en un tiempo relativamente breve, por otro, no podemos olvidar el carácter de inmediatez de la información ofrecida por el diario y el semanario.

  La biblioteca/hemeroteca también puede ofrecer a los niños materiales informativos *degradables* (es decir, actuales y vinculados con la actualidad, como sucede normalmente en la información); otra función de la biblioteca como quiosco puede ser la de exhibir materiales típicos de la producción de los medios de comunicación (la revista, el tebeo).
- Como *servicio de préstamo* ofrece la posibilidad de realizar elecciones particulares dentro de un universo de ofertas (un tema que interesa especialmente en un determinado momento; un tema tratado en la clase; un libro que enseñar como ejemplo a los padres, hermanos, amigos); la oportunidad de experimentar por sí mismo una aproximación al libro (identificando, por ejemplo, itinerarios de lectura también personales), recorrer una secuencia de imágenes, centrar la atención en una parte del libro, cuidar la observación y la lectura de algunos detalles, etc.

  A esto se puede añadir la cadena de la solidaridad del libro: cada niño recibe libros como regalo y posee su propia dotación; la cadena de la solidaridad consiste en la posibilidad de llevar a la escuela un libro de casa temporalmente y hablar de él entre todos, dejar a los demás ese libro, colocándolo temporalmente en la sección de novedades de la biblioteca, permitir al niño *presentar* su libro, intercambiar libros (yo me llevo a casa tu libro y tú te llevas el mío).

Propuesta 4. El taller de lectura

Entre las diversas hipótesis posibles, indicamos dos vertientes que, a nuestro parecer, son de interés: la primera se refiere a cómo leer, la segunda a la construcción del libro en la clase.

Acerca del primer aspecto indicado, es decir, *cómo leer*, nos limitaremos aquí a proponer, como ejemplo, algunos enfoques posibles. Un modo de organización de la lectura bastante común, cuando el texto propuesto a los niños es relativamente largo, es dividirlo en secuencias o episodios. A veces los *episodios* vienen marcados directamente por el autor (como en el Pinocho de Collodi); otras hay que elegir los puntos donde interrumpir la narración. Cuando así sucede, el libro se convierte para el grupo de *consumidores de lectura* en una especie de éxito de ventas o de serie televisiva, es decir, un relato que se desea intensamente, la dosis diaria de narración, la cita diaria que todos esperan. La lectura por etapas puede ser un modo de organizar el propio trabajo didáctico y ofrecer ocasiones muy centradas en el aprendizaje. El maestro se encuentra desarrollando un doble papel: por un lado, hace de *mediador* entre el libro y el niño (dando explicaciones para completar el texto), por otro, desarrolla la función de *estímulo*, favoreciendo una especie de prolongación de la lectura a través de la recogida de indicios particulares y marginales, la explicación de misterios, la solución de problemas, la anticipación de situaciones.

La segunda línea de propuestas tiene que ver con la *producción de formas de escritura*. La escuela infantil puede convertirse en autor y editor de un producto cultural como el libro. Como ejemplo pensemos en el rincón del correo. Cada niño tiene su propio *buzón* en el que recibe los mensajes de los demás y, a su vez, puede enviar otros. Un ejemplo específico es el del centro de impresión. En el taller es imprescindible la presencia de varios instrumentos para escribir: papel, cartulinas, bolígrafos, rotuladores, pinceles; máquina de escribir, tampones y materiales diversos para la construcción real de tampones, etc. Se pueden *publicar* productos diferentes: una historia, la documentación de una investigación, una carta, un mensaje publicitario, el informe de un experimento, etc.

El taller no es sólo un *lugar*, sino también una situación. Vamos a proponer una segunda idea de taller: se puede entender como una *situación de taller* la comunidad de hablantes cuando la literatura y la escritura se convierten en una experiencia coral.

Diversos estudios han evidenciado la capacidad del niño de *construir la escritura*[1] ya desde el comienzo de su experiencia en la escuela infantil.

La idea de *pensamiento social*[2] ha quedado durante cierto tiempo en la sombra, aunque, en la práctica diaria del trabajo educativo y didáctico en la escuela, muchos educadores han tenido ocasión de tropezarse con ella y han podido apreciar sus formidables consecuencias en el plano del desarrollo.

La educación infantil, en otras palabras, se propone como una escuela formidable de desarrollo no sólo por los contenidos y las experiencias que propone, sino también por el contexto de aprendizaje que la caracteriza.

Hemos dicho *aparentemente* sencilla. Sin embargo, para que la acción sea eficaz, deben respetarse algunas condiciones:

- Es necesario que el tema sea *motivador*, en otras palabras, que interese a los niños y favorezca la producción de ideas. Esto sucede cuando ellos, por así decirlo, se sumergen –a través de formas de participación, comparación, contraste, los unos frente a los otros– en la solución de un problema.
- Es necesario que los niños entren en una *discusión* y no en una simple conversación. Sólo la primera se orienta a la solución de un problema, o sea, tiene un objetivo, una dirección precisa (en la discusión no todas las respuestas funcionan, en la conversación sí).
- Es necesario que los niños tengan una relación *cara a cara*, mantengan una situación en la que se primen al máximo los intercambios.
- Es necesario que el maestro represente el papel de *apoyo* (Bruner usa el término inglés *scaffolding*) y no de guía como acción directiva. En la práctica, él suministra solamente la ayuda necesaria sin *sustituir* a los niños, presta la máxima atención al proceso renunciando a una orientación dirigida sólo al resultado final.

En los casos en que se dan estas condiciones se puede constatar cómo las individualidades de cada niño se pierden para dejar lugar a un único hilo conductor de la conversación (de hecho, procede de manera asíncrona, intermitente, con abundantes progresiones, pausas, replanteamientos y posteriores progresiones): las contribuciones de cada uno confluyen en una única argumentación que se configura como un flujo unitario y sólido, precisamente como pensamiento social.

Propuesta 5.
Un ejemplo de actividad: pasar lista

Cada mañana, antes de empezar la actividad, pasar lista tiene por objetivo verificar las presencias y ausencias. Esta actividad, de por sí formal, puede convertirse en una ocasión educativa.

Es fácil para los niños reconocer a los presentes, pero no lo es tanto recordar quién falta.

Pasar lista, cuando no es una práctica exclusivamente rutinaria y no tiene solamente un valor burocrático, es también una primera ocasión para los niños de relacionarse con la lengua escrita. Por lo general, en la escuela infantil pueden señalarse muchas variantes referidas todas a un esquema constante.

Normalmente, se cuelga de la pared de la clase un cartel grande, a la altura del niño, con las fotografías de las niñas y niños de la clase. Debajo de cada fotografía aparece el nombre de cada niño o niña escrito con letras de imprenta.

Después se construyen con cartón rígido tantas tarjetas como niños: por un lado se pega la fotografía del niño (cada fotografía es igual a la del cartel), por el otro se escribe, siempre con caracteres de imprenta, el nombre correspondiente.

El juego de pasar lista consiste en colgar las tarjetas correspondientes a los niños presentes debajo (o al lado) de los recuadros del cartel. Las tarjetas restantes corresponden a los niños ausentes ese día.

Este planteamiento básico permite diferentes enfoques:

- Cada niño o niña busca o coloca su fotografía y la coloca en el sitio correcto (se invita a cada niño a reconocer su fotografía).
- Las tarjetas pueden estar colocadas por otros niños (es decir, se anima a un niño a reconocer e identificar la posible ausencia de otros niños).
- La manipulación de las tarjetas, y en particular la posibilidad ofrecida a cada niño de tener largo rato la suya entre las manos, es un buen punto de partida para favorecer la conexión entre la imagen propia y la escritura del nombre: en muchos casos el propio nombre escrito es el primer código alfabético con el que el niño construye una cierta familiarización.
- A continuación cada niño podrá combinar el nombre escrito con su fotografía o con el nombre del cartel (en este caso la actividad prevé que la fotografía de la tarjeta esté tapada o que no contenga ya la fotografía correspondiente).

- Luego es posible también quitar las fotografías del cartel: la acción de cada niño consiste en reconocer las palabras iguales.
- El paso final es invitar a cada niño a reconocer (leer) los nombres del resto de los niños.

Propuesta 6. El calendario de la clase

Una actividad recurrente y habitual en las escuelas infantiles es el calendario de la clase. El objetivo es poder registrar diferentes acontecimientos, respetando un orden cronológico.

Mantener al día el calendario de la clase significa tener en cuenta que los hechos se mueven y cambian con el tiempo, como el paso de los días, los meses y las estaciones, los cambios del tiempo meteorológico, etc.

El tablero

Se trata sustancialmente de una tabla de doble entrada con una línea para cada mes (luego dividida por un mosaico de folios en varios días) y una columna correspondiente a las diferentes voces. Cada línea del mes tendrá la altura de una hoja de dibujo; el ancho de las columnas se decidirá en función del espacio disponible.

La tabla puede contener, en columnas diferentes, varias informaciones:

- El nombre del mes, de las estaciones.
- La fecha, las condiciones meteorológicas del día: sereno, variable, lluvia.
- Los presentes y los ausentes (véase también *pasar lista*).
- Los turnos de trabajo (quién hace de camarero, quién debe recoger los juguetes, etc.).
- Los encargados de cuidar las plantas o los animalitos (se ocupan de dar de comer al pececito o de regar las plantas de la clase; junto a la tarea se podrán hacer anotaciones: ¿ha comido?, ¿está tranquilo?, ¿hay alguna novedad en sus costumbres?, las posibles condiciones de la planta de la maceta de la ventana o en la tierra del jardín, etc. podrán indicarse en cartulinas de colores, recortadas y fijadas en el panel de referencia. Las hojas con las fechas podrán retirarse paulatinamente según las necesidades.

La documentación

La idea central es la documentación bajo diferentes formas de codificación de la historia del día a día de la clase. Los aspectos vinculados con la escritura son de dos tipos:

1 El primero consiste en la preparación de la tabla (habitualmente uno o dos carteles expuestos en la clase bien visibles).
2 El segundo se refiere a las modalidades de registro de datos.

Acerca del primer punto, debe realizarse:

- El título (por ejemplo, *Las tareas, Las estaciones, El tiempo*).
- El logotipo de las diferentes columnas (por ejemplo, el signo que indica la lluvia, el día soleado, el tiempo variable, o bien la tarea de camarero, de responsable del préstamo de libros en ese día, etc.).

Con respecto al segundo punto, el registro de datos, la tarea tiene que ver con el modo de hacerlo: por ejemplo, al final de cada mes la realización del gráfico de ausencias de los niños o del tiempo atmosférico (usando, por ejemplo, un cuadrado de color oportunamente recortado como unidad: uno de un color determinado para los días serenos, otro color para la lluvia, la niebla, etc.).

Propuesta 7. El banco de palabras

La idea es que las palabras pueden capitalizarse para volverse *productivas*. Esto es, es posible recoger y custodiar cada palabra que pueda ser útil en un próximo uso.

Desde el punto de vista práctico, el banco de palabras consiste en una caja que contiene un número variable de palabras escritas para utilizarse después.

Cómo se lleva a término

Se decide qué palabras pueden formar parte del banco de palabras. La recopilación puede contener:

- Los nombres de las niñas y los niños.
- Los nombres de objetos, materiales y espacios de la clase: por ejemplo, *silla, mesa, ventana*.

- Los términos de tareas o funciones como *camarero, cocina, sol, lluvia.*
- Los términos recurrentes de una historia (por ejemplo, en la historia de *Los siete cabritillos*, los términos recurrentes son *cabritillos, lobo, cazador, bosque*).
- Los nombres de animales o plantas, como *gato, perro, gallina, rosa, margarita.*

Las palabras deben escribirse con letras de imprenta y pegarse en una tarjeta. El tamaño de todas las tarjetas es el mismo con objeto de facilitar la recogida, el archivo y la catalogación de las palabras. Pueden utilizarse diferentes modos de composición de las palabras: copiadas y transcritas a mano, se puede usar una plantilla, componerse con tampones, las letras pueden recortarse de periódicos o revistas. En caso de disponer en la clase de un ordenador y una impresora, la solución sería todavía más sencilla: escribir en el ordenador permite muchos intentos y errores, admite cambios en poco tiempo y sin malgastar papel y tinta.

Cómo se usa

Una vez lista, la caja de palabras puede servir para muchas actividades y juegos. Por ejemplo:

- Cuando un niño o una niña no saben cómo se escribe una palabra pueden decidir coger la caja, buscar la palabra correcta entre las muchas existentes y copiarla.
- Cuando se quiere buscar el nombre de un compañero o una compañera.
- Cuando se quieren usar palabras que el niño o la niña saben que están en la caja para componer un mensaje.
- Cuando se desea reagrupar las palabras según un criterio establecido: por ejemplo, el grupo de nombres de compañeros, de nombres de los objetos de la clase.
- Cuando se quiere contar una historia conocida de la que se habían antes recogido las palabras: por ejemplo, *Caperucita Roja coge la cestita para ir a casa de la abuela que vivía en una casa que se encontraba en la otra parte del bosque. En el bosque se encuentra con el lobo...*
- Cuando se quiere hacer el juego de palabras encadenadas según diversos criterios: de igual comienzo, pero con diferencias sucesivas (*abuela, abuelo, casa, cama*); con igual final (*castaña, araña*); según la función: *albañil, casa; cazador, escopeta...*

- Si se quiere jugar a la tómbola de las palabras con grupos pequeños o medianos. Cada jugador posee unas tarjetas-palabra (el número debe ser igual para cada niño). El conductor del juego (por lo general, el maestro, pero en ciertos casos también los niños cuando son capaces de hacerlo) tiene una bolsita con una copia idéntica de las tarjetas distribuidas entre los niños y muestra una cada vez. El que tenga la misma palabra debe decirlo y tapar la palabra pescada (por ejemplo, dando la vuelta a la tarjeta por la parte trasera donde no está la palabra). Gana el que consigue en primer lugar tapar todas las palabras.

Propuesta 8. El correo

Con este término se entiende un sistema de comunicación a distancia que se sirve, esencialmente, de la escritura.

El correo requiere:

- Un emisor: el que tiene intención de transmitir un mensaje a alguien y, para ello, lo crea.
- Un canal: es el medio de transmisión por el que el emisor envía el mensaje al receptor. En este sentido, el correo debe entenderse como un auténtico *medio de transporte* para la escritura.
- Un destinatario: el que recibe el mensaje.

La carta

Escribir una carta (y, obviamente, recibir una respuesta) puede ser uno de los modos de concienciar a los niños de la función de la comunicación escrita entre personas que no pueden verse en persona. Las ocasiones pueden ser muchas: un compañero que se ha ido a vivir fuera, un amigo ausente desde hace tiempo, un adulto que hemos conocido y con el que queremos conservar el contacto, los maestros de la escuela primaria en la que los niños se inscribirán cuando terminen la educación infantil, los Reyes Magos para pedirles regalos, etc.

Además, para escribir una carta hay que prestar atención a ciertas normas:

- ¿Qué es una carta? ¿Cómo se hace?
- ¿Para qué sirve?

- ¿En qué ocasiones se escribe?
- ¿Qué se escribe en el sobre?
- ¿Quienes pueden ser nuestros destinatarios?
- ¿Por qué hay que poner un sello?
- ¿Qué significa franquear?

Otras formas de comunicación

La carta es sólo una de las formas para comunicarse por escrito y a distancia. Hay otras modalidades comunicativas que tienen que ver con el correo, cada una de ellas tiene sus propias reglas de composición y de localización espacial de la escritura. Asimismo, hay auténticos géneros de escritura que dependen del método utilizado. Por poner algunos ejemplos:

- Una postal (dónde se escribe la dirección y dónde se escribe el texto; las fórmulas de saludo).
- Una tarjeta de felicitación.
- Una invitación a una fiesta de la escuela.
- Una notificación de un acontecimiento, como un espectáculo o una exposición realizados en la escuela.

La visita a correos

Para comprender el significado de la correspondencia, puede servir de ayuda la visita a la oficina de correos local.

Una vez escrita una carta comienza un largo proceso antes de llegar a su destinatario. Las principales acciones son:

- Se pega un sello.
- Se mete en el buzón.
- El cartero retira la carta y la lleva rápidamente a la oficina de correos.
- Se estampa un matasellos sobre el sello.
- La carta se envía a la ciudad de destino.
- Por último, un cartero la lleva a la persona a la que va dirigida.

¿Qué sucede, por ejemplo, con un paquete, una postal, una felicitación de cumpleaños?

Si enviamos desde casa una carta o una postal a la escuela durante las vacaciones, ¿llegará?

El juego de los mensajes

De forma similar, el juego del correo en la clase consiste en enviar distintos mensajes entre niños y adultos, y entre los niños.

Normalmente, se trata de un juego que les apasiona. Muchos niños prueban a *escribir* mensajes de varios tipos. Se les anima a meter los mensajes en el buzón (es una caja de cartón cerrada con una abertura sobre la tapa para introducir las cartas y los mensajes), realizado para tal fin y al alcance de todos. Se decide conjuntamente el momento (por ejemplo, un día determinado de la semana) en el que se abrirá la caja-buzón y el cartero designado efectuará el reparto del correo (al principio podrán encargarse los maestros y luego podrá ser distribuido, por turnos, por los propios niños).

Al abrir por primera vez la caja, salen a la luz los problemas: mensajes incomprensibles, sin indicaciones del destinatario o del emisor... Llegados a este punto, es necesario entender bien cómo funciona el correo. Concretamente, quien escribe un mensaje debe:

- Tener algo que decir (el contenido del mensaje).
- Elegir el destinatario o destinatarios, decidir, por tanto, a quién dirigir el mensaje (la dirección).
- Hacer comprensible el mensaje para el destinatario, es decir, hay que identificar formas de comunicación que son (o se presumen) compartidas: para eso, la modalidad más inmediata es la del dibujo; sin embargo, podrá resultar muy útil el banco de palabras (pueden buscarlas, tanto el emisor como el destinatario y, en este caso, el banco es el instrumento compartido de significados); también podrán utilizarse signos acordados previamente (la leyenda).
- Informar al destinatario de la identidad del emisor: el que envía el mensaje no debe dar por descontado que el destinatario vaya a saber automáticamente quién se lo envía.

Propuesta 9. Los diccionarios del taller

Sucede a menudo que, durante una conversación, con motivo de una lectura o cuando se discute se oyen palabras cuyo significado no se sabe.

A veces puede darse que un niño no sepa el significado de una palabra que, en cambio, otro niño sí que conoce.

De ahí la idea de realizar un diccionario del taller.

El diccionario es un libro que contiene palabras y que explica su significado. Del mismo modo, es posible realizar en el taller el diccionario de las palabras cuyo significado no se conoce.

Otra razón para apoyar una iniciativa de este tipo es la intención de redactar un diccionario de las palabras conocidas por la mayoría de los niños, pero no por todos (por ejemplo, los más pequeños).

Cómo se hace

- Se coge una caja donde quepan las fichas.
- Se preparan diferentes fichas, según el esquema mostrado a continuación, de tal modo que cada ficha contenga una palabra.
- Se decide cada vez, y dependiendo de las circunstancias, cuáles son las palabras que deben incluirse en el diccionario.
- Se confía el trabajo de redactar cada voz a un niño o a un grupo de niños.
- Una vez terminada la entrada, se hace una lectura común con el fin de decidir si la ficha puede incluirse en el diccionario o si es preferible añadir alguna corrección.
- Se coloca la ficha en el diccionario, que así estará lista para consultarla cuando se presente la siguiente ocasión.

CONEJO

Nombre	
Descripción	
Qué hace	
Dónde vive	
Notas	
Dibujo	

Notas

1. FERREIRO, E.; TEBEROSKY, A. (1985): *La costruzione della lingua scritta nel bambino.* Florencia. Giunti-Barbera. (Trad. cast: *Los sistemas de escritura en el desarrollo del niño.* México. Siglo XXI, 1985.); ORSOLINI, M.; PONTECORVO, C. (1991): La costruzione del testo scritto nei bambini. Florencia. La Nuova Italia; PONTECORVO, C., AJELLO, A.M., ZUCCHERMAGLIO, C. (1991): *Discutendo s'impara*. Florencia. La Nuova Italia.
2. BERGER, P.L.; LUKMANN, T. (1967): *La realtà come costruzione sociale*. Bolonia. Il Mulino. (Trad. cast.: *La construcción social de la realidad.* Buenos Aires. Amorrortu / Madrid. Martínez de Murguía, 1986.); DOISE, W. MUGNY, G. (1982): *La costruzione sociale dell'intelligenza*. Bolonia. Il Mulino. (Trad. cast.: *La construcción social de la inteligencia*. México. Trillas, 1983.); CARUGATI, F.; MUGNY, G. (1987): *Psicologia sociale dell sviluppo cognitivo.* Florencia. Giunti-Barbera; PONTECORVO, C. (coord.): *La condivisione della conoscenza*. Florencia. La Nuova Italia.

6

El taller de las cosas, el tiempo y la naturaleza

Qué dicen las Orientaciones

El ámbito de experiencia de las cosas, el tiempo y la naturaleza

A propósito del ámbito de experiencia de las cosas, el tiempo y la naturaleza, las Orientaciones de 1991 destacan:

> *[se trata del] ámbito correspondiente a la exploración de la realidad natural y artificial, que tiene como sistemas simbólicos de referencia todos los dominios del conocimiento científico en los que entran especialmente en juego la inteligencia espacial, la lógico-lingüística y las conexiones con el pensamiento matemático. Los objetivos específicos son la primera formación de las actitudes y habilidades de tipo científico.*

En cuanto a los contenidos, el texto de las Nuevas Orientaciones hace referencia a conocimientos y experiencias de hechos, situaciones y fenómenos observables, por lo general, en el entorno natural (las cosas inanimadas y los seres vivos) con los que las niñas y los niños entran en contacto con su experiencia.

Las Orientaciones poseen una visión particularmente innovadora y actual del entorno, que se entiende, sobre todo, como contexto vital. Se concede especial importancia a los siguientes aspectos:

- El respeto por todos los seres vivos y el interés por sus condiciones de vida.
- La valoración de los ambientes naturales y el empeño activo en su protección.
- El contacto directo con diversos materiales como el agua, las piedras, la arena, etc.
- A todo lo que favorezca el desarrollo de la *inteligencia espacial*.
- A todo lo que contribuya a utilizar dimensiones de tipo temporal.
- A todo lo que se asocie a habilidades de tipo lógico.

En cuanto al método, el texto de las Orientaciones, al destacar que este ámbito de experiencia está especialmente diseñado para *el acercamiento educativo a los conocimientos científicos*, sugiere promover en el niño:

- La curiosidad y las ganas de explorar.
- El conocimiento de la existencia de problemas y el reconocimiento de la posibilidad de poderlos afrontar y eventualmente resolver.
- El desarrollo de habilidades, como la exploración, la manipulación, la investigación a través del uso de los sentidos.
- El ejercicio y el desarrollo de habilidades cognitivas de tipo lógico, como el registro, la seriación, la ordenación, la correspondencia, la medida.
- La capacidad de realizar predicciones y formular hipótesis, así como de poner a punto planes de acción y comprobar su resultados posteriores.

Una ventana abierta

Como se ve, se trata de una visión bastante completa y compleja: se anima al niño a entrar directamente en las cosas desde muy pequeño. El ámbito de experiencia de las cosas, el tiempo y la naturaleza proporciona una visión, cuanto menos, abierta al entorno y los contextos vitales. Por un lado, habla del contacto directo con los diferentes materiales y con los objetos que contribuyen a construir la propia experiencia, por otro, del aprecio por los seres vivos. Lo que se pide al niño y la niña es, principalmente, la inmersión en la situación, la capacidad de entrar directamente con la experiencia en las cosas. En este contexto es evidente la importancia concedida a los procesos de abstracción, como capacidad de captar lo que está detrás de la fachada de las cosas.

En pocas palabras, el legislador propone al mismo tiempo una idea alta de educación ambiental y expresa expectativas muy metacognitivas en los niños y las niñas.

Las habilidades relacionadas con el taller científico y ambiental

La pedagogía del interés

El interés representa la tensión constitutiva del hombre para estar entre las cosas, para interactuar con la realidad que lo rodea, para establecer una comparación y una conexión entre él y los demás.

El interés debe ser el motor que activa a la niña y el niño en su relación con el taller. El interés es curiosidad, apertura, deseo de exploración, ganas de actuar. Es la tensión para superar lo que ya se conoce y forma parte del propio campo de acción para ir más allá, para dirigirse hacia lo que todavía no se conoce, para abrirse al descubrimiento, el diálogo, el encuentro.

Para que un taller fomente el interés, debe contar con espacios acogedores y proponer ofertas atractivas. No puede ser un lugar frío y distante en la experiencia de las niñas y niños, es más, debe proponerse como un lugar habitual, en el que quien lo utilice lo haga porque considera que puede encontrar lo que está buscando. Es un lugar cercano y no distante. Es un lugar en el que la niña y el niño pueden lanzarse y sumergirse en primera persona y no un espacio entendido como contexto de abstracciones, alejado de las cosas concretas. Un lugar en el que las niñas y los niños esperan sorpresas agradables y ofertas motivadoras y no un ambiente aburrido y fastidioso, que no ofrece nada nuevo.

Los riesgos de la espontaneidad

Cuando hablamos de *interés*, no nos referimos, evidentemente, al interés espontáneo. No cabe duda de que el niño es curioso y desea realizar experiencias directas espontáneamente, pero el riesgo en el que se puede incurrir es pensar que basta con dejar que las cosas funcionen por sí mismas.

No es cierto que todo lo que un niño hace o dice sea válido. Incluso cuando nos encontramos con un niño no sólo interesado, sino también concentrado en las experiencias que está cumpliendo, la meta, por así decirlo, tiene que ver siempre con el maestro. Dicho de otro modo, el niño busca su camino, pero el maestro es quien debe tener claro por dónde se está caminando y adónde se quiere llegar.

El maestro tutor

El maestro tiene un papel de guía, es el tutor del niño. Su habilidad consiste en saber ofrecer lo adecuado en el momento adecuado, y saber presentarlo del modo más conveniente y eficaz. También consiste en su capacidad de alternar, según las posibilidades y las necesidades del contexto, momentos de libre exploración y confusión con otros más organizados y guiados.

El maestro desempeña la función, en este sentido, de apoyo. Por utilizar una imagen, el maestro es como el andamiaje que sirve para construir una casa. Al principio, el andamio es lo que mantiene en pie la estructura todavía frágil o la pared aún fresca. Sin embargo, en cuanto se seca la pared o la estructura se consolida, el andamio resulta inútil, casi una molestia, y debe retirarse.

La (difícil) tarea del maestro consiste precisamente en esto: saber desempeñar el papel de apoyo en un momento de necesidad, pero también saber retirarse en el momento en que dicho apoyo no es necesario ni oportuno.

Tareas del taller

A tenor de estas consideraciones, el taller tiene la tarea de:

- Ampliar progresivamente el ámbito de experiencias de las niñas y los niños, por eso debe ser dinámico y no estático, sugerente y no neutro, atractivo y no aséptico.
- Favorecer y potenciar las posibilidades de conexión entre una unidad situacional y la otra; la niña y el niño deben estar siempre más influidos por las experiencias que están realizando: cada nueva conquista es la base y el punto de partida para emprender otro nuevo recorrido.
- Ampliar también el campo del conocimiento y la relación con los demás; un papel importante debe atribuirse a la *locomoción social*, es decir, a la capacidad, a través de las acciones, de polarizar atenciones, construir alianzas, asumir posiciones contrastadas, partir de las ideas de los demás y ofrecer ideas al grupo: todo esto con el convencimiento de que el taller es esencialmente un lugar social de investigación e intercambio.
- Estar abierto a las experiencias de participación y cohesión, pero también de independencia de juicios y de modalidades autónomas de acercamiento al conocimiento.

Características metodológicas en el taller científico-ambiental

El taller científico-ambiental permite:

- El acceso al saber, entendido como *bagaje activo*. En este sentido, se favorece la adquisición de conocimientos de uso inmediato y orientados a fines prácticos (nos referimos a conocimientos elementales y a prestaciones operativas concretas); su objetivo es proporcionar habilidades materiales vinculadas al modo de actuar en la vida diaria: por ejemplo, conocer el comportamiento de los fluidos o la ley de la gravedad, así como los fenómenos que aparecen diariamente ante nuestros ojos (se trata de habilidades ligadas a la competencia común, que se dirige, sin embargo, hacia la adquisición y la evolución de constructos conceptuales más complejos).
- La activación de los aprendizajes *secundarios*: el taller es una ocasión, a través del aprendizaje de un contenido específico, de *aprender a aprender*. Desde este punto de vista, las niñas y los niños aprenden sobre todo a formular hipótesis, a observar/analizar un mismo problema desde puntos de vista diferentes respecto a los más cercanos, a controlar los resultados y los procedimientos, a suponer la presencia de posibles errores.
- Afrontar conocimientos complejos y concernientes a varios ámbitos de experiencia, pero también acercarse a algunos contextos disciplinarios y sus relativos procedimientos específicos. Este taller fomenta la investigación caracterizada, por un lado, por la adquisición firme de competencias específicas y, por otro, por la apertura a soluciones alternativas y originales, a la disponibilidad para encontrar modelos interpretativos u otros modos de enfocar los problemas.

Las habilidades

El taller del ámbito de experiencia de las cosas, el tiempo y la naturaleza va asociado, por un lado, con la educación científica, por otro, con la adquisición de una sensibilidad ecológica.

Hay quien considera que este taller debe transmitir, normalmente, conocimientos, con lo que se le concede el papel de *organizador* de los fenómenos observables. Otra postura se funda en la convicción de que el taller científico-ambiental debe ser el vehículo de focalización de los procesos, prestando atención a las estructuras organizativas que están detrás de los hechos y las causas que los generan. Se trata de un enfoque problemático que tiene en cuenta la complejidad de la realidad ambiental y admite varias lecturas.

En este sentido, se consideran tres niveles[1] en el taller científico-ambiental:

1 El taller como base de datos.
2 El taller como fábrica de cultura.
3 El taller como laboratorio de fantasía.

El taller como *base de datos*

El taller como *base de datos* promociona competencias como el saber recordar y repetir y aplicar automatismos, permite recogerlas y darles un sentido a través de operaciones de orden, clasificación, medida, cuantificación, etc.

Organizar una base de datos significa, de hecho, recoger/archivar información según criterios establecidos por anticipado.

El taller como *fábrica de cultura*

El taller como *fábrica de cultura* propone dedicar una atención primordial a los componentes lógicos y metodológicos con los que el ambiente puede estudiarse. En este sentido, se convierte en un ámbito favorecido en el que se investiga utilizando procedimientos que por su rigor y coherencia recuerdan a la educación científica.

El taller como *laboratorio de la fantasía*

El taller científico-ambiental como *laboratorio de la fantasía* propone una lectura abierta, pero no por ello, como se decía, espontánea e ingenua, del mundo que rodea a la niña y el niño. El entorno muestra su cara oculta y se presta a una lectura multiforme y problemática. No basta con leer sólo las señales del entorno más inmediatas y evidentes, sino que hay que escrutar su organización oculta, las reglas implícitas que lo gobiernan.

Por consiguiente, se espera de la niña y el niño un esfuerzo activo de intervención, se les pide que *proyecten el entorno*, tanto en términos *convergentes* –es decir, según formas e itinerarios de coherencia lógica y de pensamiento formal– como en términos *divergentes* –es decir, a través de la fantasía y la invención creativa–, formulando hipótesis y proponiendo soluciones alternativas e innovadoras.

Los espacios, los materiales y propuestas de actividades

Argumentos científicos y conocimientos diarios

Los conocimientos científicos y los saberes diarios tienen puntos de encuentro[2]. Por un lado, las experiencias diarias (como el hecho de que un objeto abandonado a su suerte cae, que las burbujas de aire del agua se dirigen hacia arriba, que el hielo se derrite con el calor, etc.), representadas por los fenómenos de la experiencia común que se presentan ante nuestros sentidos, son absorbidas inconscientemente y entran a formar parte de los hechos que se perciben como obvios, que están, por así decirlo, en el orden de las cosas. Se puede viajar en automóvil sin conocer las leyes de la física que rigen el fenómeno de la combustión de los hidrocarburos, se puede encender y poner en marcha la lavadora sin preocuparse de la fórmula matemática de la fuerza centrífuga. Nos contentamos, en definitiva, con constatar los hechos y aceptarlos tal y como son, sin preguntarnos en absoluto las razones profundas que los provocan.

Por otro lado, ¿qué son los conceptos científicos, sino generalizaciones de acontecimientos que suceden ante nuestros sentidos, que hemos podido observar directamente o que pueden detectarse con instrumentos en el momento? Los conceptos científicos, desde este punto de vista, son descripciones (definiciones) bastante generales de clases de fenómenos: todos los acontecimientos de un determinado tipo pueden explicarse con un único principio (por ejemplo, una ley de la física) que es capaz de agruparlos.

Las experiencias necesitan encontrar una explicación que pueda expresarse en un principio. Los conceptos necesitan, por el contrario, encontrar en la realidad su aplicación concreta. La educación científica, por consiguiente, debe partir de la realidad concreta y la experiencia del día a día en la educación infantil y los primeros años de primaria.

Procesos inductivos frente a procesos deductivos

La relación entre conocimientos científicos y experiencias diarias nos lleva a otra cuestión: para equipar el taller, ¿es preferible el material común y los objetos que encontramos normalmente en la vida diaria o debemos pensar en herramientas e instrumentos especializados para funciones específicas? Por poner un ejemplo, ¿debemos incluir en el taller científico preferiblemente piedras, conchas y piñas o bien balanzas, lupas y probetas graduadas? La respuesta a preguntas de este tipo es simple y obvia a la vez: ambas cosas. Los objetos diarios sirven para realizar los experimentos, los instrumentos y los objetos tecnológicos sirven para medir, cuantificar, clasificar. Y, para llevar a cabo estas operaciones, deben adoptarse criterios y dichos criterios van asociados inevitablemente a categorías conceptuales, a principios.

Los dos tipos de materiales se relacionan con dos enfoques mentales contrapuestos y complementarios: los procesos deductivos e inductivos:

- La *inducción* va, por así decirlo hacia arriba y pasa de lo particular a lo general, de lo contingente a lo abstracto, del hecho al concepto, permitiendo, a partir de un caso aislado, llegar al principio que puede comprender (en el sentido de acoger en su interior) ese caso específico junto a todos los demás que tienen algo en común con él.
- La *deducción* se mueve en la dirección opuesta y procede de arriba abajo. Parte de un contexto general y encuentra en el caso concreto un ejemplo posible y una demostración de realidad.

Los conceptos científicos y los conocimientos diarios (como afirma Vigotsky) se encuentran en el camino: unos necesitan de los otros, se apoyan, se argumentan.

Objetos de la vida diaria frente a instrumentos tecnológicos

El taller científico debe contener, como se ha dicho, materiales que formen parte de la experiencia diaria y objetos organizados, instrumentos y herramientas que tienen como objeto *mirar con otros ojos* los materiales disponibles.

El doble contenido de objetos tiene importancia, independientemente de la situación y el contexto en el que el taller se realice. Podemos pensar en el rincón organizado de la clase o (preferiblemente) en un espacio equipado para tal fin.

A continuación proponemos, a modo de ejemplo y una vez más sin la pretensión de ser exhaustivos, un listado de materiales e instrumentos que pueden resultar útiles para la realización y equipamiento de un taller científico-ambiental en la escuela infantil. Además, debe tenerse en cuenta que si bien, por un lado, hay objetos que es conveniente tener siempre a mano, por otro, los materiales e instrumentos específicos pueden ponerse a disposición de los niños en cada ocasión, según las necesidades del momento o de las que presente un determinado proyecto de investigación o la elección de profundizar un argumento bien delimitado y específico.

Materiales individuales y materiales comunes

El taller debe contener materiales y objetos que se pongan a disposición de los niños en situaciones específicas y proyectos programados por anticipado. Asimismo, es importante dejar a cada uno una cantidad de objetos básicos, siempre útiles incluso en las circunstancias más diversas.

Podría ser interesante disponer de una carpeta individual (igual para todos) que, a su vez, puede irse completando individualmente cada vez en función de las necesidades del momento.

A modo de indicación, proponemos:

- Un bloc de notas para tomar apuntes (por ejemplo, para dibujar lo que se ha visto y observado).
- Lápices, bolígrafos, lápices de colores.
- Bolsitas para recoger muestras.
- Contenedores con tapa para guardar objetos o líquidos.
- Gomas elásticas.
- Trozos de cuerda, cintas.
- Bastoncillos (para utilizar, por ejemplo, como unidades de medida arbitraria.
- Tijeras, pinzas...

Dos espacios-taller distintos

Es oportuno preparar dos espacios-taller: uno dentro y otro fuera (en el patio, en el jardín de la escuela).

Espacios en el interior para los fenómenos físicos

- Para la *óptica*: linterna, disco de Newton, gafas de sol, lupas, velas, papeles transparentes, papeles brillantes y opacos, caleidoscopio, espejos, espejos deformantes.
- Para la *acústica*: materiales diversos para la producción o reproducción de sonidos (las fuentes, las modalidades o las técnicas de reproducción, etc.) como el diapasón, la grabadora con micrófono, silbatos y sonajeros para llamar a animales, conos de amplificación del sonido.
- Para la *estática y la dinámica*: objetos en equilibrio, ladrillos para construcciones, cuyo baricentro sea variable, objetos y juguetes con mecanismo para el movimiento y su control (por ejemplo, los carretes con gomas elás-

ticas), planos inclinados, cóncavos, convexos, pistas para canicas de velocidad variable según la inclinación.

- Para la *transformación de la materia*: a través de los cambios de estado (combustión, calentamiento, enfriamiento (disponibilidad de un frigorífico, de un horno, de contenedores aislantes para conservar la temperatura) y la combinación de elementos (la mezcla, la solución, la dilución: contenedores de varias medidas y formas, varas graduadas, contenedores para centrifugar –por ejemplo, la escurridora de ensalada–, para separar materiales de varios tamaños, etc.).
- Material variado para la *observación y experimentos diversos*: imanes, palancas, gomas elásticas, clavos, tornillos y tuercas, formas para encajar, planos de apoyo, planos inclinados magnetizados, carruchas, soga, carretes de algodón, monedas, botones, corchos, martillos, perlitas, conchas, cuencos, mordaza, pinzas, tijeras, tenazas, destornillador, piezas de madera de varios tamaños y grosores, polistirol.
- Materiales para *experimentos con sólidos*: contenedores de varias medidas y tamaños, cubetas, serrín, limadura de hierro, imán, guijarros, arena, canicas, materiales de cocina como harina, azúcar, sal.
- Materiales para *experimentos con fluidos*: barreños de diferentes tamaños y profundidad, cazuelas, tarros con tapa, cubos y cubitos, biberones viejos, probetas graduadas, embudos, tubos de goma transparente con grifos y conexiones, botellas y garrafas, hornillo, materiales permeables e impermeables.
- Materiales para los *experimentos con gas*: globos, membranas para la verificación de la presión del aire, bomba de bicicleta, colchoneta hinchable, barómetro.
- Las *máquinas*: aparatos de uso común y principios de funcionamiento de orden mecánico (palanca), térmico (hornillo), electrostático (imán).

Espacios exteriores para las ciencias naturales

Con relación a los espacios exteriores, las referencias pueden ser:

- El *suelo*: disposición natural del terreno de la escuela infantil, gravilla, arena, arcilla.
- El *agua*: superficiales, estancadas, corrientes, surgentes, subterráneas (el arroyo, el canal, el torrente, el río, el mar; el ciclo del agua; el aprovisionamiento hídrico; el uso del agua en la vida diaria).

- El *clima*: los ciclos estacionales y las transformaciones periódicas del ambiente, como la temperatura, la humedad, la pluviosidad, la duración del día (medida del tiempo), la influencia del clima en las plantas y los organismos.
- Los *microsistemas*: el estanque, el hormiguero, el setal, el arbusto.
- Los *cultivos* y la *alimentación*: el huerto, las herramientas básicas para los cultivos del taller exterior, como la pala, la azada, la escarda, el rastrillo, la pala para trasplantar, la regadera, el abono orgánico, el contenedor de malas hierbas para la formación de compost.
- La *educación sanitaria* y las normas higiénicas, los factores nocivos para la salud.

Los *materiales* para equipar el taller exterior podrían ser:

- Cubetas con agua, barreño con peces (para albergar también eventualmente renacuajos y ranas).
- Huerto experimental: macetas con tierra y semillas, semillas de judías, maíz, guisantes, garbanzos, habas.
- Semillero: consiste en una o dos cajas de madera para fruta en cuyo fondo se colocan unos tres centímetros de gravilla y diez centímetros de mantillo fértil; el borde de la caja debe quedar a unos quince centímetros de la tierra; los semilleros se dejan en una zona soleada sin viento y en invierno se cubren con una tela de nailon transparente.
- Invernadero: es una parte del huerto protegida en invierno con telas de plástico levantadas del suelo.
- Terrario para la cría de insectos (como hormigas, lombrices, caracoles).
- Nidos artificiales: es posible ayudar a nidificar a los tordos y pinzones, atando a un tronco de árbol una bolsa de ramas secas; para atraer a las golondrinas, se pueden fijar tablillas de madera bajo el techo; una o más casitas y con un orificio de entrada entre las ramas podrán albergar a otros pájaros.

Propuesta 1. La formación de cristales

En el taller el maestro prepara dos vasos para cada niño, una jarra de agua caliente, platos de plástico pequeños, tijeras, cucharillas, pinzas y etiquetas. Los vasos tendrán que estar llenos hasta la mitad de agua caliente. El maestro dice que pasará con un polvo especial y echará en uno de los vasos sal de cocina que disolverá en el vaso con una cucharilla.

Cada niño recorta después un tira de cartulina negra de modo que la mitad quede sumergida en el vaso, mientras la otra permanece seca. Los vasos no deberán moverse durante un tiempo. El objetivo de la actividad es observar qué le sucede al cartoncillo.

Poco después comenzarán a formarse en las paredes del cartoncillo negro cristales de sal. Entonces se sacan las tiras del agua y, cuando se sequen, se podrá observar con la lupa los pequeños cristales de sal que se han formado.

Se usará el mismo procedimiento con el otro vaso lleno de agua caliente hasta la mitad. Después se añadirá una cucharadita de magnesia que se disolverá lo mejor posible. Se preparan dos discos de cartulina negra y se coloca sobre cada uno una delgada capa de solución de magnesia. Después se guarda todo en un lugar seguro. Pasado un cierto tiempo, se formarán en el cartoncillo, por evaporación, cristales de magnesia que se podrán observar con la lupa.

Se podrá adoptar el mismo procedimiento con otras soluciones para ver qué sucede en cada ocasión.

Propuesta 2. Divertirse con la efervescencia

El grupo de trabajo cuenta con algunas bebidas gaseosas, un vaso de sal de cocina, uno de azúcar y varios contenedores transparentes. Se echa un poco de bebida en el contenedor transparente y se observa lo que sucede.

Se añade una cucharada de sal en la bebida recién vertida en el contenedor transparente. Todos hablan de las observaciones realizadas y de lo que ha pasado.

Se puede repetir la experiencia utilizando otros productos, como por ejemplo, el azúcar para ver si hay diferencias en la reacción del líquido.

A esto se podrán unir, como otra observación de la efervescencia, las burbujas que se forman cuando se añade sal a las bebidas gaseosas.

Propuesta 3. El comportamiento del imán

Se proporciona a los niños parejas de imanes con el fin de que descubran el fenómeno de atracción y repulsión. Los imanes pueden ser de varias formas: lineales, con forma de herradura, etc.

En particular descubrirán que los extremos se comportan de forma opuesta. Se dedicará un cierto tiempo al juego: los niños probarán, en el espacio que les rodea, cuáles son los materiales atraídos y rechazados por los imanes y cuáles son los materiales indiferentes a este fenómeno.

Se podrán colocar etiquetas en el imán con el fin de atribuir un color, una contraseña o dar un nombre a los extremos opuestos del imán. De este modo, se podrá, por ejemplo, observar que el rojo atrae al verde y rechaza el amarillo y el marrón. A su vez, el amarillo y el marrón se combinan, pero no quieren estar con el verde y el rojo.

Se dejará a los niños varios imanes que se orientarán según los deseos de los niños. El maestro los cubrirá con hojas de papel. Con un colador pondrá sobre las hojas una capa de limadura de hierro seca.

Surgirán ideas espontáneas e hipótesis para explicar el fenómeno observado. Será posible, moviendo oportunamente el imán bajo la hoja, hacer que se mueva la limadura de hierro que se agrupará y separará, creando dibujos en relación a las líneas de fuerza, dependiendo de la influencia de los polos, y se formarán sobre la hoja distintos dibujos con la limadura de hierro.

Propuesta 4. La medida del tiempo: el reloj de agua

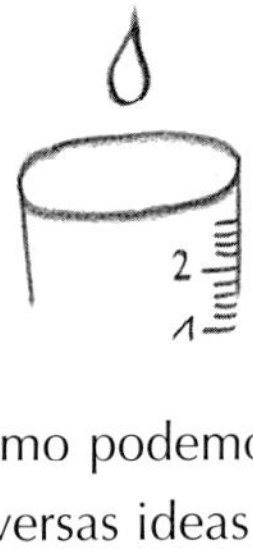

¿Qué es el tiempo? ¿Cómo podemos definirlo operativamente? ¿Cómo podemos realizar un reloj con los niños? Se pueden desarrollar y proponer diversas ideas a los niños sobre cómo medir el tiempo. Se podrán encontrar varios ejemplos de duraciones constantes, como el timbre del teléfono, y la alternancia entre un timbre y otro (cuantos timbres se necesitan para...), el número de pasos (recorridos a una velocidad constante) para llevar a cabo una acción.

Después de hablar sobre ello, se podrán buscar juntos ideas y sugerencias para la realización de un reloj.

Una primera idea se basa en el principio de los vasos comunicantes, de igual modo que sucede con el funcionamiento de las venas. Un contenedor de líquido, colocado en alto, está conectado a un tubo de plástico flexible y estrecho. La unidad de medida está representada por el tiempo que empleará el líquido para salir completamente del contenedor. También se podrá recurrir a una válvula (una pequeña lámina flexible de metal que puede obstruir parcialmente el tubo reduciendo su caudal).

Una segunda idea puede proceder del funcionamiento del irrigador por sifón: consiste en un cono de arcilla, poroso y hueco, que está unido a un pequeño depósito de plástico conectado con un tubito a un depósito de agua (por ejemplo, un cuenco lleno de agua colocada en una posición más alta que el irrigador). Tras llenar el cono, a través del depósito y el tubo que lo conecta, el cono empezará a gotear lentamente. Este objeto, de uso habitual para mantener vivas a las plantas de interior, se puede adquirir fácilmente en las tiendas de jardinería o de bricolaje a bajo coste.

Es posible preparar un recogedor para el agua, como un contenedor transparente para líquidos. También es posible graduar el cilindro, poniendo marcas a distancias iguales unas de otras: el irrigador llevará el nivel del agua en el cilindro hasta la primera marca, por ejemplo, en un cuarto de hora y, por consiguiente, hasta la segunda en media hora, a la tercera en tres cuartos de hora, y así sucesivamente.

Se podrán medir de este modo diversas acciones o también los tiempos de algunos hábitos escolares: cuánto tiempo se necesita para comer, por ejemplo.

Propuesta 5. La flor en el zapato

¿Dónde nacen las distintas formas de vida que vemos cada día? ¿De dónde vienen? ¿Qué organismos se originan directamente en la tierra?

Hay que colocar el mantillo en varias macetas. El mantillo puede estar cocido, por ejemplo, colocado durante un tiempo en el horno caliente de una cocina, para estar seguros de que no existen organismos vivos en su interior.

Con motivo de una o más salidas, por ejemplo en primavera, los niños se encargarán de hundir bien las suelas de los zapatos en el barro. Se podrá caminar por el borde del arroyo, en el prado, en el parque, en el bosque, en el mismo jardín de la escuela.

Posteriormente se recogerá el barro de los zapatos cuidadosamente y se colocará en una maceta. Luego se regará todo y se cubrirá la maceta con un cristal transparente y se dejará en un lugar luminoso, añadiendo eventualmente humus. Cuando aparezcan los primeros brotes de plantas, se quitará el cristal y se seguirá regando regularmente. Después podrá observarse, utilizando también la lupa, el crecimiento de las plantas.

Propuesta 6.
¿Los caracoles ven?, ¿adónde van?

¿Cómo comprobar si los caracoles del prado nos ven? Es importante pedir a los niños la formulación de hipótesis para solucionar el problema planteado.

Un modo de responder a esta pregunta puede ser coger unos caracoles y llevarlos al taller para observar su comportamiento. Después se coge una tela (preferiblemente oscura) y se colocan en círculo, en los bordes, varios ladrillos a una distancia de unos 10 cm unos de otros. Con colores se dibujan sobre la tela las bases de los ladrillos.

Se dejan sueltos los caracoles en el centro de la tela y se observa. Los caracoles, después de un rato, decidirán irse y tomarán direcciones diferentes. Será importante constatar si, al irse, la mayoría evitará los ladrillos y se dirigirá directamente en la dirección de las vías de escape.

Se puede dejar sobre la tela tierra. De este modo, al terminar la experiencia, se reconocerá fácilmente el camino de los caracoles, porque su baba dejará una rastro muy visible.

La experiencia puede presentar variantes: se podrá preguntar, por ejemplo, si en el caso de que la distancia entre los ladrillos se reduzca (por ejemplo a 5-6 cm), los caracoles conseguirán identificar los pasos de todos modos. También se podrá preguntar si los caracoles ven, aunque algunos decidan pasar por encima de los ladrillos.

Propuesta 7.
La extensión de la copa del árbol

¿Cómo se puede medir la copa de un árbol con los niños?

El problema es encontrar criterios de medida que sean al mismo tiempo creíbles y fácilmente realizables.

Para registrar la superficie ocupada por objetos, hay diversas soluciones. Si, por ejemplo, se apoya en el suelo (o sobre una superficie oscura de la mesa) un ladrillo y se espolvorea de harina, una vez retirado el ladrillo, la superficie sin harina indica el espacio que ocupaba.

Si, por ejemplo, un niño en la clase estira los brazos y deja caer al suelo dos fichas, podrá medir posteriormente la distancia entre los dos brazos estirados. En el fondo, un árbol con sus ramas puede compararse a una persona con los brazos abiertos.

En una salida un grupo de niños puede ponerse en círculo y, cogiéndose de la mano y mirando hacia arriba, colocarse exactamente en el punto en que termina la extensión de la copa del árbol. Luego podrán dejarse caer fichas. Se plantarán piquetes de madera en los puntos exactos donde hayan caído las fichas. Con una cuerda se unirán todos los piquetes de modo que marquen el perímetro de la copa.

La superficie así delimitada (que se encuentra dentro del perímetro dibujado por los piquetes y la cuerda) podrá cubrirse por completo con hojas de papel iguales (por ejemplo, páginas de periódico), tratando de evitar en la medida de lo posible superposiciones y dejando los menos espacios libres posibles entre hojas. Las partes que sobresalgan del perímetro deberán recortarse. Luego se lleva todo a la escuela. Una vez allí, al disponer en el suelo las hojas unas junto a otras, las enteras en el centro y las recortadas en los bordes, es posible:

- Reproducir la cantidad de superficie correspondiente a la copa del árbol.
- Contar a cuántas hojas de papel corresponde la copa del árbol.
- Reproducir en escala la copa del árbol utilizando hojas más pequeñas y disponiéndolas del mismo modo que las grandes.

Propuesta 8.
Comederos y nidos para pájaros

Esta propuesta trata de crear en los niños una *sensibilidad ecológica*. Es sabido que, al llegar el invierno, algunos pájaros (como los gorriones) tienen dificultades para encontrar comida y cubrir otras necesidades. De hecho, muchos de ellos no sobreviven a los rigores del frío invernal. Puede ser tarea de las niñas y niños realizar una actividad de cuidado de los pájaros con problemas, porque no son migratorios y no hibernan.

Los niños y las niñas pueden observar directamente los pájaros que viven en los tejados de la escuela o que se posan en los árboles del jardín. Por eso, antes podrán formular hipótesis y realizar después lo necesario para tratar, al menos en parte, este problema.

Los pasos de la actividad pueden ser los siguientes:

- Elegir el árbol en el que instalar los nidos artificiales y, por lo menos, un comedero.
- Hacer un nido artificial (habitualmente se encuentran en asociaciones ecologistas: Adena, Ecologistas en acción, etc., que también pueden suministrar las indicaciones necesarias: cuál debe ser el diámetro del orificio de entrada en función del tipo de pájaro que lo utilizará; la altura correcta del nido, siempre en función del tipo de pájaro; garantizar que el nido cuente con un orificio al fondo para poder secarse siempre).
- Hacer un comedero: se trata de una superficie plana atada a una cuerda y regulable, de forma que se pueda colgar de una rama (también en este caso hay que prestar atención a la altura en que se coloca); el comedero contendrá grano de varios tipos para alimentar a los pájaros, tendrá en especial un poco de grasa, de agua y de tierra. En este sentido, la tierra puede resultar más importante que las semillas. Algunas especies de animales comen muy poco en invierno, pero necesitan restregarse las alas en la tierra para prepararlas adecuadamente para el vuelo.
- Crear grupos de niños que, por turnos (de periodicidad semanal, por ejemplo) se encarguen de que todos los días el comedero tenga lo necesario, reponiendo lo que los animales hayan consumido. Al llegar la primavera, la actividad se interrumpirá y el comedero se retirará y dejará en un lugar seguro, para poder ser utilizado el invierno siguiente.

- A través de dibujos, gráficos, colecciones de fotografías y charlas, que el maestro podrá transcribir posteriormente, será posible documentar la experiencia.

Propuesta 9. La caja de las lombrices

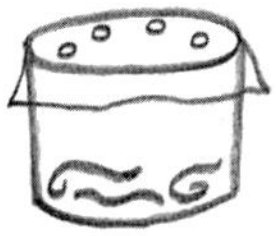

Los *objetivos* son:

- Valorar y conocer las formas de vida aparentemente menores.
- Comprender que comprendan que los organismos se comportan de acuerdo a sus propias reglas.
- Intuir la interacción entre el campo y las lombrices y, en especial, la acción de ventilación del terreno, la construcción de galerías.

Preguntas-hipótesis:

- ¿Qué hacen las lombrices bajo tierra?
- ¿Qué comen?
- ¿Cómo excavan sus galerías?
- ¿Cómo se podrían criar lombrices en la escuela?

Materiales necesarios:

Tambores de detergente usados, láminas de plástico transparente, tijeras, cola, cinta adhesiva, tarros con la tapa agujereada, arena, gravilla, mantillo de variada consistencia rico en humus, lupa, láminas de dibujo, lápices de colores variados, telas oscuras (que puedan cubrir completamente los tambores), guantes de plástico desechables.

Fases de la actividad

- El maestro invita a los niños a formular preguntas sobre las lombrices: por qué son así, por qué y cómo viven bajo tierra, cómo se alimentan, si es posible criarlas.
- Se formulan luego hipótesis, para la realización de una caja para lombrices. El objetivo es criar unas cuantas lombrices para ver qué hacen y cómo se comportan cuando están en la tierra.

- Para hacerlo, se utilizarán viejos tambores de detergente. La tapa superior se perforará para permitir la ventilación. Además, en uno de los laterales se abrirá una ventana, cortando el cartón. La ventana se cerrará con una lámina de plástico rígido transparente.
- Una vez construida la caja, se colocarán capas regulares de tierra de diversa naturaleza (arenosa, limo, turba, etc.). Es importante que cada capa esté bien nivelada para ver, en la siguiente fase y desde la ventana transparente, las galerías que practican las lombrices. Hay que cubrir todo con humus y hojas húmedas.
- Se podrá organizar una salida para ir a buscar lombrices. Es necesario llevarse tarros con la tapa agujereada, guantes de plástico desechables y eventualmente pinzas. La salida tendrá lugar un día húmedo, preferiblemente después de una tormenta. Es importante evitar que los niños manipulen las lombrices directamente con las manos.

En la clase se procederá a:

- Observar atentamente las lombrices con la lupa, para apreciar cómo son y cómo se mueven.
- Meter después las lombrices en la caja, que se cerrará inmediatamente con un paño húmedo bien atado al contorno.
- Esperar que las lombrices se muevan en todas direcciones excavando galerías y mezclando las diversas capas de tierra colocadas previamente (es importante que haya más de una caja y que se coloque el mismo número de lombrices en cada una. Además es importante que no se expongan a la luz directa).

Los niños observarán periódicamente qué sucede dentro de las cajas. Después de cada observación, se humedece otra vez la tierra, se tapa y se cubre con un paño cada caja.

Las observaciones demostrarán el trabajo de mezcla de las capas de tierra realizado por las lombrices. De ser necesario, se podrán llevar a cabo otros experimentos, variando el número de lombrices o el tipo de terreno (o cualquier otro parámetro que se considere oportuno).

Terminado el experimento, las lombrices se dejarán de nuevo en un terreno húmedo.

Propuesta 10. Microorganismos en el agua

Esta propuesta pretende que los niños descubran que el germen de la vida se manifiesta en las formas más inesperadas y se esconde en los lugares menos pensados.

- El maestro propone la cría de microorganismos en clase. Se prepara un contenedor relativamente amplio y transparente capaz de contener líquidos. Es conveniente que pueda cubrirse con una tapa o una tela.
- Se anima a los niños a formular hipótesis relativas a la posibilidad de criar animales microscópicos en la clase: ¿dónde se pueden coger larvas de insectos u otros vegetales y animales pequeños?
- Con la ayuda de un cubo y una pala un grupo de niños (equipados también con guantes desechables) sale en busca del material necesario. Se recogerán muestras de mantillo húmedo en la orilla de los arroyos, se tomará agua del estanque, por ejemplo, tratando de adivinar los puntos donde pueden encontrarse semillas de vegetales acuáticos (algas, etc.) y larvas de animales.
- Se dejará todo en el contenedor, previamente preparado (en un lugar protegido y, al mismo tiempo, expuesto al calor y la luz) y... a esperar. Pasado algún tiempo, se podrá observar con la lupa la presencia en el agua de pequeños animales que demuestran que el mantillo y el agua recogidos contenían semillas y larvas.

Notas

1. FRABBONI, F. (1980): *Scuola e ambiente*. Milán. Mondadori.
2. VIGOTSKY, L. (1992): *Pensiero e linguaggio*. Bari. Laterza. (Trad. cast.: *Pensamiento y lenguaje*. Barcelona. Paidós, 1995.)

7

El taller del espacio, el orden y la medida

Qué dicen las Orientaciones

El ámbito de experiencia del espacio, el orden y la medida

En el texto de las Orientaciones de 1991 se afirma:

Este ámbito de experiencia se dirige específicamente a las capacidades de reagrupar, ordenar, cuantificar y medir los hechos y los fenómenos de la realidad, y a las habilidades necesarias para interpretarla e intervenir conscientemente en ella. Para tal fin, las habilidades matemáticas van asociadas a [...] la solución de problemas mediante la adquisición de instrumentos que pueden ser a su vez objeto de reflexión y análisis.

Los rendimientos significativos que las niñas y los niños desarrollan en este campo, conforme a lo expresado por las Orientaciones, se dirigen a dos direcciones principales:

1 Reagrupar, ordenar, contar, medir, recurriendo a modos más o menos sistemáticos y por medio del uso de símbolos (esquemas, dibujos, modelos) que pueden servir de ayuda.

2 *Localizar*, es decir, recurrir a modos espontáneos y guiados para explorar el propio entorno, vivirlo, observarlo, ocuparlo, representarlo.

Desde la perspectiva del método, es importante el desarrollo de la capacidad de *relacionar* y sobre todo:

- Realizar previsiones y formular hipótesis.
- Someter puntos de vista e hipótesis al filtro crítico de las operaciones de reagrupamiento, clasificación, cuantificación, etc.
- Inventar creando proyectos, formas, objetos, espacios, entorno.
- Elaborar, a través de experiencias reales, conceptos matemáticos.
- Argumentar, comprender la lógica interna, prestar atención a los procesos.

En síntesis, el ámbito de experiencia desarrolla dos aspectos fundamentales: el primero relativo a la adquisición progresiva y la asimilación de conceptos matemáticos; el segundo a su aplicación en la realidad circundante. Hay que precisar que estos conceptos no pueden prescindir el uno del otro: por un lado, los conceptos matemáticos sirven para interpretar la realidad representada por el entorno que nos rodea y por el día a día de las niñas y niños, por otro, el propio contexto vital es el punto de partida y debe ser la situación de principal estímulo para obtener y deducir dichos conceptos.

¿Inteligencia o inteligencias?

Durante mucho tiempo no se dudó de que la inteligencia fuera única y universal, igual para todos. Se puede entender como algo que todos los individuos deben dominar por el simple hecho de formar parte de la especie humana.

Según Jean Piaget, las diferencias individuales pueden hallarse, por ejemplo, en el seno de los estadios alcanzados. Dicho de otro modo, existe una única inteligencia y las diferencias entre los individuos se deben a los diferentes grados alcanzados por cada uno de ellos.

El carácter universal de la inteligencia de Piaget representa una ventaja y un límite a partes iguales. Por un lado, se afirma la existencia de una especie de sustrato común que iguala a todos los individuos al margen de las características individuales, por otro, parece no tener ninguna relevancia la influencia de las culturas. El individuo de Piaget procede con sus propios medios internos, indiferente al mundo que lo rodea.

Si bien, en lo referente a la llamada *inteligencia universal*, todos los niños debe gozar de idénticos derechos y, por tanto, de ocasiones de experiencia, es importante proponer para la escuela infantil un entorno capaz de ofrecer un amplio abanico de ocasiones formativas y culturales. La escuela infantil, y aún más los talleres de la escuela infantil, puede representar para la niña y el niño un ambiente de experiencia rico y variado, capaz de tener en cuenta las diferencias para dirigirse a las necesidades de cada uno.

La escuela infantil podría convertirse, en este sentido, en un ambiente en el que hay diferentes *talleres de las inteligencias*, que hacen las veces de amplificadores y mediadores culturales. La propuesta es diseminar dentro de los espacios de la escuela infantil múltiples datos que puedan favorecer, precisamente, las múltiples inteligencias[1].

Los talleres deberían representar una especie de «prótesis de la mente», un instrumento útil para afrontar y descubrir mejor el mundo circundante. Desde esta perspectiva, el taller no debe entenderse como una subdivisión (disciplinar) de las actividades, sino como modo fuerte de pensar y como propuesta generativa, es decir, capaz de favorecer la multitud de potencialidades de cada niña o niño.

Las habilidades relacionadas con el taller de lógica

Los conceptos clave

Los ámbitos de actividad relativos a este taller se plantean favorecer la adquisición de algunos *conceptos clave* que podrán ser posteriormente un *instrumento* constante de la actividad del modo de hacer y de pensar del niño de la escuela infantil. La niña y el niño parten de las informaciones perceptivas para cumplir, poco a poco, el paso de la capacidad de *abstraer* (es decir, de sacar fuera) a partir de la experiencia inmediata y de los hechos perceptivos concretos para ir, a través de formas diversas de generalización, hacia la formación de conceptos. En este sentido, las *acciones cognitivas* que se proponen aquí pretenden, por un lado, invitar al niño a *formar* su mente sobre la base de determinadas estructuras/estrategias (la lógica) de pensamiento, por otro, aprender a utilizar/aplicar dichas estructuras/estrategias en contextos concretos y operativos (por ejemplo, en el taller científico-ambiental).

Las competencias en el juego

Las competencias que el taller presenta son principalmente:

- Juegos de clasificación:
  - Construir conjuntos, reagrupar, encontrar elementos comunes.
  - Aislar propiedades, justificar la pertenencia o no de un objeto a un grupo de objetos.
  - Realizar reparticiones.
  - Representar gráficamente o con símbolos los conjuntos y las operaciones.
- Juegos de seriación:
  - Identificar, a través de la comparación, las relaciones entre grupos de elementos (más de, menos de...).
  - Identificar, a través de la comparación, las relaciones cuantitativas entre grupos de elementos (longitud, anchura, grosor, capacidad, masa).
  - Establecer en orden creciente y decreciente, introducir un objeto correctamente dentro de una secuencia, reconocer el criterio adoptado para la realización de la secuencia.
  - Representar gráficamente y mediante símbolos.
- Juegos de contar:
  - Saber contar estableciendo la correspondencia entre la secuencia numérica verbal y la recogida de objetos.
  - Efectuar sencillas operaciones del tipo añadir, quitar, añadir o quitar equitativamente en dos conjuntos.
  - Efectuar sencillas reparticiones.
  - Representar simbólicamente cantidades numéricas, escribir las cifras.
- Juegos de relación con el espacio:
  - Recorrer caminos, laberintos, utilizar señalizaciones, representar recorridos gráficamente.
  - Reconocer relaciones topológicas y proyectivas.
  - Representar gráficamente líneas (cerradas/abiertas, verticales/horizontales, formas planas simples).
- Actividades de reconocimiento y representación de relaciones temporales:
  - Utilizar términos temporales de las acciones (antes, ahora, después).
  - Reconocer las divisiones temporales (ayer, hoy, mañana).
  - Reconocer situaciones que implican la idea de duración, simultaneidad, sucesión.

Los espacios y los materiales

¿Es necesario un espacio especializado?

Por el carácter de este ámbito, no existe forzosamente la necesidad –como sucede, en el caso del gimnasio, el taller de expresión, el taller científico-ambiental– de un aula/sala específica. Este tipo de taller requiere pocos materiales especializados y algunos instrumentos que pueden ser útiles; es evidente que las prestaciones típicas de este ámbito pueden ejercerse en el conjunto de actividades de la clase y en otros talleres (en concreto en el científico) o, es más, en la vida diaria.

La escuela infantil es, de por sí, una ocasión de múltiples experiencias y las ocasiones de ejercer la lógica, la argumentación y el razonamiento, la organización, sistematización y colocación según un orden deben encontrarse más en la vida diaria y en los problemas de cada día que en una situación aséptica preparada en el momento. Con todo, no se está afirmando que el taller como espacio equipado no tenga razón de ser.

¿Qué materiales?

Así pues, con referencia al taller dedicado al espacio, el orden y la medida, se puede pensar en un espacio de *depósito* de materiales e instrumentos (un almacén) de los que se podrá disponer en cuanto se presente la necesidad.

Antes de nada, es necesario tener presente que si bien algunos objetos pueden ser, digamos, especializados, muchos otros, incluso de uso cotidiano, pueden constituir cada vez una ocasión de uso lógico-formal.

A veces una cierta idea o una hipótesis que se asoma a la mente sugiere el uso de un determinado objeto o de un instrumento en particular. Incluso puede pasar que, sólo al ver (o probar su uso) un determinado objeto o material, se nos ocurra una posible solución a un problema. Las ideas y los objetos tienen, en otras palabras, necesidad unas de otros.

De ahí que no deseemos un taller equipado por completo desde el principio: habrá objetos y materiales que, con el tiempo, se sustituirán en parte por otros en función de las exigencias y las ocasiones.

Ejemplos de materiales

A título indicativo, y una vez más sin ánimo de ser exhaustivos, los materiales que el taller debería contar son:

- Para *contar*: contenedores con objetos para jugar a contar, como cajas de botones, colecciones de piedras, álbumes de cromos, colecciones de imágenes, etc.
- Para *ordenar*: objetos de la vida diaria (palitos, cubos de plástico, canicas, conchas, etc.).
- Para *realizar colecciones*: piedras de diferentes formas y tamaños, hojas secas de varios tipos, cromos, estuches.
- Para *medir*: cuerdas de longitudes y tamaños diferentes, cuerdas metradas, maderitas, bastoncillos, bastoncillos metrados, regla y escuadra, cubitos y contenedores de cocina.
- Para *contener* arena y tierra, contenedores para líquidos de varios tamaños, botellas de plástico, pipetas cuentagotas, básculas, romanas, medidores de piedras.
- Para *cuantificar*: cuerdas, palos, piedras.
- Relacionado con el *tiempo*: reloj lineal, reloj de agua.

Propuestas de actividades

Los objetivos de las actividades propuestas

A través de la organización de diferentes actividades, deberán fomentarse:

- Las capacidades lógico-objetuales fruto de la experiencia directa de las cosas, es decir:
  - La capacidad de mantener relaciones con los objetos.
  - La capacidad de pasar de la relación con los objetos a la relación con clases de objetos.
  - La capacidad de pasar de la atención a los objetos a la atención de las acciones realizadas sobre los objetos.
- Las capacidades de realizar operaciones mentales formales (nos referimos a las capacidades del niño no sólo de cumplir acciones sobre los objetos, sino también sobre los símbolos o las secuencias de símbolos que están en lugar de los objetos):
  - Ordenar/comparar/seriar palabras, representaciones mentales, formular enunciados más o menos complejos connotados por precisas propiedades lógicas, formular hipótesis, etc.

- Las capacidades de observación, entendida como habilidad para tomar nota de algo y captar las informaciones (o datos: acumular sistemáticamente hechos y plantear a partir de ellos cuestiones cargadas de significado ha sido el primer paso de la ciencia moderna) y saberlos organizar para reconocer los problemas significativos, encontrar su relación y sus conexiones, y poderlos resolver a través de un sistema eficaz de formulación de hipótesis.
- Las capacidades, tanto de reinterpretación como de intuición e invención: nos referimos a una flexibilidad cognitiva necesaria capaz, tanto de mirar los hechos conocidos desde puntos de vista originales y nuevos como de plantear problemas partiendo de puntos de vista no evidentes de inmediato, sino que requieren conexiones lógicas complejas. En este sentido, nos referimos a las capacidades para planificar acciones: se supone la presencia conjunta de la habilidad imaginativa/predictiva, por un lado, y lógica/pragmática, por otro.

Propuesta 1. Juegos para contar

Los niños demuestran tener un sentido del número desde muy pequeños. Pasan por la fase que el estudioso estadounidense Howard Gardner[2] ha llamado de *inteligencia digital* (que registra su punto más álgido hacia los cuatro años), es decir, tienden a contarlo todo. Los números parecen contribuir a explicar, en cierto modo, la ausencia de las cosas. No importa que sean rojos o verdes, que tengan una forma simple o compleja: sólo cuenta saber cuántos elementos hay. El número parece una palabra mágica que describe y explica mejor las cosas. La tendencia precoz de los niños a reconocer una dimensión matemática en las cosas se manifiesta en dos aspectos complementarios: por un lado, los niños se preguntan cuántos son los elementos de una clase (¿cuántos niños hay en clase?, ¿cuántos vagones tiene el tren?), por otro, parecen querer describir/definir objetos y elementos de la realidad a través del número que define su medida (¿qué altura tiene el árbol?, ¿cuánto mide el tren de largo?, ¿quién es más alto?, ¿cuánto dura la película?).

La propuesta consiste en poner a disposición de las niñas y los niños grupos de objetos para poder contar y jugar con los números. Es posible realizar, junto al juego de contar, operaciones complementarias, como contar los botones y al mismo tiempo separar los pequeños de los grandes, contar los cromos y colocarlos en el álbum en su sitio o ponerlos por orden, contar las cartas de juego ordenándolas por palos.

Los números, en la modalidad oral de contar y en la forma escrita de los símbolos del mundo adulto, están presentes siempre en la experiencia de los niños.

Las experiencias familiares ponen a los niños en contacto con los números en contextos con significados bastante distintos. La escuela infantil no puede evitar plantearse estas y otras experiencias del contexto vital.

Los ritmos de la vida escolar (pasar la lista, poner la mesa) ofrecen muchas oportunidades de trabajo con las matemáticas.

También algunos juegos tradicionales (corro, atrapar la bandera, el tejo, juegos de rebotar la pelota, cuatro esquinas, juego de la oca) o inventados por los niños presentan características significativas para un primer enfoque de los métodos de trabajo típicos de las matemáticas. Resulta obvio en los juegos de movimiento una actividad dirigida también a la conquista y organización del espacio.

Asimismo, es importante reflexionar sobre el hecho de que en todos los juegos se cuenta con la definición antes y la aceptación después de toda una serie de reglas convencionales:

- De clasificación (cuando, por ejemplo, los niños son distribuidos en dos o más grupos que pueden ser fijos o modificarse durante el juego, según reglas establecidas antes).
- De correspondencia (cuando, por ejemplo en el juego de la oca, el jugador es identificado con su ficha, en las dramatizaciones el niño asume el papel de un personaje).
- De ordenación (en el tiempo: «primero se hace así, luego así...»; en el espacio: «pongámonos en fila...»).
- De recurrencia (cuando un juego está formado por una especie de cantinela que se repite, siempre igual o con cambios).

El número para contar[3]

La habilidad puramente lingüística de recitar una secuencia de palabras-número que coincida con la convencional (uno, dos, tres...) es el presupuesto sobre el que se basa la capacidad de contar objetos. La memorización de la secuencia convierte el recitado poco a poco en algo automático y permite desviar la atención hacia el procedimiento, más complejo, de contar objetos.

De hecho, al menos inicialmente, contar objetos significa combinar la pronunciación de una palabra-número con un gesto (por ejemplo, el dedo que toca, la mano que coge) y el gesto con un objeto, de tal modo que se realice una correspondencia entre palabras y gestos y entre gestos y objetos. Los errores al contar pueden tener que ver con la correspondencia entre palabras y gestos (la voz va más deprisa que la mano o viceversa) o entre gestos y objetos (un mismo objeto está marcado varias veces o se salta). La habilidad para contar objetos es, por consiguiente, una habilidad compleja: conocer una parte, aunque sea grande, de la secuencia numérica no significa saber contar.

TIPO DE EXPERIENCIA	EJEMPLOS
Memorización de secuencias ordenadas de palabras, acciones u otras cosas.	• Cancioncillas, sorteos, ritmos musicales o gráficos, la cantinela de los números.
Cálculo de objetos, personas, gestos con cancioncillas de varios tipos (incluida la cantinela de los números).	• Los sorteos rítmicos de los juegos para ver a quién le toca. • Contar rítmicamente objetos prestando atención a las correspondencias: palabra-gesto-objeto.
Contar pocos objetos, concediendo un significado especial a la última palabra-número pronunciada, que determina: • Cuántos son los objetos. • Cuántos son los gestos realizados. • Cuántas palabras-número se han dicho.	• Cálculo de objetos según las reglas indicadas.
Descubrimiento o construcción y memorización de la regla discursiva de producción lingüística de los números a partir de diez (veintidós, veintitrés... ciento uno).	• Estimaciones o cálculos de conjuntos a los que se añade o se quita un elemento. • Identificación del número siguiente o anterior, primero recitando y luego sin recitar la cantinela de los números.
Creación de la secuencia numérica a través de los operadores *más uno* y *menos uno*.	

El número símbolo

En lo que se refiere al uso de símbolos convencionales para representar los números (las cifras 0, 1, 2, 3, 4, 5, 6, 7, 8, 9 y sus combinaciones), es importante una fase de investigación que permita conocer las producciones espontáneas de los niños y, en consecuencia, sus modos de representar los números.

A la petición «Escribe en una hoja cuántos objetos (objetos con la misma forma, como canicas, caramelos) hay en la mesa» podemos obtener respuestas del tipo:

- Garabato o dibujo que no representa al número.
- Dibujo de los objetos.
- Dibujo de tantas marcas como objetos.
- Uso del numeral escrito por los adultos.

Tipo de experiencia	Ejemplos
Descubrir los números escritos en el entorno.	• Relojes, calendarios, números de portales, números de los autobuses.
Distinguir los signos de los números de los signos de las letras.	• En textos extraídos de periódicos, en los sellos, en la máquina de escribir.
Reconocer y leer las cifras 1, 2, 3, 4, 5, 6, 7, 8, 9, 0.	• Lectura del calendario. • Teléfono de casa.
Reconocer y leer algunos números compuestos por dos cifras.	• Copiamos en un cartel nuestros números de casa y señalamos los números con una cifra, con dos cifras, con tres cifras.
Transformar los números en objetos de observación.	• La fecha, la edad, el número de alumnos de la escuela.
Copiar algunas secuencias de cifras significativas.	
Usar el número escrito en la codificación y descodificación de mensajes sencillos.	

A la primera fase de investigación sigue una fase de proyecto educativo de las actividades. Puede ser conveniente en este punto partir de los signos numéricos presentes en el entorno para reconocer en ellos algo distinto a las letras o empezar por una lectura de cifras o combinaciones de cifras en contextos motivadores y naturales.

El número cardinal

Para conquistar el uso cardinal del número, es importante que el niño adquiera el concepto de observación (o invarianza) de la cardinalidad, es decir, que adquiera conciencia de que el número de objetos de un conjunto no depende de su disposición en el espacio, su tamaño u otras características perceptivas particulares.

En las experiencias iniciales del niño, dos objetos, por ejemplo, pueden percibirse de maneras diversas:

- *Dos* años equivale a *soy mayor*.
- *Dos* caramelos: uno para mí y otro para mi hermano.
- *Dos* cochecitos: debo elegir.
- *Dos* cucharadas de sopa: primero una, luego la otra.

Sin embargo, es importante que de todas estas experiencias se llegue a la abstracción del aspecto común a todas ellas: en nuestro caso, el número cardinal 2.

TIPO DE EXPERIENCIA	EJEMPLOS
Clasificación y formación de conjuntos organizados en: ♦ Experiencias para aprender a distinguir un objeto entre dos o más. ♦ Experiencia de verbalización para asociar una cualidad a objetos materiales, figuras, personas, acciones. ♦ Comparación de dos o más objetos correspondientes a una cualidad. ♦ Formación de conjuntos con una cualidad determinada.	♦ Veamos quién está presente y quién falta. ♦ Todos los niños que visten una camiseta roja.

TIPO DE EXPERIENCIA	EJEMPLOS
Comparación de dos conjuntos A y B con relación a la cardinalidad (número) para reconocer: • Si A tiene más elementos que B. • Si A tiene menos elementos que B. • Si A tiene los mismos elementos que B.	Construcción de correspondencias biunívocas a través de: • La combinación elemento a elemento (coche y garaje, plato y vaso). • Esquemas gráficos (flechas). • El reconocimiento de esquemas espaciales (dominó, naipes). • La comparación por bloques (montoncitos, torres).
Uso explícito, como conjunto de comparación, de una parte inicial de la secuencia numérica: uno, dos, tres...	Conexión con la actividad de contar objetos.
Uso del número cardinal como expresión de la cardinalidad de un conjunto: • Asociar un número cardinal a un conjunto finito cualquiera. • Reconocer que el número es invariable en transformaciones particulares. • Dado un número cualquiera (perteneciente al ámbito de experiencias) construir con material ocasional un conjunto con esa cardinalidad.	• Experiencias con material de todo tipo. • Conversaciones sobre el significado de términos como *tantos como, más, menos*.

El número ordinal

El uso de los adjetivos ordinales en el contexto de las experiencias familiares es un recurso bastante frecuente («he llegado el primero»; «coge el pañuelo del primer cajón»; «sube al segundo escalón»). En cambio, es menos conocida la secuencia de los adjetivos ordinales (primero, segundo, tercero...) que la de los cardinales (uno, dos, tres...).

En la clase son frecuentes las experiencias de manipulación, puesto que hay muchos materiales de juego que se diferencian claramente por una propiedad (árboles de diferentes alturas, contenedores apilables) y que pueden ordenarse. El uso lingüístico de los adjetivos ordinales es habitual en muchos contextos que también pueden utilizarse en la escuela: las carreras, los relevos, los peldaños de una escalera, las viñetas de una historia, las instrucciones para montar un juego...

TIPO DE EXPERIENCIA	EJEMPLOS
Comparar por parejas: ♦ Objetos o personas relativos a la posición en el espacio (delante-detrás, encima-debajo, a la derecha-a la izquierda, más arriba-más abajo). ♦ Acciones o fenómenos correspondientes a la sucesión en el tiempo. ♦ Objetos de todo tipo con relación a criterios diversos (más claro/más oscuro, más largo/más corto, más joven/más viejo).	♦ Actividades con material concreto, común o estructurado.
Ordenar dos o más objetos, personas o acciones según criterios diferentes (como antes): ♦ Utilizando estrategias libres. ♦ Tratando de reducir el número de comparaciones necesarias (uso explícito de la propiedad transitiva).	♦ Construcción de historias. ♦ Reconstrucción de secuencias de acciones familiares.
Ordenar conjuntos con la relación tiene más objetos que... Uso explícito de la secuencia verbal de los primeros adjetivos ordinales: primero, segundo, tercero...	♦ En todas las situaciones en que parezca posible sin forzar el lenguaje.
A partir de una secuencia dada: ♦ Reconocer el orden de un objeto; ♦ Reconocer el objeto al que corresponde un ordinal.	♦ Lectura del orden de llegada de una carrera vista en fotografía. ♦ Descripción del peldaño de una escalera en el que se halla un compañero.

El número código

Los números naturales pueden utilizarse como indicadores o etiquetas, así un conjunto bien determinado de objetos, personas, informaciones puede describirse asignando a cada elemento una palabra de un código construido con números (por ejemplo, la matrícula del coche, los números del portal).

TIPO DE EXPERIENCIA	EJEMPLOS
Uso explícito de símbolos, distintos de las palabras, para comunicar.	• Niño-distintivo. • Tiempo lluvioso-paraguas. • Buen tiempo-sol. • El juego de coger la bandera con los colores y con los números.
Reconocimiento en el entorno de usos de los números como palabras de código.	• Las matrículas y los números de casa. • Conversaciones: ¿dónde ves los números?
Convencionalismo del código.	• Discusiones: «¿podríamos cambiar la matrícula? ¿qué pasaría?».

Propuesta 2. Juegos de ordenación

Las ocasiones, los juegos y las actividades que es posible encontrar en la experiencia diaria o que pueden proponerse son muchas:

- Juego del elemento común: dado un criterio (un color, una forma, una función), reagrupar objetos a partir de una característica concreta.
- Juego del grupo de objetos: dado un grupo de objetos, detectar la (o las) característica común y explicar las razones.
- Juego del *¿Y tú dónde vives?*: reconocer cuándo un objeto no pertenece a una clase determinada de objetos y explicar las razones.
- Representar con iconos o con símbolos sencillos objetos con características comunes.
- Realizar juegos de comparación e indicar las relaciones: «es más que...», «es menos que...», «es igual que...».
- Juego de poner en el lugar correcto un elemento dentro de una serie predeterminada (por ejemplo, colocar un objeto por orden de tamaño creciente o decreciente, poner una imagen de una historia en su lugar adecuado).
- Juego de complementar: dado un criterio, se completa una secuencia de elementos.
- Juego de la comparación: ordenar dos clases de elementos (por ejemplo, las palabras y los objetos correspondientes) en base a la cantidad numérica.

Propuesta 3. Juegos de medición

El niño organiza los primeros conceptos de medida a partir de las acciones concretas y de las propias percepciones visuales, auditivas y kinestésicas.

Junto a la solución de problemas ligados a la longitud y la medida, los niños se encuentran a menudo en situación de contar: contar el número de pasos que nos separan de un lugar determinado, contar cuántos peldaños hay que subir para llegar al segundo piso de la casa, cuántos vagones componen un tren, etc.

Asimismo, el niño empieza a utilizar instrumentos diferentes de medida: un palito, una cuerda estirada, una tira de papel cortada convenientemente, así como su propio paso, el brazo, la mano, etc.

En una fase posterior, llega a darse cuenta finalmente de que los instrumentos de medida utilizados en la vida diaria a veces no son adecuados, porque puede que no sean capaces de medir exactamente la longitud de un objeto determinado debido a que hay trocitos que sobran o que faltan y es necesario, por eso, *redondear*.

¿Qué se puede medir? Por ejemplo:

- El paso. ¿Cuántos pasos se necesitan para llegar a la puerta, el armario, el árbol más cercano? ¿Quién tiene el paso más largo y quién el más corto? ¿Cuántos pasos da Martina para atravesar el aula a lo largo y cuántos necesita, en cambio, Francisco para realizar el mismo recorrido? Si el número de pasos de Martina y Francisco es diferente, ¿a qué se debe?
- Los brazos. ¿Cuántos brazos (y cuántos niños) son necesarios para rodear el tronco de un árbol? ¿Cuántos brazos se necesitan para enlazar la primera farola con la segunda?.
- La cuerda. ¿Cuál es la cuerda más larga? ¿Qué longitud tiene el trozo que sobra?.
- El palo. ¿Cuánto mide de alto una hierba del jardín? ¿Cuánto camino ha recorrido el caracol en una cantidad de tiempo determinada? ¿Cuántos palos se necesitan para alcanzar la altura de un niño? ¿Sobra o falta un trozo?

Otras actividades consisten en la realización de instrumentos de medida arbitrarios y convenidos entre todos: el medidor de pasos, el reloj lineal, el reloj de agua, papel de embalar para medir las superficies, etc.

Para empezar, una actividad útil podría ser pedir las ideas de los niños a propósito de la medida. Mostramos a modo de ejemplo algunos momentos de la conversación.

Valerio, Alice, Marco, Andrea

MAESTRO: *¿Qué quiere decir medir?*

VALERIO: Quiere decir cómo de altos son los niños.

ANDREA: Cuando son más altos.

ALICE: Altos.

MARCO: Altos.

MAESTRO: *¿Con qué se mide?*

ANDREA: Con las tiras.

VALERIO: Hay una cosa de esas amarillas largas para medir las paredes, también mide las camas.

ANDREA: El sofá.

MARCO: Hay una cosa de hierro amarilla que se pone junto a la pared.

Lidia, Jessica, Francesca, Giulia

MAESTRO: *¿Qué quiere decir medir?*

GIULIA: Mi mamá me mide con el metro, quiere decir que se mide a un niño.

FRANCESCA: Se mide también la fiebre.

LIDIA: No, hace falta el metro para medir, para la fiebre no. Mi abuela lo rompe en trocitos.

MAESTRO: *¿Qué se mide?*

FRANCESCA: La fiebre con el termómetro.

GIULIA: Mamá mide todas las cosas, las redondas no, porque el metro se rompe, no se ve cuando se miden cosas redondas.

Luca, Chiara, Silvia, Tommasso

MAESTRO: *¿Qué quiere decir medir?*

SILVIA: Quiere decir una línea naranja donde van los niños.

LUCA: No lo sé.

TOMMASSO: Pesarse.

CHIARA: Pegar la foto.

MAESTRO: *¿Qué se mide?*

SILVIA: Los niños.

LUCA: La cabeza.

TOMMASSO: Los niños.

MAESTRO: *¿Qué se necesita para medir?*

SILVIA: Una regla y un lápiz.

TOMMASSO: Una báscula.

LUCA: Un metro.

CHIARA: A mí me miden en la báscula.

Giacomo, Lorenzo, Mauro, Simone

MAESTRO: *¿Qué quiere decir medir?*

MAURO: Medir a los niños.

LORENZO: Los niños.

GIACOMO: Los niños.

SIMONE: Los niños.

MAESTRO: *¿Qué se mide?*

LORENZO: Las manos y la cabeza con el metro.

MAESTRO: *¿Qué es?*

LORENZO: Está en nuestra casa, es amarillo.

MAESTRO: *¿Qué tiene por encima?*

LORENZO: Todos los números.

MAURO: Se mide con el metro de muchos números.

GIACOMO: Se mide con el metro.

SIMONE: Mi mamá tiene un metro, es amarillo.

Propuesta 4. La masa y su medida

Una de las posibilidades de uso de secuencias numéricas y de medida está representada por la *medida de la masa*, es decir, por los juegos de pesar. Conviene que haya básculas en el taller, sin embargo, a falta de otra cosa, también pueden construirse.

¿Cómo podemos describir este objeto? ¿Qué objeto de estos dos es más pesado? ¿Cómo podemos indicar con un número el peso de un objeto?

La finalidad es invitar al niño a analizar los objetos que le rodean en su vida diaria para identificar los componentes cuantitativos. En especial, se anima a los niños a efectuar comparaciones combinando objetos de dos en dos y detectando la relación *es más que, es menos que,* así como calcular los pesos utilizando unidades de medida acordadas.

Otro juego puede ser la construcción de básculas, como la *báscula con una goma elástica*. Los niños introducen en los dos cubitos objetos de dos en dos: podrán notar, de este modo, que los objetos pesados hacen descender el cubito más hacia abajo con respecto a sus correspondientes más ligeros. En otras palabras, cuanto más pesa el objeto, más larga será la goma y, al contrario, cuanto menos descienda el cubito (y, por consiguiente, cuanto menos se estire la goma) más ligero será el objeto. La báscula se dejará luego a los niños que pesarán libremente (haciendo comparaciones entre las posiciones respectivas de los dos cubitos) todos los objetos que quieran.

Otros juegos consisten en realizar algunos experimentos, como la introducción en un contenedor de más material con el fin de *aumentar el volumen y no la masa,* de realizar objetos (por ejemplo, bolitas de papel) con *masa igual y volumen distinto, con volumen igual y masa distinta, etc.*

Con el fin de determinar medidas arbitrarias convencionales se podrá realizar unidades de medida múltiples para colocarlas sobre uno de los platos de la balanza, por ejemplo cilindros o discos de arcilla, el uno con la altura doble de la otra y todos los discos iguales del mismo color (este objeto corresponde a tres discos amarillos y uno rojo, este otro a dos amarillos y dos rojos...).

Propuesta 5. El tiempo

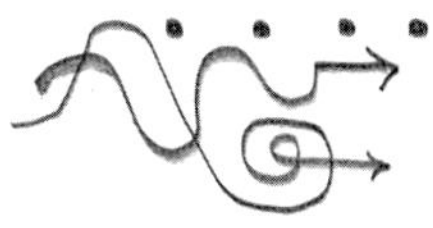

Se puede pensar en este ámbito educativo en tres lecturas de organización y representación del tiempo.

- La *organización institucional* del tiempo. Se trata de organizar el tiempo sobre la base de reglas sociales compartidas. El tiempo en la escuela infantil se caracteriza en este sentido por la organización del trabajo de los adultos y por la organización de *tiempo contextualizado,* que se rige por reglas internas del servicio educativo.

- La *organización simbólica* del tiempo. La percepción del cambio en las diferentes culturas asume significados específicos en relación a determinadas condiciones y situaciones. La cultura se propone entonces como *tiempo organizado*: pensemos en las formas de estandarización que el tiempo experimenta, por ejemplo, en los hábitos o las costumbres relacionados con los actos cotidianos como la comida, el descanso, la llegada (y la acogida), la partida (y la despedida). La organización del tiempo pierde en este sentido el móvil de su origen para mostrarse como natural, neutro, implícito.
- La *organización práctica* del tiempo. El hombre se caracteriza, en cierto modo, por las acciones que realiza. La repetición de acciones genera a su vez los ritmos: caminar, correr, cumplir una cierta acción solamente a una determinada hora, etc. Todo esto remite a los estilos individuales que reflejan una organización/adaptación al tiempo (¿cuál es mi momento mejor?, ¿cuándo presto más atención?, ¿cuándo trabajo mejor?).

Entre las actividades que pueden proponerse indicamos:

- El *juego de las previsiones*, es decir, alimentar expectativas sobre el entorno haciéndolo previsible: ¿qué se hace después de esto? Cuando sucede esto, ¿pasa también esto otro?
- Reconstruir *esquemas de acciones* y *situaciones de comportamiento* relacionados con diversos contextos: ¿cómo se comporta uno cuando...? ¿Cómo hay que vestirse cuando...? ¿Qué pasa cuando...?
- Realización de *mapas cognitivos del tiempo*, como el juego de la memoria: reconstruir (mentalmente) acontecimientos pasados (qué pasó ayer y qué pasó antesdeayer; qué ha hecho el abuelo antes de ponerse a conducir el coche), el juego de la memoria lingüística (las *palabras* del tiempo: *antes, ahora, después, ayer, hoy, mañana, me he ido, voy, iré*), el juego de la recogida de *indicios* (si veo un tocón, quiere decir que antes había un árbol, si veo la paja, quiere decir que antes había trigo, del mismo modo, si veo los cimientos, después habrá una casa, etc.) El instrumento más adecuado para la trasposición de las experiencias es la representación de los hechos –o de las hipótesis– en una secuencia gráfica.
- Las *acciones y el tiempo*, como el juego de la producción de ritmos motores espontáneos (danza), el juego de cumplir acciones simultáneamente o después de las acciones de otro, los desplazamientos del cuerpo por una

orden o por los ritmos dados (ajuste al tiempo y la sincronización motriz): por ejemplo, el juego de las estatuas, los juegos de duración: cumplir acciones rápidamente y después lentamente; ralentizar y acelerar una acción.

Propuesta 6. Hoy es...

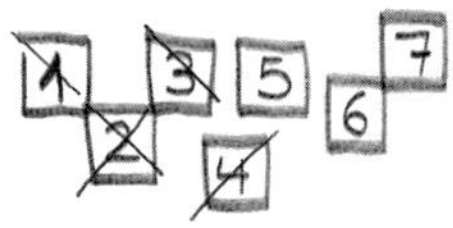

El objetivo de esta propuesta es captar el paso del tiempo: se podría realizar, por ejemplo, la división del tiempo en periodos (día, semana, mes):

- Fotografiar los diversos momentos del día y ordenar las fotos en secuencia;
- Observar las fotos y la secuencia.
- Equipar el espacio «Hoy es ...».
- Encontrar, con ayuda de los niños, un elemento que caracterice cada día de la semana (el lunes se lleva la ropa a la escuela, el jueves viene el maestro de música).
- Pegar a un cartón una foto, una imagen o un símbolo que represente el elemento caracterizador.
- Añadir el nombre del día.
- Pegar en el cartel los cartones colocándolos, uno después de otro, en orden hasta completar la semana.
- Preparar una flecha: se mueve cada día e indica en qué día de la semana estamos.
- Memorizar canciones sobre los días de la semana.
- Pegar en el cartel un cartón con el nombre del mes en el que estamos: señalar los niños que en ese mes cumplen los años; indicar las actividades previstas (teatro, excursiones, fiestas).

Propuesta 7. El reloj

¿Cómo tratar con los niños la idea del tiempo? La propuesta didáctica que presentamos aquí se propone este propósito. Los objetivos que se marca, en síntesis, se refieren a las capacidades de:

- Describir los hechos explicando sus relaciones causales.
- Proyectar con otros interlocutores acciones y situaciones para realizar juntos.
- Reconocer y verbalizar la sucesión temporal de un hecho.
- Introducir en el lugar correcto un elemento dentro de una serie predeterminada.
- Reconocer y aplicar unidades de medida acordadas en una división temporal (duración y sucesión).
- Reconocer y adquirir los elementos principales y las etapas esenciales de un contexto ambiental.
- Intervenir en el ambiente, aplicando conceptos y procedimientos conocidos o adquiridos en contextos diferentes y nuevos.

Los materiales necesarios son: grabadora, máquina fotográfica, papel cuadriculado, hojas de papel graduado, cola, grifo, cubetas y recipientes variados, frasquito de gotero con el cilindro de soporte, tubo y válvula.

El maestro conversa con los niños sobre el tema en cuestión: ¿qué es el tiempo? ¿Cómo se puede medir? ¿Cuáles son los instrumentos para medirlo? ¿Cómo se puede hacer en clase un reloj para medir el tiempo?

El maestro propone a los niños que definan el tiempo que se mide. Puede identificarse en el tiempo de la escuela, donde las unidades de tiempo que medir son cinco: entrada, actividades, comida, reposo, salida.

Se realizan fotografías de los momentos identificados con los niños. Los cinco momentos se observan y analizan. Se hace hincapié en la *regularidad* de esos momentos. Con este fin, se realiza la secuencia fotográfica de una cerilla que se enciende. Se pide a los niños que ordenen las fotografías en el orden correcto.

El maestro invita a los niños a utilizar el agua como elemento para medir el tiempo. Les propone diversos juegos (libres o guiados) con el agua para demostrar cuánto tiempo hace falta para cumplir determinadas acciones. Por ejemplo: cuántos vasos de agua se llenan en el tiempo en que un niño va y vuelve del taller científico a la clase o al taller de cocina...

Una conversación en común adecuada permitirá detectar las condiciones para poder medir el tiempo con el agua:

- La apertura del grifo debe ser proporcional al tiempo que se va a medir; durante la medición la abertura del grifo debe ser constante.
- Existen errores de medición: no es evidente que, por ejemplo, se necesiten exactamente seis vasos llenos para hacer el recorrido.

Se realiza el reloj de agua. Se utiliza un depósito que contenga agua y se gradúa con el fin de medir los cinco momentos identificados por los niños. Un instrumento simple y eficaz es el frasquito del gotero con su correspondiente tubo y la válvula para regular el flujo. Se necesita también un soporte para mantener en alto el frasquito y un contenedor cilíndrico que recoja el agua que gotea. El cilindro se graduará de forma proporcional al reloj lineal que se ha realizado en la clase en una fase anterior.

El maestro invita a los niños a trasladar los datos del cilindro a una hoja cuadriculada como la utilizada para el reloj lineal. Se procede entonces a comparar los datos obtenidos entre los dos relojes. A continuación se pide al grupo que realice la comprobación de las hipótesis formuladas previamente y que comunique los resultados de la experiencia al resto de la clase.

Algunas ideas de los niños sobre el tiempo: el tiempo es...

- «El tiempo pasa y pasan los días» (Giorgia).
- «El tiempo es los días que pasan» (Antonio).
- «El tiempo son los días» (Sara).
- «El tiempo es el Sol» (Andrea).
- «El tiempo es cada día que pasa» (Enrico).
- «El tiempo puede ser un reloj que hace el tiempo» (Nicola).
- «Es que una vez llueve, una vez hay sol, una vez hay niebla» (Stefano).
- «El tiempo es la Tierra, porque pasan los días que hacen que todo cambie: crece el prado, las flores son cada vez más grandes, las plantas y nosotros somos más altos» (Sara).
- «El tiempo pasa cada día por el reloj» (Davide).
- «El tiempo pasa porque la Tierra gira y gira, pero despacio porque es grande» (Enrico).
- «Si gira deprisa parece un terremoto» (Giorgia).
- «Se sabe que el tiempo pasa porque está la mañana y luego viene la noche» (Antonio).

Notas

1. GARDNER, H. (1987): *Formae mentis. Saggio sulla pluralità delle ingelligenze*. Milán. Feltrinelli. (Trad. cast.: *Estructuras de la mente. La teoría de las inteligencias múltiples*. México. Fondo de Cultura Económica, 1994.)
2. GARDNER, H. (1992): *Imparare ad apprendere*. Milán. Feltrinelli, p. 97.
3. Esta propuesta ha sido creada por los maestros de la escuela infantil Anderlini de Módena.

8

El taller de los mensajes, formas y medios de comunicación

Qué dicen las Orientaciones

El ámbito de experiencia de los mensajes, formas y medios

El ámbito de experiencia de los mensajes, formas y medios, según lo descrito en las Orientaciones de 1991:

> *[...] considera todas las actividades inherentes a la comunicación y expresión visual, sonoro-musical, dramático-teatral, audiovisual y multimedia y la estrecha relación entre ellas.*

A partir de la evidencia de que muchas de estas formas expresivas forman parte de la tradición consolidada de la escuela infantil, las Orientaciones subrayan la importancia de que la atención en la escuela infantil a los lenguajes no verbales no sólo se conserve, sino que se potencie. Es más, es importante que dichos lenguajes se utilicen lo más correctamente posible y que se prepare oportunamente a las niñas y niños para su utilización.

Los objetivos de esta consolidación deben buscarse:

- En la importancia que reviste hoy, en la sociedad de la información y la era multimedia, la capacidad de cada persona de comprender, traducir y reelaborar mensajes en varios códigos.

- En las posibilidades imaginativas, inventivas y creativas que conlleva poseer tales capacidades: son la base para el desarrollo de una creatividad ordenada y productiva.
- En su defensa eficaz contra los riesgos de homologación imaginativa y creativa.

Los contenidos dominantes propuestos por el texto de las Orientaciones se resumen a continuación.

Actividades gráficas, pictóricas y plásticas

Corresponden a los lenguajes de la comunicación expresiva visual. La organización de este tipo de actividades gira en torno a dos líneas:

1. Las niñas y los niños deben iniciarse en la producción, utilización e intercambio de señales, técnicas y productos, es decir, deben desarrollar múltiples actividades gráficas, sirviéndose de técnicas e instrumentos diferentes.
2. El entorno vital de las niñas y los niños debe estar preparado de tal modo que constituya una situación constante de estímulo para la fantasía, la imaginación y la creatividad a través de la presentación de una gama diferenciada de experiencias.

Actividades dramático-teatrales

Este tipo de actividades corresponden a los lenguajes de la comunicación expresiva gestual y consisten en el desarrollo de procesos regulados de identificación y proyección; en otras palabras, *meterse en la piel de otro*, disfrazarse o recitar un papel suponen una experiencia enriquecedora que contribuye a reforzar la propia identidad, a identificarse con las emociones de los demás y a ejercer el control de la propia emotividad.

Están previstos, en función también de la disponibilidad de materiales, distintos tipos de actividades y juegos:

- Juegos simbólicos y de ficción, libres y guiados.
- Juegos con máscaras.
- Disfraces.
- Uso de títeres y marionetas.
- Dramatizaciones de hechos, situaciones y narraciones.

Actividades sonoras y musicales

Se refieren a los lenguajes de la comunicación expresiva musical. Es un hecho que las niñas y los niños viven en un mundo caracterizado por la copresencia de estímulos diversos, cuya superposición excesiva y desorganizada puede provocar una disminución en la atención y una falta de interés, de modo que la acción educativa en este ámbito deberá moverse hacia:

- El descubrimiento y conocimiento de la propia imagen sonora.
- La exploración del entorno sonoro.
- El uso de los sonidos de la voz.
- El uso de objetos e instrumentos tradicionales y electrónicos.
- La utilización de instrumentos de grabación y amplificación.
- El uso de instrumentos musicales (instrumental didáctico).
- La realización de actividades, como la invención de sencillas melodías, sonorización de cuentos y relatos, actividades rítmico-motrices, juegos de representación simbólica de sonidos, descubrimiento y uso de criterios musicales.

Educación multimedia

Su objetivo es la experiencia televisiva, los juguetes electrónicos, los instrumentos técnicos de la vida diaria con los que se relacionan la niña y el niño. Concretamente, se insiste en la posibilidad de la escuela infantil de encontrar muchas ocasiones didácticas a través, por ejemplo, del montaje y desmontaje, el análisis, el juego de dramatización de:

- La radio y la televisión.
- El cine.
- Los dibujos animados.
- Los tebeos.
- La publicidad.

Las habilidades relacionadas con el taller

La educación expresiva

Nos parece interesante enlazar el taller de la educación infantil con la educación estética y afrontar el problema en dos direcciones:

- La primera hace referencia a un carácter específico, origen de la escuela infantil (caso de las experiencias de la región de Emilia Romaña y, en especial, de la ciudad Reggio Emilia de Italia): la promoción de la educación expresiva a través de la organización del taller que confluirá después directamente en uno de los ámbitos de experiencia (Mensajes, formas y medios).
- La segunda tiene un carácter más amplio y se mueve en el ámbito de la calidad de los espacios del taller.

Por una cultura estética

En referencia al primer aspecto, no podemos olvidar que la educación artística ha representado uno de los primeros y más eficaces instrumentos de definición-realización de un modelo de escuela infantil entre los más avanzados de Italia y el mundo.

La escuela infantil es el centro formativo en el que, más que en ningún otro contexto de formación básica, la educación expresiva ha asumido un papel central. La estética se entiende como señal de respeto de la dignidad de ser hombre y, al mismo tiempo, plantea las condiciones para desarrollar al máximo las potencialidades creativas individuales.

Partiendo del convencimiento de que cada niña o niño tienen derecho a lo mejor que se les pueda ofrecer, de todo lo perceptivamente bello, elegante, agradable y placentero, la educación estética ha conocido su mayor desarrollo en estas realidades en dos aspectos:

1. A través de la realización y la gestión de un taller específico y permanente, el expresivo, cuya actividad y productos se han colocado en el centro de todo el proyecto educativo (por eso, en algunas escuelas infantiles todavía hoy está presente institucionalmente y se incluye en la organización la figura profesional del encargado del taller de expresión).
2. A través de la convicción general (acompañada de las consiguientes actuaciones) de que la niña y el niño deben estar inmersos en un contexto de belleza (a partir del entorno) y deben respirar permanentemente una atmósfera en la que el arte forme parte del contexto diario. La estética es, en este sentido, un objeto específico de educación, las capacidades perceptivas y la pluralidad de los productos expresivos ocupan con pleno derecho el día a día de los niños.

Los objetivos del taller

En relación con el segundo aspecto, a la hora de realizar (y utilizar) el taller hay que tener presente que:

- Crear un ambiente quiere decir siempre construir un *mundo social* caracterizado por una propia especificidad e identidad.
- Un entorno ejerce siempre, y profundamente, influencias en los pensamientos, las emociones, las vivencias y, en consecuencia, también en las actitudes y los comportamientos: el lugar de trabajo –y, en general, los entornos donde se pasan los diferentes momentos del día– no es algo indiferente ni neutro; por el contrario, nos toca de cerca y nos condiciona negativa o positivamente.
- Intervenir en el entorno es, por consiguiente, intervenir en el mundo social y, viceversa, para modificar las atmósferas sociales, los climas organizativos y los contextos emocionales. A veces también conviene intervenir en la organización del entorno físico.
- El contexto físico exterior contribuye e influye en la construcción de las imágenes mentales: de ahí que sea importante reducir o recomponer las discrepancias entre el entorno físico y sus representaciones; es decir: lo oculto ejerce un influjo innegable e ineludible; por eso, deben ponerse en tela de juicio, por un lado, los contextos de trabajo excesivamente lineales o demasiado simplificados y, por otro, los ámbitos de actividad en los que la comunicación sea caótica, perceptivamente desorientadora, sin un orden interno.

Las características del taller

El presente ámbito de experiencia recoge, en su interior, prestaciones muy diferentes y, como resultado, el repertorio de habilidades a las que se puede aludir varía en función del tipo de lenguaje considerado. No obstante, es posible considerar para cada ámbito (el gráfico-pictórico, el sonoro-musical, el dramático-teatral y el multimedia) algunos elementos comunes.

El elemento común de los diferentes talleres relacionados con la comunicación expresiva es el signo. Los modos de producir signos son muchos: desde el trazo de bolígrafo a la producción gráfica, de un motivo musical a una sintonía televisiva, de un gesto utilizado habitualmente a una representación teatral. El objeto de interés de este ámbito de experiencia es el de ver el *signo* (o la variedad de signos) como objetos culturales. Es posible identificar la copresencia de dos planos del signo: el *signo como contenido* y el *signo*[1] *como expresión*.

- El plano de los *contenidos* remite al concepto de *artefacto*[2] y se refiere a la producción de un *objeto manufacturado* (cultural) que incluye una organización y un trabajo (uso de materiales, adopción de técnicas específicas, necesidad de proyecto, diseño).
- El plano de la expresión se caracteriza por las reglas que están tras los modos de realizar un producto: se refiere, por un lado, a la intencionalidad (¿qué se pretende comunicar –a uno mismo o a los demás– a través de la producción de un determinado signo? Seguimos, en definitiva, en la esfera del significante.) y, por el otro, al resultado (¿qué se pretende o se ha pretendido realizar –por ejemplo, en el plano de las informaciones, las emociones, etc.– y qué se ha comunicado? Nos encontramos en la esfera del *significado*).

A continuación se muestra una tabla sinóptica referida a la educación de la imagen[3], la educación del sonido y la música, la educación gestual y teatral y la educación multimedia.

Tabla sinóptica de las habilidades de los talleres del ámbito de experiencia mensajes, formas y medios

HABILIDADES LIGADAS A LA MEMORIZACIÓN Y ADQUISICIÓN DE AUTOMATISMOS	
TALLER GRÁFICO-PICTÓRICO	♦ Uso de las competencias sensoriales-perceptivas fundamentales. ♦ Conocimiento y uso de los instrumentos elementales (pincel, lápiz...). ♦ Adopción de técnicas sencillas y complejas (líneas, siluetas, rellenos, realización de un collage, de un grafito). ♦ Modelos de clasificación sencilla de formas y colores.
TALLER SONORO-MUSICAL	♦ Concienciación de los sonidos, de su procedencia, de quién los ha producido. ♦ Distinción de las características de los sonidos (ambiente, voz, instrumentos). ♦ Uso de términos apropiados para describir los sonidos ♦ Uso de instrumentos sencillos como la grabadora. ♦ Clasificación de los sonidos a partir de uno o más criterios (altura, timbre, duración, intensidad).

HABILIDADES LIGADAS A LA MEMORIZACIÓN Y ADQUISICIÓN DE AUTOMATISMOS (CONT.)	
TALLER DRAMÁTICO-GESTUAL	♦ Uso de formas gestuales sencillas. ♦ Capacidad de sincronizaciones motoras sencillas. ♦ Imitación de posiciones del cuerpo y expresiones de la cara sencillas.
TALLER MULTIMEDIA	♦ Reconocimiento de personajes, situaciones, contextos. ♦ Reconocimiento de mensajes multimedia (los eslóganes, la publicidad). ♦ Uso de formas sencillas del lenguaje multimedia: un eslogan, una señal. ♦ Identificación de los lugares de los mensajes multimedia.

HABILIDADES ENTENDIDAS COMO USO Y APLICACIÓN DE TÉCNICAS	
TALLER GRÁFICO-PICTÓRICO	♦ Reconocimiento de procedimientos para la realización de productos gráficos (por ejemplo, elementos simétricos de imágenes, relación figura-fondo). ♦ Traducción de mensajes verbales o gestuales a gráfico-plásticos. ♦ Resolución icónica de términos utilizando técnicas e instrumentos apropiados.
TALLER SONORO-MUSICAL	♦ Uso de instrumentos musicales, conocimiento de sus nombres. ♦ Reconocimiento de melodías, ritmos, secuencias sonoras. ♦ Ejecución de formas sencillas: cantar una canción. ♦ Exploración de las potencialidades sonoras de objetos. ♦ Audición de músicas.
TALLER DRAMÁTICO-GESTUAL	♦ Uso de instrumentos típicos de la representación dramático-teatral: el maquillaje, la ropa. ♦ Representación de un papel de un guión establecido previamente. ♦ Capacidad de referir los propios comportamientos expresivos según un contexto (fondo) dado o acordado.
TALLER MULTIMEDIA	♦ Reproducción, a partir de un modelo, de un mensaje multimedia: una sintonía, una secuencia gráfica. ♦ Uso de instrumentos y técnicas típicos del mensaje multimedia: grabadora, escenografía, textos.

Habilidades de método y formulación de hipótesis	
Taller gráfico-pictórico	♦ Actividades de descripción, prescripción, documentación. ♦ Análisis de las técnicas y los significados de productos gráfico-pictóricos
Taller sonoro-musical	♦ Reconocimiento de características peculiares de un mensaje sonoro. ♦ Intervención con producciones sonoras acordes a un contexto (por ejemplo, la creación de la banda sonora de un relato). ♦ Realización de proyectos, como la construcción de instrumentos o la invención de pequeñas secuencias sonoras.
Taller dramático-gestual	♦ Decodificación de mensajes de contenido o relación expresados gestualmente (cara, miembros, todo el cuerpo). ♦ Codificación de mensajes de contenido o relación expresados gestualmente (cara, miembros, todo el cuerpo). ♦ Lectura de un guión. ♦ Elaboración de un guión.
Taller multimedia	♦ Análisis de un mensaje: la historia de un tebeo, las secuencias de un anuncio, las modalidades organizativas de una sintonía, etc. ♦ Producción de un mensaje: uso de las técnicas y los instrumentos más oportunos para su confección.
Habilidades inventivas y creativas	
Taller gráfico-pictórico	♦ Producción de mensajes gráficos (por ejemplo, una publicidad, una señal). ♦ Identificación de soluciones originales para la realización de mensajes gráfico-pictóricos.
Taller sonoro-musical	♦ Ejecución de secuencias de sonidos con partitura (por ejemplo, los ruidos que acompañan una breve historia). ♦ Interpretación de una música con movimientos de danza. ♦ Construcción de secuencias rítmicas.
Taller dramático-gestual	♦ Reproducción con lenguajes gestuales de experiencias y conceptos con la máxima similitud a la realidad. ♦ Reelaboración e interpretación con los lenguajes gestuales de las propias experiencias reinterpretadas creativamente.
Taller multimedia	♦ Formulación de hipótesis para la realización de un mensaje *eficaz*. ♦ Puesta a punto de las líneas significativas de un proyecto para la realización de un mensaje publicitario.

Hacia una integración polivalente de los lenguajes

Un lenguaje plural

Este taller se entrecruza y se combina con las habilidades ligadas a la corporeidad, la lógica, la expresión y la concienciación de uno mismo y de la propia identidad.

Los lenguajes del cuerpo

El taller de los lenguajes expresivos trata el doble aspecto del *cuerpo vivido* y el *cuerpo representado*.

Con relación al *cuerpo vivido*, es posible identificar ámbitos de actividad como:

- La observación y el estudio de las expresiones del cuerpo y sus partes: de la cara, las manos, los movimientos de todo el cuerpo.
- Las palabras para describir el cuerpo y sus expresiones: yo, los compañeros, las imágenes de las fotografías, de los periódicos, de la televisión.
- La participación emocional a través de la dramatización y la recitación: la imitación, la proyección, la identificación.
- El cuerpo y su fondo: los contextos del cuerpo.
- El cuerpo en la actividad mímico-gestual: la relación con el ritmo, el uso de objetos como aros o varas con cintas, realización de figuras, la coreografía.

Con relación al *cuerpo representado*, es posible identificar ámbitos y técnicas de actividades como:

- Estudio del cuerpo en movimiento. Repetición/reproducción de posturas y esquemas de movimiento (gestos, posiciones del cuerpo, coreografías).
- Conocimiento de uno mismo: los disfraces, la utilización de posturas, estilos, etc. repetidos e imitados o bien inventados.
- Uso de símbolos.
- Representaciones mímicas.
- Movimientos de danza acompañados de música.

El lenguaje verbal

Este taller se ocupa del uso del lenguaje oral o escrito con fines expresivos.

Para la *lengua hablada* indicamos a modo de ejemplo:

- El descubrimiento de los ritmos de las palabras, sus sonidos, sus asonancias: palabras en rima.
- Los distintos modos de pronunciar las palabras.
- Las palabras de los personajes (cuáles son las palabras del lobo, las de Caperucita, etc.).
- Los tonos de la voz (*¿cómo* contar una historia?).
- Juegos de diálogos entre dos personajes (marionetas).

Para la *lengua escrita* proponemos a modo de indicación:

- Recogida de textos, por separado o combinados con imágenes.
- Juegos con *collage* de letras; composiciones de figuras con textos recortados.
- Observación de la escritura en la pantalla (los textos pasan, se acercan, se alejan, se agrandan y disminuyen, se mueven en la pantalla).
- Juegos de la palabra escrita con la máquina de escribir, con el ordenador.

Hacia el taller-juego

Este taller se abre a diferentes actividades de proyección del entorno y el juego. Veamos algunas sugerencias:

- Juegos diferentes sobre las formas geométricas: dibujar líneas cerradas, juegos de rellenado de superficies, actividades con tijeras y cola.
- Reproducción de ritmos gráficos (por ejemplo, el perfil continuo de la empalizada, el esquema repetitivo de los pisos de un rascacielos, la fuga de los arcos de los pórticos, las cimbras de un tejado, las cruces inclinadas de las paredes de la casa sajona, los *juegos visuales* del pavimento de una plaza).
- Identificación de los ritmos sonoros de un contexto: el correr del agua, el timbre intermitente del teléfono, el ritmo del tren, el acelerón del coche...
- Los aumentos de figuras y de detalles de las figuras, las proporciones entre las partes.
- Descripción y representación de recorridos, mapas, juegos con laberintos.
- El estudio del espacio: vacíos, llenos, encima, debajo; rellenar, trazar los contornos.
- El espacio proyectado: un plástico, los frutos de la huerta, el foso de la clase...

El juego de proyectar

Este ámbito se plantea el problema de la sistematización y la racionalización de los materiales y los productos expresivos. Como ejemplo proponemos:

- La realización de un archivo de imágenes: de animales, plantas, casas y plazas, del campo y el bosque, de los medios de transporte.
- Los materiales y los objetos de la naturaleza: la recogida de piedras, de conchas, de semillas, de hojas, etc., para su observación, clasificación y organización en una exposición (por ejemplo, de plantas del parque), de un catálogo (por ejemplo, de hojas), etc.
- Trabajar con la luz: la lupa y sus posibilidades, las transparencias y las opacidades, el caleidoscopio.
- Trabajar con el aire: el soplido y las modalidades expresivas de la respiración, la acción del viento en los movimientos del cuerpo.
- Los límites y los contornos: juegos de recortar, de calcar, dibujo de recorridos, de laberintos, etc.

El lugar de los lenguajes expresivos

Este ámbito hace referencia también al estudio de las diferentes gramáticas de los lenguajes expresivos, es decir, los instrumentos, las técnicas y las modalidades típicas para el desarrollo de las *actividades gráficas, pictóricas y plásticas* (por ejemplo, el estudio del color, las técnicas para su uso, el *collage*, el decapado, la incisión, el grafito, la restauración, etc.), de las *actividades dramático-teatrales* (de las diferentes formas de gestualidad, juegos de mímica, marionetas a la dramatización propiamente dicha de situaciones marcadas por un guión), de las *actividades sonoras y musicales* (el uso de instrumentos variados, la audición de música, la producción de partituras) y la *educación multimedia* (el uso de instrumentos de reproducción de sonidos, como la grabadora; las múltiples posibilidades del medio televisivo: análisis de la publicidad, de películas, de programas específicos, de fórmulas comunicativas como los textos, las sintonías de los programas, etc.; iniciación al ordenador y a sus formas de uso utilizando programas específicos).

La identidad propia y ajena

Quizá más que otros, el ámbito de la expresividad y la creatividad es capaz de evidenciar las posibilidades individuales y subjetivas. Nunca como en este ámbito es posible afirmar que no existe una única solución, una sola modalidad de enfoque, una sola perspectiva. Imagen, sonido, gesto y medios de comunicación se proponen como escuela individual (en la que prima la comparación con uno mismo) y como lugar colectivo de fuerte interacción e intercambio.

Además, a partir de la representación, ejecución, dramatización, relación con los medios se favorece una relación con las experiencias y las cosas a través de formas múltiples y flexibles. Un aspecto significativo en este sentido tiene que ver con la relación problemática y abierta con las diferencias. A modo de ejemplo se puede pensar en:

- Los muchos modos de dibujar una casa o un árbol, aunque se parta de esquematismos y estereotipos.
- Las múltiples formas de identidad sexual reconocibles también en los estilos, en los roles, en los gestos de la dramatización.
- Las formas iguales y diferentes de vivir de personas diferentes y lejanas para nosotros: el estudio de las casas, los entornos, las costumbres alimentarias...

Los espacios y los materiales

Variedad de ámbitos

El presente ámbito de experiencia remite, como ya se ha dicho, a una variedad de formas de utilización y producción de mensajes. Si, por un lado, dichas formas (la gráfico-pictórica, la sonora-musical, la dramático-teatral, la multimedia) pueden integrarse entre sí de muchas maneras (la representación gráfica de mensajes sonoros, la dramatización corporal de músicas, la función multimedia de una secuencia dramático-gestual, etc.) es indudable que a cada forma señalada le corresponden modalidades específicas y peculiares de organización del taller.

En los apartados siguientes, proponemos sintéticamente y a modo de ejemplo algunos materiales e instrumentos que cada taller debería incluir e indicamos algunas propuestas de actividades.

El taller gráfico-pictórico

El ámbito de referencia de este taller tiene que ver con las denominadas *artes visuales*: el dibujo, la pintura, la escultura, así como la fotografía y el cine.

Una clasificación de la educación de la imagen puede reducirse a tres figuras[4]:

1 Las *funciones perceptivas*: permiten recoger informaciones del entorno atendiendo, tanto a las *marcas* perceptivas primarias (los colores, las formas, las dimensiones, las repeticiones, las texturas) como a las reglas que rigen los datos perceptivos primarios.

2 Los *materiales*, los *instrumentos* y las *técnicas*: los materiales constituyen la base necesaria para realizar cualquier producto; los instrumentos pueden entenderse como *objetos-prótesis* que sirven para producir otros objetos; las técnicas se caracterizan por la forma de actuar sobre la materia.

3 Las *habilidades constructivas y creativas* de las niñas y los niños cuando operan en el taller expresivo pueden traducirse en las contraposiciones bipolares de la reproducción e imitación y de la invención y creatividad: el primer binomio se refiere a la capacidad de *reproducir* la realidad mediante una copia; el segundo a la capacidad de *reinterpretar y transfigurar* la realidad.

A continuación se propone una lista de los materiales y los instrumentos que debería poseer el taller.

- Para el dibujo:
  - Papeles de diversos tipos, color y dimensiones; papeles transparentes, brillantes, papel pinocho, papel de embalar.
  - Lapiceros, lápices de colores, rotuladores, tijeras, cola, acuarelas.
- Para la pintura:
  - Témperas, pintura al óleo, contenedores diversos.
  - Pinceles de varias formas y tamaños.
  - Papel, telas, paneles de aglomerado, paneles de fibra de vidrio, fregadero.
  - Caballetes, paletas, mesa grande para el trabajo en grupos, carrito para llevar los colores, pizarra, panel retroiluminado de pared, espejos de distinta forma.
- Para la escultura:
  - Paquetes de arcilla, herramientas diversas para modelar la arcilla, horno de cocción, alambre, escayola, tela de saco, etc.
- Para la relación con la obra de arte:
  - Diversas colecciones de imágenes artísticas, libros, catálogos de obras de arte, guías de pinacotecas, fotocopiadoras, máquinas fotográficas.

- Para las actividades extraescolares:
  - Encuentros con pintores, visita de un estudio de arte.
  - Exploración de los lugares artísticos (la iglesia, el museo, la pinacoteca, la plaza).
  - Visitas al entorno natural y social para captar las características significativas del paisaje e identificar fórmulas interpretativas utilizando técnicas adecuadas.
  - Lectura y elaboración de mapas (de una plaza, de un porche, de una fachada, etc.).

El taller sonoro-musical

El ámbito de referencia de este taller debe identificarse dentro de las llamadas *artes del sonido*: el uso de la voz y el canto, la ejecución e interpretación con instrumentos, la composición, el trabajo y la producción de los *técnicos de sonido* (del uso de la grabadora al uso de la calculadora).

También puede realizarse una clasificación de la educación al sonido y la música centrada en tres figuras[5]:

1 La *pertinencia estésica*: hace referencia a habilidades y prestaciones de tipo elemental; además, se refiere a procesos de percepción (en términos semiológicos se hablaría, a través de la acción de estrategias perceptivas, de la búsqueda de significados).

Desde el plano operativo, la pertinencia estésica se refiere, por un lado, a las *marcas perceptivas* de los sonidos (altura, intensidad, duración, timbre) y, por otro, a la progresiva toma de conciencia de las reglas que rigen dichos datos (los ritmos, las dinámicas).

Desde el plano simbólico, la pertinencia estésica tiene que ver también con aspectos de tipo cualitativo: nos referimos, por ejemplo, a las oposiciones agradable/desagradable, estimulante/aburrido, hermoso/feo.

2 La *pertinencia neutra* remite directamente a la experiencia concreta de las niñas y los niños en la relación de exploración con contenidos y formas (en términos semiológicos se hablaría de *canal*).

Por un lado, observa los aspectos concretos y materiales (un determinado grupo de sonidos, una determinada composición musical), por otro, los instrumentos prácticos y las técnicas dirigidas a la lectura o realización concreta y contingente de un determinado producto.

3 La *pertinencia poética* se refiere a los procesos de producción y creación (en términos semiológicos se hablaría de *significante*). Se refiere al sujeto productor de un objeto cultural (una composición, una interpretación).
El criterio poético tiene en el punto de mira las estrategias del sujeto (los procesos de análisis, síntesis, identificación, elección de métodos, imaginación y creación) para la producción de un *objeto cultural*. Y un objeto cultural no es nunca un objeto casual, así como un acto creativo no es una acción improvisada.

El taller sonoro-musical se caracteriza principalmente por:

- La presencia de un espacio adecuado en el que se pueden explorar los sonidos (producidos por objetos e instrumentos) a título individual, en compañía o bien en contextos estructurados (por ejemplo, un coro o una pequeña orquesta).
- La posibilidad de albergar instrumentos musicales diferentes. Por ejemplo: instrumentos de percusión (tambores, panderetas, palitos, platos, campanas tubulares, gong, etc.); instrumentos de viento (flautas, flautines, flauta de émbolo, trombas, chiflos, silbatos, armónica, etc.); instrumentos de teclado (piano, xilófonos, etc.).
- La presencia de instrumentos para manipular el sonido: reproductores, amplificadores, casetes, lector de compactos.
- La posibilidad de ejercitar la voz de varias formas: una tarima para un coro (practicable); posibilidad de grabación y reproducción, superposición de la voz.
- La oferta de una audioteca: disponibilidad de una recopilación de cintas grabadas, de compactos para escuchar en pequeños o grandes grupos, equipo de música con varias salidas, para que eventualmente se pueda escuchar con auriculares.
- La posibilidad de componer música: a través de improvisaciones, explorando las posibilidades ofrecidas por cada instrumento y sus combinaciones; a través de la creación de breves secuencias sonoras; a través de la composición, en grupo, de breves partituras (detectando formas espontáneas y compartidas de escritura musical).

El taller dramático-teatral

También la clasificación de este taller puede centrarse en tres figuras:

1. El *juego dramático*: la gestualidad y la representación se expresan, por lo general, en forma de juego en un contexto en el que las prestaciones tienen un carácter improvisado y la representación puede seguir un tema o carecer de un sujeto o guión preciso; se identifican las *gramáticas* del gesto en una función expresiva y representativa.
2. La *representación teatral*: la representación tiene un sujeto preciso y se proyecta por anticipado; se pide a las niñas y los niños que se relacionen, del modo que les resulte más cómodo, con la situaciones previstas por una indicación o un guión; se identifican estrategias y se llegan a convenciones que se adoptarán para la buena marcha de la representación.
3. La *producción teatral*: la representación de historias construidas conjuntamente, la formulación de hipótesis de grupo para la solución de problemas específicos; se trata de una fase creativa en la que las niñas y los niños cooperan para realizar un guión.

El taller dramático-teatral debe colocarse con pleno derecho en el proyecto curricular y está estrechamente relacionado con otras habilidades preestablecidas por el ámbito de experiencia relativo a los mensajes, formas y medios y los demás campos de experiencia.

De hecho, se debe huir de una concepción que reduce la educación teatral a la obra de fin de curso, según lógicas improvisadas y no vinculadas a un preciso proyecto de continuidad. La experiencia dramático-teatral puede garantizar la posibilidad de proyectos *transcurriculares*, que encuentran puntos de conexión con el resto de ámbitos de experiencia. Por otra parte, a través de la especificidad de la gestualidad teatral, se ofrece a los niños la posibilidad de asumir procedimientos y técnicas *actoriales*, según una lógica basada en el descubrimiento y la experimentación.

Para la realización del taller teatral, hace falta un espacio bastante amplio en el que se puedan representar escenas y situaciones. Se piensa en especial en:

- Una amplia tarima/escenario con la posibilidad de colocar un decorado y telones.
- Un espacio para disfrazarse y maquillarse.

- La colocación de luces en los puntos estratégicos.
- Un equipo de música para la reproducción, cuando sea necesario, de sintonías, bandas sonoras, etc.

Los posteriores desarrollos potenciales están representados, por último, por la posibilidad de englobar las funciones de los diferentes talleres anteriormente descritos: por ejemplo, poner el lenguaje de la imagen al servicio de la gestualidad puede traducirse en la realización de un decorado para una representación teatral; del mismo modo, el taller musical asume la tarea de la realización de una banda sonora capaz de acompañar la acción escénica. La gestualidad colocada al servicio del taller de la imagen se traduce en la realización del retrato y en el estudio de la representación del cuerpo en movimiento; de forma similar, la gestualidad conjugada con la música remite a las múltiples expresiones del cuerpo incluidas en la danza y la imagen actúa de soporte del mismo modo en que, en el ballet, se habla de coreografía.

Multimedialidad en la escuela

El ordenador ha entrado ya en muchas casas y en no pocas escuelas. La conexión a Internet, hasta hace poco pasión y privilegio de unos pocos, tiene una enorme difusión también en la mayoría de los países europeos.

La escuela, que hasta hace poco parecía reacia a esta nueva oportunidad comunicativa, últimamente ha dado pasos de gigante: asistimos a un proceso de enorme y rápida renovación.

La difusión de este nuevo tipo de modernidad no parece suceder, sin embargo, de forma homogénea. Junto a situaciones muy avanzadas, hay otras que no han comenzado siquiera un mínimo acercamiento a estas nuevas formas de comunicación.

Con relación al término «multimedialidad» conviene una precisión terminológica previa. Cuando se habla, en general, de los nuevos lenguajes y los nuevos instrumentos de comunicación se usa el término *multimedia*. Esta expresión es aplicable a todo aquello que, con la ayuda de una forma de tecnología, permita una comunicación a distancia con los oportunos procedimientos artificiales: de la televisión al cine, al papel impreso, a la comunicación por satélite, a la grabación en vídeo, etc.

El término *media* indica el *medio de comunicación* y se refiere al *medio de transporte* y el soporte técnico que favorece la comunicación por encima de la distancia que se alcanzaría con la voz o con un texto personal (por ejemplo, una carta, una imagen, etc.). *Multi* indica, a su vez, el conjunto de medios que, siendo muy distintos entre sí, contribuyen –si bien en diferente medida y relación, precisamente, con el *medio de comunicación* específico– a alcanzar ese objetivo.

Así pues, se habla en general de lenguajes de masas para entender formas diversas de comunicación que, a través de las tecnologías oportunas, puedan alcanzar velozmente a un número más o menos elevado de interlocutores (a los que no se podría llegar inmediatamente con la relación cara a cara típica de la oralidad y la escritura personal).

Este término se emplea, por extensión, también en el caso del uso del ordenador, y hace referencia, llegado el caso, también al acceso a la red y la navegación por Internet.

Sin duda, el ordenador (y sobre todo su posibilidad de conectarse a la red) representa la novedad probablemente más interesante para la escuela.

Con la conexión a la red se pone en marcha una nueva era, caracterizada por nuevas potencialidades comunicativas que, hasta hace algún tiempo, eran impensables.

Algunos factores culturales de retraso en el proceso de renovación

Si bien el nuevo camino emprendido está repleto de consecuencias positivas y de crecimiento para la escuela, que nunca como hoy se encuentra proyectada en una perspectiva futura, nos parece que hay algunos factores que representan una especie de *freno de mano* a este proceso de crecimiento.

Sobre todo, no faltan ambigüedades y malentendidos.

¿Barrera tecnológica o barrera cultural?

La industria que produce los instrumentos multimedia es mucho más rápida que la capacidad de recepción de la escuela (en realidad, no sólo de ella, sino de toda la sociedad).

Nos limitaremos a exponer algunos ejemplos. En los últimos diez años la memoria Ram, necesaria para hacer funcionar un ordenador personal, se ha decuplicado. En los años noventa 4 megas eran ya una buena cantidad y 8 megas representaban una potencia envidiable. Nadie compra un ordenador hoy que tenga menos de 128 megas de memoria Ram. Lo mismo sirve para los programas (*software*), la capacidad de memoria estática (*hardware*) y la velocidad de lectura de los datos (el microprocesador). Quien compra un ordenador de última generación sabe muy bien que estará a la última no más de seis meses, luego será inexorablemente superado por aparatos más potentes y tecnológicamente más avanzados. Por consiguiente, también los nuevos programas se adecuarán a los nuevos equipos y los anteriores irán quedando obsoletos. La industria informática evoluciona muy deprisa y requiere, periódicamente, nuevas inversiones para la actualización o la reparación de los medios existentes.

Entonces, ¿la escuela está condenada a un estado de permanente retraso? En realidad se trata de un falso problema. Las empresas están obligadas a competir tecnológicamente con otras empresas fabricantes. Sin embargo, no es el caso de la escuela. La competencia tecnológica que se exige a la escuela es sobre todo la conciencia de un *nivel umbral* tecnológico con respecto al cual se puede acceder a los recursos multimedia. Este nivel umbral representa la autonomía (cultural, no técnica) de la escuela con relación a la producción comercial multimedia. En otras palabras, lo que cuenta es construir una especie de independencia multimedia respecto a una oferta, a menudo excesiva, sobre lo *necesario* en educación. El último modelo informático (precisamente porque sigue el modelo industrial) puede quedar muy lejos de la necesidad tecnológica.

¿Tradición o innovación?

Existe un problema de coherencia teórica y práctica a la hora de afrontar la modernidad tecnológica en la escuela. Parece que se observan actualmente dos tipos de maestros:

- De una parte aquellos que declaran explícitamente su fe en las nuevas tecnologías. Algunos consideran que la renovación de la escuela depende de la inversión en los nuevos instrumentos de comunicación. Se trata, en general, de maestros que han adquirido una cierta maestría en las tecnologías de la comunicación, demostrando cierta afinidad hacia los nuevos medios informativos y didácticos.

- De otra parte están los maestros que manifiestan una visible resistencia hacia unos instrumentos que en realidad no conocen.

Así conviven dos tendencias en una misma realidad escolar. Por una parte, aquellos que reconocen a estos medios posibilidades inesperadas, por otra, los que casi tienen miedo, que se acercan tímidamente, y que están íntimamente convencidos de que se trata de una máquina, a fin de cuentas, que no pueden gobernar. En realidad esta desconfianza nace principalmente de una distancia cultural hacia un conocimiento directo y concreto de los instrumentos.

Las dos posturas son señal de las diferentes tendencias de la escuela y ambas son importantes. Ninguna de las dos debe excluirse o prevalecer sobre la otra.

No puede acabar siendo una decisión individual: no pueden acercarse a los instrumentos de la modernidad sólo los que están *dispuestos* a título personal. El paso importante es la construcción de una vía de acercamiento cultural para todos (por ejemplo, el uso consciente e intencionado de la modernidad tecnológica) a partir de las diferencias de las dos posturas.

Los maestros tecnológicos pueden ofrecer una base técnica de acercamiento a una dimensión sospechosa que es al mismo tiempo garantía y reflexión para un uso multimedia conciente de las necesidades reales de la escuela. Construir actividades multimedia educativas fundiendo las competencias tecnológicas y los *problemas* culturales (comprender la duda como recurso) es el camino adecuado.

Una multimedialidad educativa *consciente* es el núcleo de la autonomía educativa y cultural respecto de la oferta indiscriminada de la producción industrial.

El problema de la desigualdad

Sin olvidar todo lo afirmado anteriormente, no se pueden negar tampoco los efectos perjudiciales de un retraso tecnológico en los contextos educativos. En algunas partes del mundo, la modernización tecnológica no ha llegado todavía.

Y la ausencia de infraestructuras técnicas en la zona es sobre todo ausencia de *mentalidad* y cultura tecnológica. No es difícil comprar (físicamente) tecnología: lo difícil es comprar sus posibilidades pedagógicas y didácticas.

No es una cuestión de socialización tecnológica, sino de derecho a igualdad de oportunidades en el ámbito de la instrucción y el trabajo.

Los lenguajes multimedia en la escuela infantil

Hay detractores y partidarios de la modernidad multimedia.

Encontramos, por un lado, los que ven en los lenguajes multimedia la solución de muchos problemas y, por otro, los que conceden escasa confianza a todo lo que es virtual.

No debe sorprender que los partidarios de estas dos posturas opuestas tengan sus buenas razones.

Cuando se habla de *modernidad multimedia* se entienden varias cosas y es posible que se genere una cierta confusión. En otros términos, existen niveles muy distintos entre sí y un maestro o una situación escolar en particular pueden encontrarse en niveles tecnológicos diferentes (y afirmamos esto en un doble sentido: por una parte, en cuanto a las prestaciones y las competencias de cada persona es posible encontrar diferentes grados de habilidad y, por tanto, de utilización, por otra, las diferentes realidades pueden estar dotadas de tecnologías más o menos avanzadas y eficaces con relación a los recursos disponibles y a la pertinencia de las elecciones realizadas sobre la base de las exigencias o de los objetivos perseguidos).

De cualquier modo, sea cual sea el nivel, vale la pena no demonizar ni alabar.

La demonización de las tecnologías esconde muy a menudo, como ya se ha dicho, ignorancia y miedo (que van siempre juntos): se tiene miedo de lo que no se conoce y se tiende a considerar que lo que no se conoce no sirve (o, cuanto menos, no es indispensable). Hay personas que rechazan (se puede asistir a auténticos bloqueos psicológicos) cualquier acercamiento al mundo digital y no son, por consiguiente, capaces de ver las posibilidades potenciales educativas y didácticas.

La exaltación tiende a atribuir acríticamente cualidades mayores a un objeto respecto de su valor real: sobrevalorar significa pensar que las tecnologías informáticas pueden dar a la escuela más de lo que en realidad pueden garantizar. La verdad, como siempre, está en el medio.

Los instrumentos no son en sí mismos indiferentes a la cultura, es más, algunos han contribuido más que otros a su difusión, transformación y calificación. Es el caso, por ejemplo, de la invención de los tipos de imprenta: se trata de una revolución comparable a la de la era informática. La imprenta no ha sustituido a la escritura manual, sino que ha permitido la difusión del libro a una escala impensable para la escritura manual. Ahora es posible escribir con el ordenador, es decir, escribir con luz. Se trata, análogamente, de un nuevo espacio que no sustituye (ni anula) el libro, sino de una posibilidad más, de un instrumento que se añade y que ofrece nuevas oportunidades y nuevas vías.

Sin embargo, no debe olvidarse que los procesadores de textos, así como los tipos de imprenta y el bolígrafo para la escritura manual no son más que instrumentos. El dominio de sus respectivas tecnologías de uso tiene como fin favorecer la comunicación y con ella –en la escuela– mejorar los procesos educativos.

La modernización tecnológica es, en definitiva, una necesidad instrumental para la mejora de la escuela. En un primer grado, igual que la mano (y todo lo que hace cuando actúa de forma sensata y dirigida) no es más que una *prótesis* de la mente, la modernidad multimedia en su fisicidad (el ordenador, el disco compacto, etc.) no representa *físicamente* la cultura, sino que constituye el medio, seguramente no exclusivo, para consolidarla y proponerla en otros contextos, cercanos o lejanos.

Nos preguntamos ahora qué está sucediendo en el plano concreto de la escuela infantil con relación a las tecnologías multimedia. Se trata obviamente de un camino difícil debido, tanto a la falta de homogeneidad de las intervenciones y las oportunidades ofrecidas en las distintas realidades como a la variedad de objetivos perseguidos.

Resulta evidente, además, que, al margen de la velocidad de innovación de la tecnología, el proceso es bastante lento en cuanto al uso técnico y cultural.

Nos parece que debe fijarse la atención, de forma esquemática, en tres figuras: los niños, los maestros y la escuela.

Los niños

Salvo en contados casos (que, por otra parte, suponen más la excepción que la regla), los niños de las escuelas infantiles tienen, en general, bien poco que ver con el ordenador y todavía menos con la red.

Se trata a menudo de instrumentos que conocen en la medida en que los han visto en casa o en el ámbito familiar.

Las escuelas infantiles no cuentan generalmente con tecnologías informáticas y no conocemos, al menos hasta el momento, proyectos de envergadura en este sentido (más allá de algún experimento local) capaces de obtener resultados significativos.

Sin embargo, también se asiste a la difusión de algunas prácticas que, con el tiempo, han llegado a construir una tendencia constante: cada vez es más frecuente encontrar algún ordenador en las clases. No se trata casi nunca de un proyecto auténtico: su inclusión es a menudo resultado de circunstancias fortuitas. La tecnología informática, como hemos dicho, tiene una vida relativamente breve y una evolución muy rápida. En ocasiones hay padres (o también alguna empresa) que se encuentran en la necesidad de actualizar su equipo tecnológico comprando aparatos nuevos. Los ordenadores y los programas viejos quedan relegados y, por tanto, son donados a la escuela. Tampoco faltan, obviamente, los casos en que la escuela infantil compra los ordenadores.

Familiarización tecnológica

El ordenador pasa a formar parte, por así decirlo, de la decoración de la clase; se convierte de este modo en un instrumento para jugar, que puede explorarse a voluntad. En general los niños utilizan juegos de vídeo, si bien no faltan programas de escritura y de dibujo.

A falta de programas específicos, los niños se familiarizan con el aparato: proceden por intentos y errores y aprenden fácilmente algunas rutinas hasta alcanzar cierta seguridad. Se trata de un primer acercamiento, informal y libre, a un nuevo lenguaje y a las primeras formas de contacto y de interacción de la realidad virtual en forma de juego.

En unos casos se utiliza un procesador de textos cuya función es familiarizar a los niños con las letras del alfabeto y la composición de palabras. En otros, un sencillo programa de dibujo inicia al niño en algunas primeras formas de producción gráfica virtual.

Sabemos que los niños podrían navegar con facilidad por un disco compacto preparado para ese fin. Se trata de un medio relativamente sencillo de utilizar: basta con entrar y salir haciendo clic sobre un icono o una imagen clave, o bien volver hacia atrás y *salir* (a menudo basta con seleccionar un icono que representa una puerta con la palabra *salida*) para iniciar otro recorrido.

Se carece por completo de navegación por la red y no debe sorprendernos que, salvo contadas excepciones, todo acabe aquí.

Los maestros

Por lo general, también se invierte muy poco en dotación tecnológica para los maestros (al menos en lo que concierne a la escuela infantil). Si nos encontramos con algún ordenador en la escuela se trata de instrumentos anticuados o de compras personales. Rara vez su presencia es fruto de un proyecto preciso, al que ha seguido una inversión realizada según objetivos dirigidos a conjugar las tecnologías de la comunicación con los procesos educativos.

De haber algo es, por tanto, gracias a la necesidad que sienten directamente las personas interesadas.

El uso de las tecnologías multimedia depende de que estén familiarizados con su empleo y de la formación adquirida.

Pese a que no se podrán señalar todos, en la práctica habitual es posible encontrar ciertos usos de los instrumentos, con relación, tanto a la competencia adquirida en la utilización de los equipos como a la puesta a punto de proyectos específicos.

Escribir

Un primer uso (el menos avanzado tecnológicamente, pero no por ello menos importante) es la utilización de un programa de escritura. En general, el ordenador sustituye a la vieja máquina de escribir. Esta forma de escritura permite corregir y volver a corregir, componer esquemas y preparar tablas, cortar partes y pegarlas en otro lugar.

En general, el procesador de textos se emplea para:

- Escribir textos, como la programación, el plan de oferta formativa, relaciones específicas, etc.
- Preparar materiales para la comunicación con los padres (documentos informativos, cartas, avisos, circulares).
- Elaborar textos (para la realización de carteles, para recortar palabras, etc.).
- Preparar materiales didácticos (fichas, propuestas de lectura, materiales de trabajo específico).

Archivar y documentar

El ordenador permite principalmente construir una memoria de lo que se ha hecho en un archivo. En otras palabras, constituye una interesante forma de documentar el trabajo desarrollado a través de la realización de un archivo personal o compartido de fácil acceso, flexible y siempre disponible. Además, los archivos pueden intercambiarse fácilmente con discos o por correo electrónico.

Otra forma común es el archivo y el uso de imágenes. Se necesita un escáner y un programa para el tratamiento gráfico o fotográfico. Se está generalizando también el uso de cámaras digitales. Es más raro el uso de la cámara de vídeo digital. Esta segunda modalidad se complementa a menudo con la primera: sirve para insertar imágenes en los textos y, en general, para recoger documentación sobre el trabajo realizado. A menudo el uso combinado del archivo de textos e imágenes permite confeccionar cuadernos de documentación que difundir entre los padres u otros maestros.

Otra utilidad, más rara, es la de servirse de archivos informáticos o construirlos directamente. Por poner un ejemplo, el uso del disco compacto. El mercado ya los propone de diversos niveles: a menudo los quioscos cuentan con material de posible uso didáctico en la escuela infantil. También se puede crear un CD-ROM con la ayuda de una grabadora.

Conectarse a la red

Otra modalidad de uso que se está difundiendo es la del correo electrónico. Es una forma rápida y sencilla de comunicarse con otras personas para pedir y dar información o simplemente para mantenerse en contacto. Sin embargo, se trata también en este caso de un instrumento privado: todavía es raro que en una escuela infantil se conceda institucionalmente una conexión a la red (aunque últimamente se han dado pasos de gigante). Asimismo, el uso del correo electrónico, al margen de las razones que lo motiven, resulta todavía relativamente escaso.

Las razones de esta dificultad son fáciles de explicar. La red se presenta al navegador (sobre todo si no es muy experto) como un inmenso almacén digital en el que perderse. Las posibilidades de navegación son inmensas, con multitud de sitios sobre cualquier tema, incluidos los dedicados a la escuela.

También aquí pagamos el precio de estar todavía en una primera fase. Priman todavía las efímeras ganas de estar más que de tener algo que decir. Son muchos los que se presentan al teatro de la red a través de la realización de un sitio propio, con el fin de dejarse ver y de enseñar lo que están haciendo. Son muchos los que se aventuran por la red, pocos los que continúan. No basta con crear un sitio: después de realizarlo, requiere un trabajo asiduo y constante que falta en la mayoría de los casos.

Son relativamente pocos todavía los que, además de tener su escaparate en la red son capaces de suministrar, a través de ella, servicios eficaces, constantes y de calidad.

La escuela

Cada vez más a menudo las escuelas cuentan con instrumentos informáticos, más o menos acordes a la evolución tecnológica del momento. A veces se trata de una auténtica dotación de centro, más frecuentemente de distrito o de dirección provincial.

Los riesgos más habituales parecen ser dos:

1. En algunos casos puede suceder que se coloquen aparatos sofisticados en un rincón, todavía empaquetados y sin utilizar. Esto se debe a que no hay nadie con suficiente competencia técnica para poder usarlos con provecho o, incluso, porque falta un proyecto que incluya su uso.
2. El segundo riesgo es el de la exageración técnica. Maestros bien preparados, programaciones educativas y didácticas llenas de imágenes, CD-ROM dotados de todas las conexiones hipertextuales necesarias. La multimedialidad asume una dimensión puramente técnica, entendida como función de uso ligada a los aspectos performativos (el color, el movimiento, la banda sonora, etc.) que el instrumento permite ofrecer en términos únicamente de enriquecimiento estético.

En este segundo caso no es el CD-ROM *bien fabricado* el que hace la cultura. A menudo representa la simple extensión digital de un producto en papel.

Esto sucede también, por ejemplo, con muchos sitios web de direcciones didácticas. Basta con navegar un poco para darse cuenta: es fácil encontrar sitios confeccionados como escaparates bien decorados, elegantes, pero quietos, inmóviles. Acaba siendo una especie de *Bignami* (un libro que es un verdadero icono de la síntesis cultural en Italia) de la comunicación a distancia: tiene el objetivo de informar por alusiones (ocultando los procesos de construcción) con respecto a lo que sucede en la escuela. Acaba siendo una dimensión edulcorada, algo complaciente, carente de la identidad cultural de los autores. Muchos de estos sitios son básicamente autorreferenciales y proponen una forma de interacción *pasiva*.

Es evidente que si, por un lado, la red (en sus aspectos instrumentales y técnicos) es un medio para acelerar la comunicación, por otro, esa velocidad debe respetar espacios de reflexión sobre una serie de recursos todavía sin explorar en la actualidad en el plano pedagógico y didáctico.

Así pues, la red no se utiliza en realidad para su auténtica función, o sea, como medio de producción y difusión de cultura.

Por el contrario, es un error limitarse a fabricar, bastante deprisa y a veces de forma agradable, *productos* multimedia sin profundizar lo bastante.

¿Hombre o máquina?

Estamos convencidos de que la multimedialidad ofrecida por la producción industrial está por encima de los actuales niveles de uso técnico-cultural del sistema formativo con respecto a la adquisición de una *multimedialidad para la escuela*, que es el verdadero objetivo de una modernidad cultural en el campo educativo y formativo.

Por ejemplo, en lo que concierne a Internet, tomado como modelo de sistema técnico-cultural de construcción y participación de conocimientos, las enormes posibilidades de la red se utilizan de forma bastante limitada.

Sucede lo mismo que con algunos de los programas más conocidos. Por poner sólo un ejemplo, Word (de Microsoft), el programa de procesamiento de textos más difundido, tiene enormes potencialidades para las modalidades de uso más tradicionales. Puede contener imágenes, organizar tablas de cálculo, contiene funciones de base de datos, pueden construirse páginas de hipertexto. Sin embargo, la mayoría lo utiliza como la normal y vieja máquina de escribir.

Esto no nos extraña y no tiene por qué suponer un problema, siempre que, al escribir, se tenga algo que decir, se pretenda construir un instrumento útil para la acción didáctica o se quiera comunicar algo a alguien. Lo que no debe olvidarse es que no se puede interactuar con los instrumentos de la comunicación a distancia sólo con las habilidades tecnológicas de la multimedialidad.

La escuela, como contexto de reflexión respecto de las innovaciones producidas por sistemas socioculturales, tiene la labor de ofrecer a la producción industrial de tecnología moderna señales precisas sobre las necesidades reales y conscientes de los propios sistemas. Y la escuela parte de ellos.

Por un lado, la industria ofrece y tiene el deber histórico de fabricar innovaciones como modernidad tecnológica; por otro lado, la escuela tiene el deber, asimismo importante, de desarrollar reflexiones pedagógicas para la construcción de una modernidad cultural.

El taller de los lenguajes artificiales

El taller de los medios de comunicación supone una novedad en el panorama del sistema de talleres para la escuela infantil. El término utilizado por las Orientaciones evoca otro, capaz de circunscribir mejor el ámbito de pertinencia de este taller. Hoy el primero parece que se ha sustituido con más eficacia operativa por el término *multimedia* y hace referencia a cosas muy distintas. Además, se trata de un ámbito en desarrollo, cuya evolución futura no es del todo previsible. También ejerce una fuerte influencia en el contexto de desarrollo de las niñas y los niños: están profundamente inmersos en él, el mundo multimedia les envuelve y captura desde muy tierna edad.

Es difícil definir el término «multimedialidad». Nos limitaremos aquí a destacar tres aspectos.

1. Se trata de una variedad de formas comunicativas (y de construcción de formas de comunicación específicas) que disponen de la ayuda de máquinas capaces de tratar, manipular y transformar la información, en función de unos determinados objetivos.
2. Esta forma requiere el uso de tecnologías nuevas y específicas desconocidas hasta una época relativamente reciente.
3. El término parece poner el acento en el carácter vehicular, es decir, en la variedad de modalidades de transmisión y difusión de mensajes.

El adjetivo *multimedia* engloba, por eso, dos características que se refuerzan entre sí:

- La variedad de formas con las que un cierto mensaje puede realizarse y vehicularse.
- El uso de tecnologías específicas de nueva generación caracterizadas por una continua y rápida evolución.

¿Cuál es, entonces, el ámbito de los medios de comunicación[6] al que se puede referir el taller multimedia? Nos limitaremos a proponer unas ideas generales.

- La *prensa* como tecnología multimedia:
  - La construcción del libro, la combinación de imágenes, textos, textos e imágenes; la puesta a punto de secuencias, combinaciones modulares;

la presencia –a partir de un único material– de una variedad de combinaciones posibles.
- La confección de un periódico y la colocación de los datos en una hoja; la elección y el diseño de los títulos.
- El hipertexto, es decir, la introducción en un texto de otro texto explicativo; la realización de carteles con ventanas explicativas.

- El *cine* con su variedad de formas (película, dibujos animados):
  - El significado de la narración, es decir, la comprensión de una historia, un relato, una trama.
  - El reconocimiento de los personajes y del contexto en el que se colocan.
  - Las modalidades de confección del producto: por ejemplo, la relación entre figura y fondo, los climas, las velocidades, las repeticiones en la narración.
  - El *karaoke* cinematográfico, es decir, juegos de doblaje de escenas y secuencias.
- La *televisión*:
  - La palabra *sale a escena*; la variedad de usos de la voz, la contextualización de la voz hablante, los diferentes muchos de la oralidad televisiva.
  - La lengua escrita *sale a escena*: los textos y sus modalidades de presentación, de aparición.
  - La música acompaña o guía la acción; la variedad de formas musicales; la banda sonora, las sintonías, los ruidos que explican la acción, etc.
  - ¿Cómo se podría rehacer la televisión? Juegos dramático-teatrales de readaptación de personajes, situaciones y contextos televisivos.
  - Retransmitimos la publicidad: el desmontaje y reconstrucción de una campaña publicitaria.
- El *ordenador*[7] en la educación infantil[8]:
  - La exploración de la pantalla.
  - Desmontar y volver a montar dibujos con el ratón.
  - Jugar con la videoconsola.
  - Hacer preguntas al ordenador haciendo clic sobre los iconos.
  - Jugar con los procesadores de textos.

Propuesta 1. Las actividades gráfico-pictóricas y plásticas

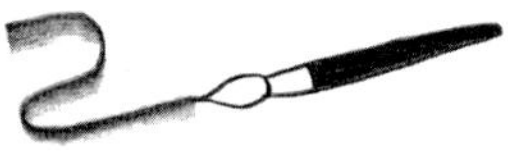

Como en el resto de los talleres presentados hasta ahora, pensar en el taller gráfico-pictórico significa alejarse, una vez más, de una concepción que fomenta el interés espontáneo y gratuito, para concebirlo, por el contrario, como un lugar *cargado de experiencias* y una *fábrica de cultura*.

Preguntarse por la fisonomía del taller (o estudio gráfico-pictórico) quiere decir fijar la atención en el significado profundo que este término esconde, a nuestro parecer.

Las tres identidades del taller

Proponemos tres posibles identidades en la realización del taller de expresión en la escuela infantil, para contribuir a definirlo.

1 La identidad objetual.
2 La identidad estésica.
3 La identidad poética.

La identidad objetual

La pertinencia *objetual* del taller de expresión se refiere a los objetos físicos y los productos materiales, como un dibujo, un cuadro, un paisaje de acuarela, un retrato realizado con la técnica del *collage*.

Desde este punto de vista, el taller se examina, tanto desde la perspectiva de los *objetos materiales* necesarios para su equipamiento (la mesa de trabajo, la paleta de colores, los instrumentos para trabajar la arcilla, etc.) como de las técnicas para la realización práctica del producto. Acerca de las *técnicas*, pensemos, por un lado, en una serie más o menos estandarizada y especializada de acciones sobre la materia, por otro, en un sistema de comportamientos/acciones/elecciones que se mueven en el seno de una cultura y se desarrollan dentro de los límites establecidos por un contexto social.

La identidad estésica (o perceptiva)

La pertinencia *estésica* tiene que ver con los procesos de percepción, es decir, la capacidad de seleccionar las informaciones (sensoriales, perceptivas, cognitivas), recavadas de la realidad exterior, asimilándolas para coordinarlas y reelaborarlas de forma funcional y coherente con un proyecto propio. Se evita el desorden y la casualidad para encauzar las propias capacidades creativas hacia un sistema/proyecto.

El material constituye la base necesaria para la realización de cualquier objeto. Puede ser natural (como la arcilla, la madera, la piedra, el polvo, etc., y en este caso se presenta como un elemento en bruto que modelar, plasmar, doblar, esculpir) o bien *artificial* (como el papel, la tela, la cola, los colores, etc.). El taller de expresión se configura, en otras palabras, como centro polivalente de recursos listos para ser usados.

La identidad poética (o creativa)

La pertinencia *poética* del taller se refiere a los procesos creativos. El niño es productor de un objeto cultural, en nuestro caso de una obra de arte. Este punto de vista sugiere examinar el taller expresivo desde la perspectiva del sujeto (el significante o *emisor*) y la atención se dirige, tanto a las estrategias de imitación y producción como a los procesos de imaginación y creación.

En este plano, las competencias activadas cubren un amplio abanico que va desde la *imitación* (referida, tanto a la reproducción de copias reproducidas más o menos automáticamente y sobre la base de esquemas preconstituidos y fijos como a la interiorización previa de modelos que podrán ser reproducidos posteriormente) a la *creación* (entendida como la capacidad de producir soluciones originales y nuevas).

A la luz de estas consideraciones, el taller puede moverse en una variedad de combinaciones formativas. El taller de expresión se propone como:

- *Teclado perceptivo*. Se presenta como el primer alfabeto de colores, formas y maleabilidad de los materiales con los que los niños y las niñas ponen en práctica sus habilidades perceptivas.
- *Espacio de experimentación*. Trata de suministrar datos al niño y la niña relativos a sus capacidades y la validez de sus prácticas y, por consiguiente, la eficacia de sus propias acciones organizadas.
- *Almacén de herramientas*. Nos referimos, por un lado, a la necesidad del niño de apropiarse de las competencias básicas para el uso de herramientas (pincel, rotuladores, espátulas, tijeras, etc.) y que remiten a las *habilidades de la mano* (coordinación ojo-mano, mano-dedo).

- *Campo de hipótesis* donde el niño pueda formular hipótesis en función de la solución de problemas: ¿cómo dibujamos el cielo? ¿Qué materiales podemos usar para representar la niebla? ¿Cómo representamos gráficamente un recorrido que hemos hecho?
- *Taller de fantasía*, es decir, un lugar donde la fantasía puede expresarse libremente y explorar nuevos horizontes.

Contextos, métodos y contenidos

A la pregunta de si el niño crea arte, respondemos sin vacilar que sí. No es sólo un artista, además es un crítico de arte. A veces algunas producciones de los niños nos asombran; quedamos sorprendidos por su extraordinaria capacidad. Sin embargo, la sorpresa es menor si prestamos atención al contexto en el que un determinado niño ha adquirido una cierta habilidad. Un niño solo hace muy poco, no analiza una obra de arte, no la desmonta y la vuelve a montar, no la reproduce. Pero si un niño se encuentra en un contexto pleno, si encuentra a su lado un adulto competente y sensible, si logra sumergirse en una experiencia enriquecedora, tanto desde el plano emotivo como del cognitivo, entonces el niño puede comportarse como un artista, puede convertirse en un artista.

No debe pensarse en algo excepcional, por los medios y las condiciones que serían necesarios. Dando por hecho que existe una dotación mínima de materiales, no es siquiera una cuestión de más costes o de contar con espacios especiales. Se pueden reutilizar materiales y el punto clave es la profesionalidad del maestro que sabe captar las necesidades, intervenir en el momento justo, promover el estímulo pertinente.

Los materiales, las situaciones, los procedimientos y las experiencias pueden ser muy diversos[9].

El retrato

Es una de las primeras formas en aparecer en el dibujo espontáneo de los niños. Sin embargo, puede estimularse en la escuela a través de la observación de las caras de los compañeros. Los niños descubren así que no sólo todos tienen ojos, nariz y boca, sino que cada ojo, nariz y boca es diferente del resto, presenta características precisas y únicas. Se presta atención a los elementos por separado detenidamente y a la conexión entre las diferentes características. También hay muchos retratos en fotografías (que se pueden reproducir posteriormente en un dibujo) y en las obras de arte.

Ejemplo de actividad: el retrato

El retrato constituye una de las primeras experiencias de producción gráfica de los niños. Se sabe también que los dibujos espontáneos de los niños, incluso en lo concerniente al rostro humano, son estereotipados. Los niños, por así decirlo, no se detienen en los detalles: bastan dos ojos, una nariz y una boca, enmarcados por un *círculo básico* para representar la imagen de una cara humana y, por tanto, la de una figura querida y familiar.

¿Cómo se enseña a los niños a representar el rostro humano?
El paso principal es invitar al niño a pasar de una representación espontánea y, por consiguiente, casual a una más deliberada y *meditada*. Es importante que observe con atención y *tome decisiones* sobre qué representar y cómo hacerlo. Hay varios modos, que no son excluyentes:

- Se puede comenzar por *observar atentamente una fotografía* o una imagen. En la escuela infantil una de las primeras y más significativas experiencias es la representación de la propia imagen observada en un espejo. Es la forma de constatar los cambios de expresión, las posturas, así como las luces y las sombras, los colores y las formas.
- También la *fotocopiadora* puede servir de apoyo: se puede completar, colorear, recolocar las diferentes partes de la cara.
- Otra posibilidad es modificar y transformar retratos elaborados por otros, modificar sus rasgos, el color, las proporciones.

Los niños caen en la cuenta de que, para representar el rostro humano, pueden utilizarse instrumentos y materiales diversos (botones, perlitas, purpurina, pasta).

- Otra importante situación de análisis es la *verbalización*: las palabras pueden poner en evidencia aspectos que estaban ante nuestros ojos, pero que no habíamos apreciado. Las descripciones verbales pueden suponer un paso importante en muchos casos.
- Un último aspecto es la posibilidad de *observar retratos producidos por otras personas*. Y, en este caso, los niños se merecen lo mejor. Es importante ofrecerles imágenes exquisitas y complejas, que no necesariamente han de ser convencionales.

En los ejemplos mostrados[10], los niños proponen diversas interpretaciones del rostro de una mujer llorando a partir de un cuadro de Pablo Picasso.

Mujer llorando de Pablo Picasso

Maverick, 5 años

Jacopo, 6 años

Inéz, 5 años

Las formas y los colores de la naturaleza

La naturaleza puede observarse en su totalidad (por ejemplo, un paisaje o bien en sus detalles más pequeños, los dibujos de la piel de una serpiente, las alas de la mariposa, las nervaduras de la hoja). Sus colores están entre los más variados y diversos. En los dibujos, los colores y las formas dicen lo que se ha visto y lo que se siente en un determinado momento.

El paisaje

Es uno de los posibles puntos de partida. El ojo capta una parte de la realidad y la propone introduciendo elementos emocionales a través de la descomposición y recomposición de planos de colores, formas, dimensiones y proporciones. Es el caso de las filas de árboles, el cielo, el mar o los ríos, o incluso las fachadas de las casas, barrios con calles intrincadas. Cuando los niños están concentrados y no reproducen mecánicamente, es posible ver acciones de análisis y síntesis, una producción redundante de ritmos o bien trazos esenciales. Se pueden identificar en el dibujo de un niño unidades de estilo.

El movimiento

El problema no es sencillo de resolver: simular con líneas o formas (materialmente fijas) una situación, de forma que parezca dinámica, en acción. Ha sido el problema que ha ocupado a muchos artistas. Una solución particular de expresión del movimiento es la escultura (con el uso, por ejemplo, de la arcilla) con la que es posible expresar tensiones y movimientos a través de las diferentes líneas de fuerza.

La relación con el arte

Los niños pueden alcanzar resultados muy buenos si se les pone frente a una obra de arte. Los niños son capaces de observar durante mucho tiempo y captar los detalles más minúsculos: líneas, formas, colores, luz, etc. El método consiste en invitar a los niños a afrontar problemas análogos a los que ha debido afrontar el artista: la organización del espacio gráfico, la elección de los colores, formas o proporciones. Los niños descomponen y recomponen, sintetizan o bien amplían, aumentan.

Propuesta 2.
El taller dramático-teatral

El taller dramático-teatral es el lugar por excelencia del desarrollo de las capacidades simbólicas. A través de la variedad de modalidades organizativas que el taller teatral ofrece, el niño se evade de la realidad concreta para entrar en otra realidad, reinventada y ficticia, con la que entra en contacto y en la que se sumerge.

El taller incorpora una vasta gama de actividades expresivas y comunicativas e involucra, tanto las capacidades comunicativas no verbales y corporales como las competencias verbales.

Las actividades del taller permiten al niño:

- Salir de su realidad y entrar en la prevista por el contexto.
- Entrar en una narración (en una secuencia de acontecimientos o trama, en un clima, en las características peculiares de un personaje).
- Compartir con los demás un contexto narrativo constituido por una variedad más o menos amplia de personajes.
- Salir de sí mismo y entrar en la piel de otro, interpretando un personaje que no tiene nada que ver con él.
- Moverse y actuar en el plano comunicativo e interactivo, en un contexto construido para la ocasión, con motivo de una representación.

Ejemplos de actividades

Una representación teatral es siempre el producto final de un largo proceso. Ni siquiera es imprescindible llegar a una representación formalizada. El taller teatral, como tal, da más importancia al camino que al resultado final. En este sentido, indicamos algunas posibles etapas.

Las expresiones

Una actividad interesante consiste en el estudio de las múltiples expresiones de la cara y el cuerpo. Las emociones, como la sonrisa, la cólera, la tristeza, etc., constituyen generalmente la reacción inmediata e incontrolable de situaciones contextuales. La posibilidad de dirigir los estados emocionales, reproducidos como resultado de una petición, representa una ocasión, tanto para concienciarse de sus manifestaciones en determinadas condiciones situacionales como para controlarlas.

Es posible reconocer estados emocionales diferentes a través de:

- Las expresiones de la cara (la boca, los ojos).
- Las posiciones de la cara (levantada, bajada, inclinada).
- Las posiciones del cuerpo con relación a la cara (relajado, rígido, etc.).

Para alcanzar estos objetivos, es posible organizar diversas actividades, expresadas en forma de juego, dirigidas a desarrollar habilidades ligadas a la adquisición de la conciencia de los estados emocionales y de la expresión de emociones. Indicamos a continuación y sin la pretensión de ser exhaustivos, algunas posibles propuestas operativas:

- Recogida de imágenes de expresiones de la cara sacadas de periódicos, revistas, etc.: la clasificación y catalogación de las imágenes recogidas permite reconocer la vasta gama de expresiones posibles.
- Juegos de mímica: a una indicación, pueden asumirse las expresiones solicitadas, el juego puede ser individual o en grupo.
- El retrato: la reproducción sistemática de retratos sirve de gran ayuda para la observación de expresiones.

Las posturas

También la observación y análisis de las posturas del cuerpo constituyen un interesante ejercicio de reconocimiento de las expresiones, por ejemplo, en el cuerpo relajado, tenso, en movimiento, etc.

La gestualidad

Las expresiones gestuales constituyen un capítulo muy importante de las actividades ligadas a este tipo de taller. A través de la observación de los comportamientos gestuales, se puede extraer una auténtica *gramática* del gesto. Se pueden detectar muchos gestos que tienen funciones comunicativas diversas y que acompañan bien los significados de las palabras y deben ser coherentes con ellas: los gestos de saludo o despedida, las señales de interés o cansancio, las expresiones de voluntad o comportamientos de sumisión u obediencia, entre otros. No hay que olvidar tampoco que hay gestos complementarios que responden a otros gestos, constituyen su respuesta, o bien la continuación de la comunicación.

La mímica

Es una forma teatral simplificada, puesto que requiere menos medios, pero no por ello más simple e inmediata.

La mímica se caracteriza por la capacidad de producir una comunicación compleja (por ejemplo, una secuencia conocida de acciones, como los hábitos diarios o los gestos de un determinado oficio), utilizando sólo gestos y sin servirse de las palabras. El problema reside en realizar las elecciones gestuales oportunas y congruentes, capaces de sustituir completamente la comunicación verbal. En este sentido, hace falta un grado elevado de conciencia de uno mismo y de intencionalidad comunicativa.

Las sombras y las marionetas

El teatro de sombras es bastante sencillo de realizar: basta con un proyector o incluso con una lámpara que ilumine una tela blanca. Después se procede a crear imágenes con cartones u otro material rígido oportunamente recortado, de forma que los personajes (o los objetos) realizados se reconozcan fácilmente.

Para montar un teatro de marionetas se necesitan unos títeres que pueden ser animados con la mano (o también, desde arriba con hilos) para representar una situación o una historia. La representación sucede dentro de un espacio escénico, el teatro de marionetas: un auténtico teatro en miniatura que incluye también un fondo que favorece la contextualización de las palabras y la acción de los personajes.

Los disfraces

Disfrazarse constituye una práctica común en muchas escuelas infantiles. Se trata de preparar un rincón que contenga:

- Una barra en la que colgar las perchas con los diferentes vestidos (pantalones, camisas, chaquetas, etc.) para niños y adultos, que no estén en condiciones de ser utilizados y, por eso, las familias los regalen a la escuela.
- Un cesto con ropa variada, zapatos, etc.
- Un espejo grande y varios pequeños.
- Un estuche de maquillaje, peines, pintalabios, pinceles para dar color a las mejillas y lápices de ojos.
- Eventualmente, alguna peluca, gafas de mentira, sombreros, gorras, pañuelos variados, etc.

Disfrazarse es un juego que gusta mucho a los niños. Es un modo de meterse en la piel de otro, de jugar a asumir identidades diferentes de la propia; es una forma de asumir los papeles de los demás, como jugar a ser maestra, doctor, bombero, etc.

La grabadora

Educar la propia voz constituye un elemento crucial de la representación teatral. La grabadora es útil para volver a escuchar la voz, para reconocerse, para probar y volver a probar con el fin de obtener una determinada expresión. Con la grabadora se pueden experimentar las posibilidades expresivas de la propia voz.

La grabadora es también útil para crear un fondo acústico, como la banda sonora de una representación o la reproducción de ruidos exteriores.

El decorado

El decorado constituye el contexto en el que se desarrolla la escena. A menudo es lo que permite comprender la acción o la situación: informa de lo que se ha dicho o hecho en la escena, explica sus razones, ayuda a comprender mejor.

Puede ser básico o preciso y lleno de detalles. A veces puede suprimirse completamente: en este caso, se debe colocar un fondo neutro (una tela, una cortina, una pared oscura o de color homogéneo).

La realización del decorado (dibujos, *collages*, construcción de objetos de cartón, complementos) puede ser un buen punto de partida para involucrar a los niños en el contexto de trabajo teatral que se pretende llevar adelante. Ayuda a los niños a salir de una realidad concreta y material para entrar en otra –fantástica– que tiene sus reglas, sus lógicas, sus coherencias, su particular visión del mundo. La realidad llevada a la escena, construida expresamente, es más controlable y modificable que la realidad de la vida diaria.

El guión

El guión es el texto que cada actor aprende y recita de memoria, y que repite en el escenario. Recoge las acciones y las palabras y las ordena por escenas consecutivas. El guión puede realizarse para esa ocasión o bien existir previamente, porque haya sido escrito por un autor.

Las dos posibilidades pueden darse también en el taller dramático-teatral de la escuela infantil.

Es posible escribir el propio guión. En este caso, se trata de un proceso de construcción conjunta que requiere un largo trabajo de participación, hecho de muchos momentos de recogida de ideas, comparación, intercambio. El problema es entender, por ejemplo, cómo es posible traducir en escenas un cuento. Un cuento o una historia bien conocida por los niños debe articularse en núcleos de acción/comprensión, realizando tantas escenas como hechos importantes y significativos haya. En cada escena hay que identificar las palabras y las situaciones que la provocan.

También se puede realizar un guión sin partir de una historia o una trama ya existente. En este caso el proceso es más difícil, pero el camino puede revelarse más fascinante y divertido. Es necesaria una situación de partida a partir de la cual se desarrolla una trama (una secuencia de acciones) para llegar a una situación final deseada. Es interesante el significado de la palabra *trama*: literalmente significa ligazón, trenzado y remite a la idea de que, cuando hay una trama, los acontecimientos se alejan improvisadamente de la realidad cotidiana previsible y asumen una dirección inesperada en la que surgen problemas (dificultades, conflictos, situaciones peligrosas, temores, deseos, etc.) que deben ser resueltos.

Es poco frecuente que en la escuela infantil haya guiones ya listos para ser utilizados. También en este caso, del mismo modo que sucede en el teatro para adultos, el guión necesita una adaptación, una interpretación, una adecuación a la situación particular. Hay que desmontarlo y volverlo a montar. Es importante desmenuzarlo, en parte para asimilarlo totalmente y luego reproducirlo adaptado al modo de ser y el estilo de quien se presta para ser *actor* de esa determinada acción y esa escena, y para ser el *intérprete* de ese determinado personaje producto del guión.

La representación

La representación constituye el momento final, el resultado. Es el momento más visible, pero no necesariamente el más importante y significativo. Todo el trabajo está detrás de la representación final.

Sin embargo, tampoco debe descuidarse este momento; la representación llega cuando todo está hecho: se trata de una especie de repetición mecánica de un proceso/recorrido aprendido de memoria. Es como el ensayo general de un estudiante de un instrumento musical. El trabajo ya se ha hecho, la ejecución de un fragmento breve es, a veces, el fruto de largos ejercicios.

También es cierto que el momento final puede deparar sorpresas, ya que el papel debe ser asimilado para no cometer errores, incluso en el caso en que se presentaran imprevistos o por la emoción causada por la presencia de un posible público. Dicho de otro modo, es el momento de la organización, del autocontrol, de la capacidad de interpretar una realidad –la representada por la narración teatral–, pero de saber tener en cuenta también la realidad concreta exterior. El actor, cuando lo es, sabe estar dentro de la escena y controlar al espectador al mismo tiempo: en una palabra, sabe comunicar.

Propuesta 3. El taller multimedia

Juegos virtuales

Incluso en un mercado todavía poco surtido, en lo que a este aspecto se refiere, hay disponibles muchos programas didácticos y de juego (tanto de pago como gratuitos). Por una lado, los puzzles, la manipulación de ambientes/paisajes/contextos familiares o extraños, las construcciones, los juegos de completar, la caza del objeto que falta, el juego del tres en raya, de las damas, de cartas, etc., y, por otro, los verdaderos juegos virtuales, las carreras de coches o de aviones, las luchas (de dinosaurios a personajes llegados del espacio). El objetivo en este caso es siempre la solución de problemas, tanto a través de la superación de imprevistos como del cumplimiento de operaciones lógicas.

De cualquier modo, lo que cuenta es que el niño debe alejarse de la realidad concreta y cotidiana para entrar en otra fantástica (virtual) dotada de reglas y lógicas propias. Es importante para el niño poderse sumergir en una realidad (entrando, por así decirlo, en otro mundo) conociendo sus estructuras, sus reglas y funciones, adaptándose y conformándose a la nueva realidad. También es importante no quedar atrapado, sino saber salir, separando realidad de fantasía, distinguiendo la acción virtual de la real. De este modo, en una situación de diversión y juego (en la que predomina el desafío, la victoria y la derrota, el proyecto y la prueba) el niño es capaz de afrontar y de interactuar con una variedad de sistemas simbólicos cerrados.

Lectura y escritura

Un uso especial, pero no por ello menos interesante, es el empleo de un procesador de textos normal. También a través del uso del ordenador los niños pueden aprender a reconocer y reproducir las letras del alfabeto, las palabras y las frases.

La escritura con el ordenador presenta algunas características peculiares de gran flexibilidad:

- La página es luminosa y se escribe en la luz.
- Las dimensiones de los caracteres pueden variar.
- Se puede colorear los caracteres y las palabras, rellenarlas, animarlas, introducirlas en un dibujo.
- Las palabras pueden trasladarse, recolocarse; se puede introducir una palabra entre otras dos o una letra dentro de una palabra.
- Se puede seleccionar la palabra y una frase y trasladarla a otro punto, introduciéndola en una parte distinta del texto.
- La lectura y la escritura proceden de arriba abajo (como sucedía cuando se desenrollaba y enrollaba un pergamino) y no de izquierda a derecha (como sucede en el libro o el cuaderno).

En otras palabras, la palabra escrita con el ordenador es más dúctil y flexible, modificable, transformable, manipulable, permitiendo un enfoque más dinámico de la escritura.

El correo electrónico

Un niño entiende bien la importancia de la escritura cuando descubre que puede enviar un mensaje a alguien a quien no puede hablar directamente. Comprende que a través de la escritura se pueden enviar y pedir informaciones, expresar emociones y sentimientos, dar órdenes y disposiciones, mantenerse en contacto en la distancia. Generalmente la escuela ha utilizado el correo como una ocasión didáctica para hacer comprender la importancia de la comunicación escrita. No es infrecuente que se haya motivado a los niños, incluso en la escuela infantil, a la lengua escrita a través de la recepción o la producción de mensajes.

El correo electrónico es la variante moderna del correo y permite enviar, a través de una dirección, un mensaje a la persona deseada.

El correo electrónico puede representar una formidable ocasión formativa no sólo en cuanto al desarrollo de competencias lingüísticas, sino también en lo que se refiere a una de las modalidades más rápidas y eficaces para entrar en contacto activo con otras personas. Es una puerta abierta al mundo.

El correo electrónico se revela como un instrumento especialmente ventajoso y eficaz en una situación didáctica porque:

- No requiere especiales tecnologías para su funcionamiento: además del ordenador, basta con un módem y la posibilidad de conexión a una línea telefónica.
- No requiere especiales recursos adicionales: el programa para permitir su funcionamiento es gratuito y, para conectarse, basta con cualquier línea telefónica al coste de una llamada urbana.
- El texto del correo electrónico es por lo general bastante breve y sencillo; lo mismo sucede con la respuesta.
- Salvo deseo opuesto del interlocutor, la respuesta puede ser inmediata y no hay tiempos de espera.

Notas

1. BARTHES, R. (1966): *Elementi di semiologia*. Turín. Einaudi. (Trad. cast.: *Elementos de semiología*. Madrid. Alberto Corazón, 1977.)
2. ANCESCHI, G. (1981): *Monogrammo e figure*. Florencia. La casa Usher.
3. AA.VV. (1993): *Educazione all'immagine nella scuola dell'infanzia*. San Marino. Ministerio de Educación de la República de San Marino.
4. Las tres figuras mencionadas están más desarrolladas por BORGHI, B.Q. (1989): «I laboratori extrascolastici: l'atelier espressivo», en FRABBONI, F. (coord.): *L'ambiente come laboratorio*. Teramo. Eit-Editrice Italiana, pp. 121-136.
5. Deducimos esta tripartición del modelo interpretativo adoptado por J.J. Nattiez en su discurso semiológico sobre la música, tripartición que ha sido realizada a su vez por J. Molino. NATTIEZ, J.J. (1987): *Discorso sulla musica*. Turín. Einaudi.
6. MARAGLIANO, R. (1994): *Manuale di didattica multimediale*. Bari. Laterza.
7. PAPERT, S. (1994): *I bambini e il computer*. Milán. Rizzoli. (Trad. cast.: *La máquina de los niños. Replantearse la educación en la era de los ordenadores*. Barcelona. Paidós, 1995.)
8. Existen programas informáticos que pueden ayudar a desarrollar las actividades indicadas. La firma Apple, fabricante del sistema Macintosh, ha inaugurado recientemente un nuevo sector en la producción de software dedicado a la educación y la escuela.
9. DE BARTOLOMEIS, F. (1990): *Il colore dei pensieri e dei sentimenti*. Florencia. La Nuova Italia. (Trad. cast.: *El color de los pensamientos y de los sentimientos*. Barcelona. Octaedro, 1994.)
10. La propuesta presentada ha sido realizada por Antonella Cappallano, maestra en una escuela infantil de Venecia y se ha incluido en <www.infantiae.org>.

9

El taller de la identidad personal (el yo) y del otro

Qué dicen las Orientaciones

El ámbito de experiencia de la identidad personal (el yo) y del otro

Las Orientaciones de 1991 dicen:

> *En este ámbito confluyen todas las experiencias y actividades explícitamente dirigidas a estimular al niño a comprender la necesidad de entregarse y de aclimatarse a normas de comportamiento y de relación indispensables para una convivencia humana eficaz. Estas experiencias parten del hecho de que el niño ya ha comenzado a madurar su propia capacidad de reflexión e interiorización, y empieza a vivir progresivamente en una comunidad de relaciones cada vez más amplia y articulada. Se ponen en marcha así el reconocimiento práctico y la conciencia crítica de la existencia de normas sobre las que está fundada la organización social, así como la presencia de diferentes valores.*

El objetivo de este ámbito es la adquisición personalizada de los valores de la cultura de pertenencia. Esto no significa una disponibilidad genérica a estar con los demás, sino la adquisición de una auténtica capacidad para relacionarse con ellos, para colaborar, ayudar, compartir. Además, las niñas y niños de esta edad empiezan a preguntarse sobre grandes temas como la vida, la muerte, el origen de las cosas.

El texto de las Orientaciones traza, de forma precisa, cuatro líneas de intervención en el plano de la propuesta educativa.

1 Un primer factor es *el desarrollo afectivo y emocional*, dirigido, por un lado, a la conquista de la autonomía personal y, por otro, a la manifestación de emociones y sentimientos en lugar del autocontrol. La idea que se expresa del desarrollo tiene evidentemente una dimensión y una función social, tanto en la capacidad de hacerse autónomo integrándose en las reglas de un contexto como en los términos de exteriorización explícita de situaciones emocionales.

2 El segundo factor hace referencia explícita al *desarrollo social*. Se señala la importancia de la integración en el propio contexto cultural con la participación en los acontecimientos significativos de la vida social. Se hace hincapié, además, en el problema de la educación multicultural que exige el conocimiento, el respeto y la valorización de la diversidad.

3 El tercer factor se refiere al *desarrollo ético-moral*, conquista fundamental para la construcción de los significados sobre los que se definen y estructuran las reglas de convivencia y de realización de relaciones interpersonales sólidas en el seno de la comunidad (familia, vecindario, escuela infantil). Los objetivos principales son promover la autonomía, la responsabilidad, la aceptación, la colaboración y el sentido de pertenencia.

4 El cuarto factor, por último, corresponde al *desarrollo de una actitud correcta ante la religiosidad y las religiones, y las elecciones de los no creyentes*. También en este caso las experiencias educativas se dirigen a la aceptación y la actitud de disponibilidad.

Por más que los objetivos de este ámbito hagan referencia a vivencias y actitudes de fondo, no hay que excluir actividades específicamente previstas y preparadas en las que se anima a las niñas y los niños a participar activamente.

Las habilidades relacionadas con el taller

¿Es realmente un taller?

La primera cuestión que se plantea en este ámbito es si se puede pensar en un auténtico taller.

Hay que responder negativamente si pretendemos definir en el taller de la identidad personal y del otro, con el mismo criterio que en el resto de los talleres, una serie de instrumentos y tecnologías con un fin operativo. Este ámbito supone algo más que una serie de propuestas para la adquisición de habilidades específicas.

Es posible dar una respuesta afirmativa, por el contrario, si por taller entendemos, tanto un espacio físico dotado de una serie de instrumentos específicos como una inmersión en los problemas y las situaciones que implican una percepción positiva de uno mismo y una gran participación en la dimensión de los demás.

El problema no consiste en seleccionar qué hacer y qué habilidades adquirir, sino que tiene más que ver con las actitudes, las formas de escucha y de disponibilidad, así como los procesos de participación.

En este sentido, es posible y legítimo pensar en la realización de un taller dedicado al ámbito de experiencia de la identidad personal y del otro.

Nunca hasta hoy la crisis de la ciencia, así como de la política y la investigación tecnológica centrada en sí misma, había planteado a la humanidad el problema de dar sentido a lo que hace, a su propia finalidad. Y la dimensión educativa y, por consiguiente, las tareas que se le han confiado, no es ajena a estos problemas.

Algunas características del taller

El taller del ámbito de experiencia de la identidad personal y del otro dirige sus pasos hacia la conquista de la autonomía a través de la atención a la identidad individual y las *diferencias*, sin excluir los aspectos correspondientes a la propia libertad e independencia, tanto de la mente (ausencia de prejuicios y de posturas preconcebidas) como del cuerpo; hacia el *desarrollo afectivo*, entendido al mismo tiempo como capacidad de expresión de uno mismo y de participación de las experiencias propias con los demás; y hacia el *desarrollo ético-moral*.

Identidad y diferencias: taller para todos o taller para cada uno

Debemos plantearnos principalmente dos preguntas acerca de la diversidad. ¿El taller es masculino o femenino? ¿Un taller igual para todos o varios talleres dependiendo de las necesidades personales?

También para el taller, como para la escuela en general, se plantea el problema de cómo conjugar la igualdad de oportunidades con el respeto y la valorización de las diferencias. No existe *un* niño, sino niños y niñas por separado con sus características individuales, sus intereses personales, sus posibilidades y capacidades específicas. No existe tampoco *un* contexto: cada contexto de desarrollo es específico y puede ser más o menos interesante, más válido para unos y menos para otros. No existe un contexto mejor que otro. Existe un contexto que puede favorecer algunos aspectos de desarrollo, mientras otros favorecerán aspectos distintos. Y esto, obviamente, no es aplicable a todos los sujetos que integran ese determinado contexto. Si el taller, como se decía anteriormente, se configura sobre todo como un *contexto de sistemas simbólico-culturales* en el que se hace amplio uso de los instrumentos que favorecen la percepción y la organización del pensamiento, debe prestar atención inevitablemente a las diferencias que se registran, tanto en el sujeto como en el contexto.

En resumen, el taller de las diferencias:

- Acoge a las niñas y niños: su organización y sus contenidos no son sexistas, pero tampoco neutros, indiferentes y ajenos a la diferencia sexual.
- Acoge edades diferentes: si bien trata de evitar una inútil generalización, no corre el riesgo de una excesiva especialización; abre sus puertas por igual a los más pequeños y los más mayores, y a cada uno ofrece las mismas prestaciones que son, por así decirlo, a *medida*.
- No contiene barreras de ningún tipo y no excluye a nadie ni en el plano físico ni en el cultural.
- No hay obstáculos culturales, es decir, no excluye unas temáticas para privilegiar otras. Conviene estudiar y contar todo aquello que pueda servir de experiencia a los niños, así como a las personas; es más, podrá examinarse predominantemente lo que –aun siendo culturalmente importante– parece dejarse siempre al margen, parece ser minoritario o interesar sólo a una minoría.
- No persigue una verdad preconstituida y un punto de vista centrado en sí mismo, privilegia el pensamiento errante, la variedad de puntos de

vista, el respeto, la potenciación y promoción activa de todo lo que sea diversidad.

- Afirma la propia identidad y, al mismo tiempo, se abre a la diferencia: por un lado, ensalza la pertenencia a un específico ámbito de experiencia (por ejemplo, el técnico-científico requiere métodos y técnicas muy distintas del expresivo-representativo), por otro, está abierto a *contaminaciones interámbito*, a la variedad de enfoques y métodos de trabajo (por ejemplo, el conocimiento científico de una formación geológica puede ser útil para describir el paisaje; por el contrario, las sugerencias expresivas del arte pueden evidenciar aspectos pertinentes desde el punto de vista de la investigación científica).

Educación afectiva o el taller solidario

La dimensión afectiva remite, etimológicamente, a la tensión de hacer e influir *sobre alguien. Esta necesidad de vínculo, de participación y coparticipación [...] es una necesidad existencial.*

Sin duda, el taller se configura como un lugar con relaciones complejas que, a su vez, dependen estrechamente del sistema de relaciones y definiciones de los roles que, más o menos implícitamente, se definen en su interior. Las modalidades de relación tienen un peso específico en la consecución de los proyectos puestos en marcha. Asumen valores significativos las diferentes funciones relacionales que la organización del trabajo dentro del taller incluye: las relaciones entre adultos y niños, las relaciones entre los adultos y las interacciones entre los niños.

En cuanto a la relación adulto/niño pensamos en categorías como:

- La estabilidad entendida como relación continuada y coherente.
- La individualización dirigida a potenciar las características, los estilos y las posibilidades de cada persona.
- La construcción de relaciones de estima, confianza, ánimo constante.
- La aceptación por parte del adulto de las respuestas, sugerencias, hipótesis elaboradas por las niñas y los niños y su impulso.
- La capacidad de las niñas y los niños de respetar normas, reconocer y apreciar el valor de las experiencias que se realizan, analizar los aspectos de la organización de las experiencias.

En cuanto a las acciones y los comportamientos de las niñas y los niños dentro del taller y a las relaciones pensamos en situaciones como:

- Establecer buenas relaciones con los objetos y con los instrumentos: explorar, utilizar, reagrupar, proyectar, etc., solo o con los demás.
- Establecer buenas relaciones con otro niño o niña, o con otros niños y niñas: buscar o brindar cooperación, pedir o dar explicaciones, aceptar o dar ayuda.

El desarrollo ético-social o el taller de los valores

Apreciamos dos aspectos en la dimensión ético-social del taller.

- El primero relativo a los contenidos de experiencia que los talleres deben siempre poseer.
- El segundo a las actitudes de fondo que estos contenidos son capaces de estimular en las niñas y los niños.

Ante todo, los contenidos del taller no deben ser restrictivos, excesivamente fragmentados, reducidos a la mínima expresión, sino que deben referirse a los grandes temas culturales y sociales del contexto en el que vivimos. La niña y el niño, también a través del taller, deben incluirse en el mundo, tienen el derecho de afrontar todo lo que es experiencia en el hombre, con las debidas mediaciones, pero sin limitaciones y fragmentaciones artificiales.

Así, por ejemplo, en el taller científico-ambiental se puede trabajar en la clasificación de las hojas o de las cáscaras de los caracoles sin olvidar el derecho a la vida de todos los organismos; se podrá jugar con las cajas de leche aprovechando la ocasión para señalar el problema y la necesidad de un mundo más limpio, etc.

En segundo lugar la experiencia de los talleres, al promover las informaciones, los conocimientos y las experiencias, tiene como finalidad última la adquisición y la aprobación de los comportamientos y las elecciones que son signo de un valor. El taller específico asume, entonces, una dimensión profunda: el gráfico-pictórico representa una apreciación por el arte y una actitud futura de defensa del patrimonio cultural y artístico; la atención por la palabra y el gusto por la lectura contribuyen a acercar a la niña y el niño a la poesía; el juego de las maletas de la diversidad promueve en el futuro el respeto por las diferencias y la cultura de la integración.

Un taller transversal que recorre todos los ámbitos

Las interconexiones

Consideramos que, si bien por un lado, como se ha dicho, este taller no tiene un ámbito específico propio, un espacio y unos instrumentos, por otro, puede conjugarse bien con los talleres de los otros ámbitos. Es tanto como decir que el objetivo de este taller es introducir la dimensión relacional, de valores y ética en los demás campos. Esto obliga, entre otras cosas, a concebir mejor los otros talleres, atribuyendo una dimensión humana y ética a lo que se hace en la escuela, tomando distancias y renunciando a una posición centrada exclusivamente en la acción y la efectividad.

A continuación proponemos de forma sintética las posibles conexiones y puntos de reflexión en forma de ejemplos de actividad.

La dimensión corporal

Una de las primeras direcciones de trabajo tiene que ver con las diferencias de los cuerpos y las correspondientes prestaciones para identificar y reconocer sus diferentes manifestaciones: ser niñas y niños, pero también, por ejemplo, más rápidos o más lentos, más fuertes o más débiles, etc. No debe olvidarse que el reconocimiento del otro parte del contacto –también físico– entre los cuerpos.

La dimensión lingüística

Resulta aquí de importancia fundamental la función que asume en este ámbito el desarrollo lingüístico. El aprendizaje de la lengua no sucede por la suma de conocimientos de manera acumulativa, sino más bien por la capacidad de inmersión de cada niña o niño en el contexto de los hablantes. Las palabras son el signo exterior de lo que sucederá posteriormente en el nivel interior: por ejemplo, una norma antes de ser interiorizada es exterior, está ligada al sonido de las palabras. Sólo poco a poco las expresiones exteriores pasan a ser materia interna, convicción personal. La consecuencia es que también las normas son primero exteriores y verbales (se trata, por eso, de una acción nominal) y solamente después se verbalizarán. Las reglas deben pronunciarse y proclamarse para ser aplicadas inicialmente y luego asimiladas: es el mismo caso de las participaciones, la integración, la potenciación de la diversidad.

La dimensión lógica

Éste es el ámbito de la valorización de las inteligencias múltiples. Frente a una especie de inteligencia única y universal, el interés recae, por un lado, en la coexistencia, dentro de cada niño o niña, de una variedad de inteligencias y, por otro, en la propia inteligencia entendida como construcción social: de este modo, las diferencias individuales, en vez de un problema representan un recurso. En el trabajo cognitivo el (pequeño) grupo y las consiguientes acciones de participación de los conocimientos y de construcción y proyecto conjunto de las experiencias asume una importancia fundamental.

La dimensión científico-ambiental

Este ámbito privilegia la observación y el descubrimiento del entorno como lugar de diferencias y de la pluralidad de formas de ser y de puntos de vista.

Van dirigidos a este ámbito, por ejemplo, la atención a los oficios, el recorrido por la naturaleza, el catálogo de barreras arquitectónicas, la identificación y proyecto de formas de cooperación con las diferentes presencias de la comunidad local.

La dimensión expresiva

Las formas no verbales de la comunicación son un primero y al mismo tiempo extraordinario vehículo de contacto con el otro. La adopción de estilos, formas comunicativas específicas, determinadas características expresivas individuales favorecen, por un lado, la construcción de la identidad peculiar de cada niño, por otro, –a través del reconocimiento recíproco– constituyen el primer vínculo de identidad del grupo.

La integración de las competencias de los talleres

Integración y *competencia* son términos cercanos que se explican mutuamente. Si, por un lado, la integración puede entenderse como la capacidad de cada individuo para aceptar las reglas y los estilos de su propia comunidad de pertenencia no sólo adaptándose pasivamente, sino interviniendo activamente de forma adecuada y funcional, por otro, la competencia puede entenderse como el dominio de ciertas habilidades que hacen posible y favorecen la integración. Por consiguiente, la competencia contribuye a la integración y viceversa. De hecho, es competente quien es capaz de proyectar y realizar *correspondencias* entre las intenciones y los resultados de una acción, y descubrir y corregir los errores o las posibles faltas de correspondencia.

Las habilidades del taller de la identidad personal (el yo) y del otro

Un resumen de las habilidades

De forma esquemática, la lista de habilidades requeridas para el taller de este ámbito puede ser la siguiente:

- La disponibilidad para *recibir*[1], entendida predominantemente como:
  - Atención prestada a los fenómenos naturales y los contextos humanos.
  - Atención motivada y preferente a las reglas y los valores.
  - Aceptación de la iniciativa de los demás, de las necesidades de colaboración o de ayuda.
- La disponibilidad para *responder*, entendida como:
  - Respuesta emocional a la motivación provocada por un contexto.
  - Respeto práctico a las reglas de un juego.
  - Adquisición de actitudes de tolerancia y de respeto a los demás.
  - Atención y tacto en las relaciones con los demás.
  - Deseo o disponibilidad para la integración dentro de un grupo.
- La capacidad de *tomar la iniciativa*, entendida como:
  - Adquisición de acciones espontáneas de apoyo a un amigo, a alguien con dificultades; por ejemplo, la manifestación explícita de participación en una iniciativa o de solidaridad con un amigo.
  - Capacidad de hacerse una idea personal de ciertos problemas o elecciones efectuadas por los adultos y el grupo de iguales.
  - Deseo personal de asumir un compromiso que llevar adelante.
  - Compromiso en aceptar un valor, por ejemplo, un sentimiento de camaradería con los demás.
- La *participación de experiencias*, entendida como:
  - Disponibilidad para aceptar las ideas de los demás y partir del punto de vista ajeno.
  - Toma de posiciones personales constructivas a partir de lo afirmado o defendido por los otros.
  - Disponibilidad para formular hipótesis que proponer a los demás o de partir del dictamen de las hipótesis formuladas por los demás en un proyecto conjunto (por ejemplo, la construcción de una historia).

- La disponibilidad a la *recepción* y la *transmisión de valores*, entendida como:
  - Asunción de comportamientos de la vida diaria en correspondencia con los valores adquiridos.
  - Expresar los sentimientos de aceptación, participación, adquisición del punto de vista del otro.
  - Desarrollar sentimientos de amistad, solidaridad, camaradería.

Espacios, materiales y ejemplos de actividades

El taller dedicado a este ámbito de experiencia no requiere necesariamente un espacio específico: los espacios pueden ser diferentes cada vez dependiendo del proyecto educativo o las oportunidades de trabajo que se presenten.

Del mismo modo, no es posible pensar en materiales específicos: también en este caso los objetos y los instrumentos dependen mucho de las actividades que se programen.

El taller de la identidad personal y del otro contiene las cuatro líneas de fondo indicadas en las Orientaciones (desarrollo afectivo y emocional, desarrollo social, desarrollo ético-moral y desarrollo de una actitud correcta en lo referente a la religiosidad).

Proponemos sintéticamente algunas hipótesis de actividades.

Propuesta 1. El cuerpo, sus transformaciones, sus diferencias

Un primer paso hacia la conciencia de uno mismo y del yo corporal. El cuerpo puede estudiarse desde muchos puntos de vista según la edad de los niños y las necesidades especificas de la programación. Una dirección de trabajo es las transformaciones del cuerpo:

- El cuerpo crece y cambia; hay diferencias entre un cuerpo y otro, pero todos los cuerpos responden fundamentalmente a las mismas funciones.

- Hay diferencias también entre los cuerpos, por ejemplo las relacionadas con la pertenencia a un sexo.
- Puede suceder también que haya cuerpos *diferentes*, porque por alguna razón reaccionen y se comporten de otro modo.
  Por ejemplo, una niña o un niño minusválido utiliza el cuerpo parcialmente o de forma diferente al resto. En este caso, se pide a los niños que realicen una acción de descentralización para tratar de considerar el punto de vista del otro.
- Cada persona, a través de su cuerpo, adopta estrategias específicas para adecuarse o integrarse al propio contexto de pertenencia.
- Las habilidades perceptivas, si bien nos demuestran que muchos datos sensoriales son intersubjetivos (y, por tanto, pueden compartirse), también pueden poner de manifiesto la existencia de sensibilidades individuales y la posible coexistencia de muchos puntos de vista.

Propuesta 2. Habitar la Tierra

Se trata de una propuesta similar a la anterior: el objetivo está relacionado siempre con las capacidades de descentralización.

Se puede realizar durante un tiempo un terrario (para la cría de lombrices), un pequeño acuario con los clásicos peces de colores o también un contenedor para criar microorganismos.

En el caso del terrario es importante elegir el mantillo y las arenas adecuadas. Se debe prestar atención al grado de humedad interna, de lo contrario las lombrices intentarán marcharse.

Para criar microorganismos, es necesario recoger agua mezclada con mantillo de un arroyo o un estanque. Una vez depositado todo en un contenedor adecuado (posiblemente transparente), y tras reposar cierto tiempo, el fango se irá al fondo y el agua estará más limpia. Entonces será evidente que junto al limo se han recogido larvas y si se dan las condiciones de temperatura necesarias se repite el milagro de la vida.

Todo ello tiene como finalidad el respeto por la vida y el cuidado necesario para mantenerla adecuadamente.

Propuesta 3. Juntos a la mesa

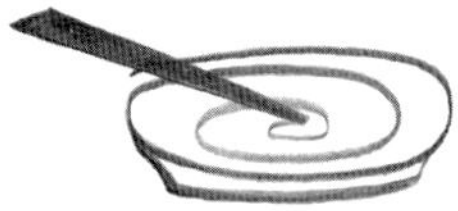

La comida no tiene solamente un valor nutricional, es, sobre todo, un hecho social. Comer con otra gente quiere decir disfrutar de una relación de cercanía y de intimidad con otras personas. Sentarse en la misma mesa significa sentirse también emocionalmente cercano. Compartir con otro una parte del alimento representa un signo de camaradería. De ahí que se pueda conceder importancia durante un tiempo a los rituales de consumo de comida y se puedan desarrollar actividades específicas sobre la alimentación.

- Es importante, por ejemplo, decidir con quién sentarse a comer, si el niño o la niña se sientan siempre junto a los mismos niños o si se prevé una rotación.
- Si hay turnos de preparación de la mesa (los camareros).
- Si cada uno tiene su plato o, con algunos alimentos, se adquiere la costumbre de servirse de la bandeja común.
- Preparar comida para un cumpleaños (por ejemplo, un pastel).
- Comparar los gustos y los sabores (qué le gusta a cada niño o niña): ¿les gustan a todos las mismas cosas o los gustos son diferentes?

Propuesta 4. Una casa para vivir

Otra experiencia que puede proponerse se refiere a la casa. La casa es un refugio, una protección, un lugar de intimidad. Cada persona debería tener una. Aunque todas tienen la misma función, las casas son muy distintas unas de otras.

Una primera dirección de trabajo puede ser descubrir la propia casa, sus habitantes y los objetos que contiene.

Se pueden encontrar algunas indicaciones y sugerencias para acercarnos cada vez más a los problemas más relevantes de la vivienda cruzando *palabras clave* de forma circular. Se propone preguntar sobre las características que debería tener la casa, en cuanto a su estructura física y su dimensión psicológica:

- La casa vista como contenedor: qué contiene, qué ofrece, qué oculta...
- La casa y los espacios que contiene: espacios pequeños, grandes, espacios para los pequeños y para los grandes...

- Los objetos de la casa: si hay muchos o pocos, quién los usa...
- Las funciones de la casa: para qué sirve, para mí, para mamá, para papá...
- Las interacciones que favorece la casa o que, al menos, permite: para estar solo, para estar con adultos, para estar con otros niños...

Cada una de las opciones anteriores puede compararse con algunos *indicadores* de la dimensión cualitativa del alojamiento:

- Seguridad, protección, descanso perceptivo.
- Reconocimiento, exploración.
- Autonomía.
- Socialización.
- Estética.

Otra dirección de trabajo nos lleva a la casa de los demás:

- Las semejanzas y diferencias significativas entre mi casa y la de un amigo (hay diferencias en los objetos y la distribución de los espacios y todo esto puede leerse como un signo de las diferentes formas de relación).
- Las *casas* de los animales (refugios que responden a necesidades diversas; algunas son más seguras, otras menos, en todos los casos son adecuadas para proporcionar una determinada respuesta de seguridad o protección).
- Las casas de los demás: a través de un viaje alrededor de las casas del mundo es posible intuir contextos y condiciones de vida distintas.

Propuesta 5. Los lugares de la memoria

Hay algunos lugares cuya finalidad es más que otros recordar los hechos importantes o las situaciones significativas. Por eso, es importante visitar lugares que han tenido un significado especial y de los que se puede conservar un recuerdo posteriormente en clase. Son lugares como por ejemplo un monumento colocado en una plaza, un edificio importante de la ciudad, un árbol del parque vestigio de un antiguo bosque.

Nota

1. Se hace referencia a una escala elaborada por D. R. Krathwohl, en LANDSHEERE, G.; LANDSHEERE, V. (1977): *Definire gli obiettivi dell'educazione*. Florencia. La Nuova Italia, pp. 140-156. (Trad. cast.: *Objetivos de la educación*. Vilassar de Mar. Oikos-Tau, 1976.)